Niedliche Amigurumi Fingerpuppen häkeln

25 einfache und schnelle Tierfiguren

AF721213

LINDA URBANNECK

mvgverlag

Inhalt

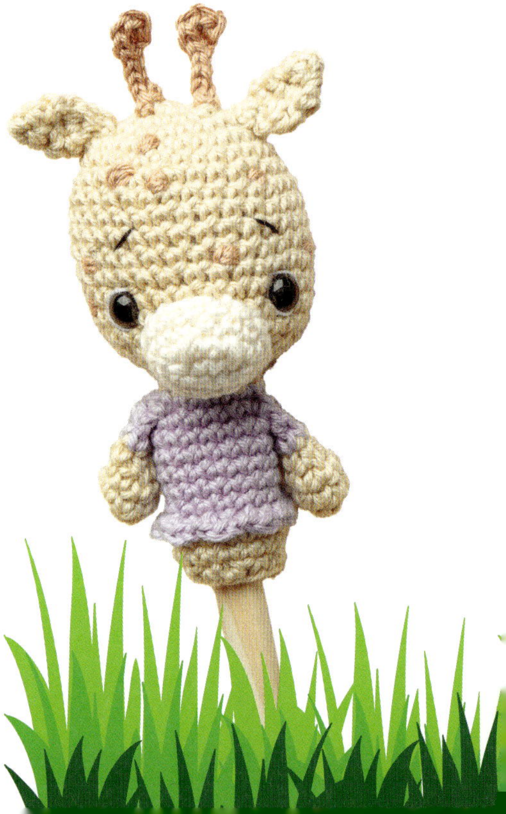

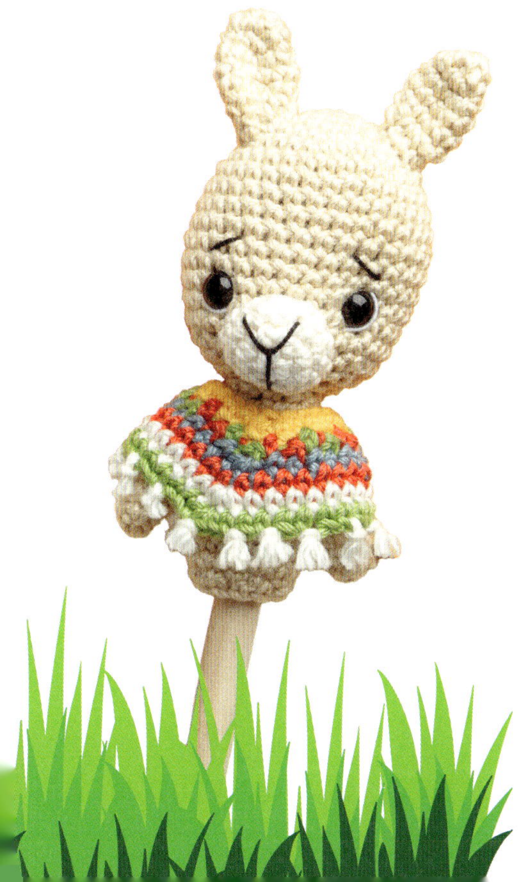

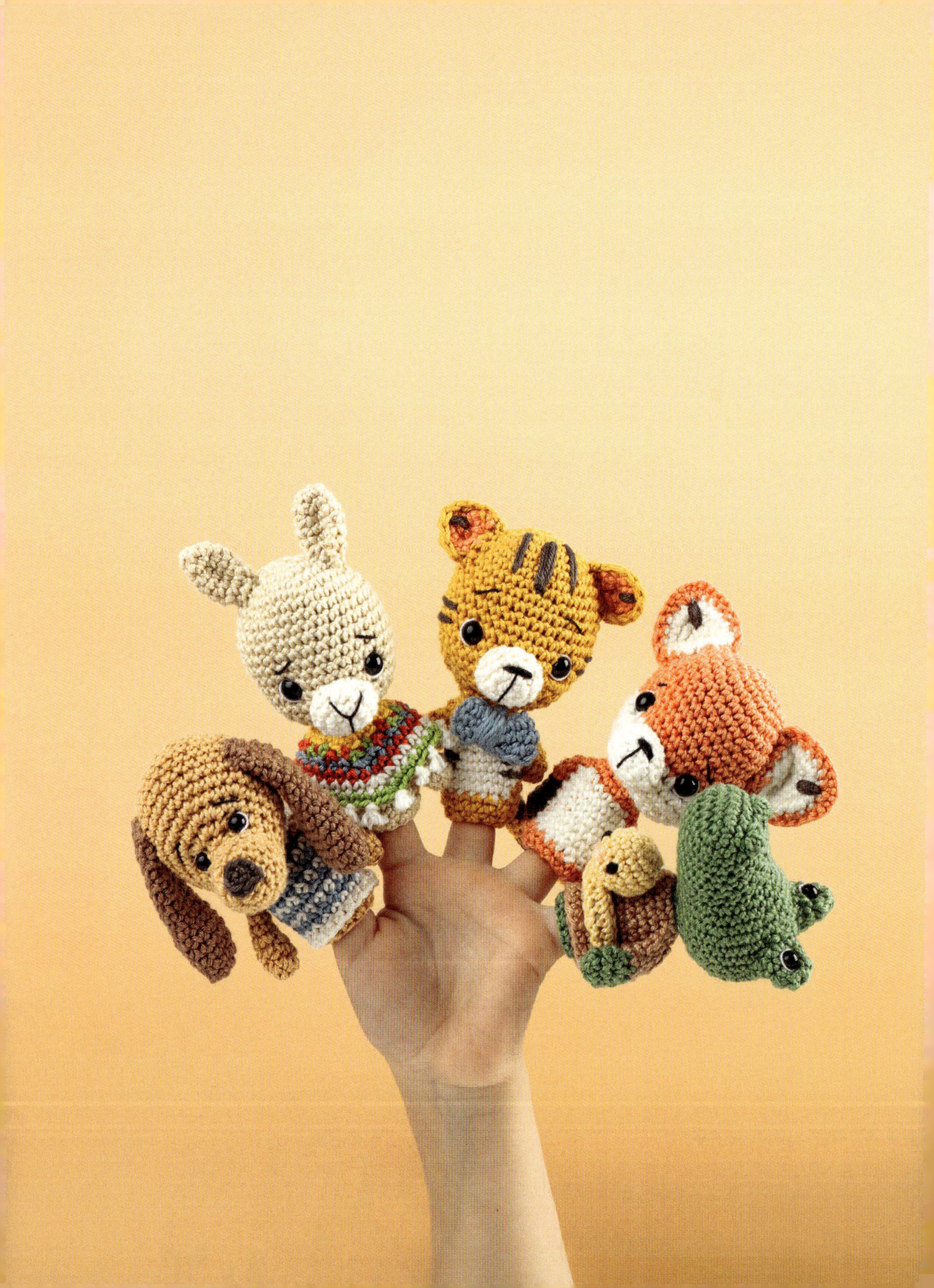

Vorwort

Ich weiß noch genau, wie ich vor dem Start dieses Buchs dasaß. In Gedanken an alle Häkelfreunde und mit der Idee, euch ein Buch zu erschaffen, das weitere Abwechslung in den Amigurumi-Alltag bringt. Ein Buch, das zugleich den Schaffensprozess zu einem Genuss für alle Garnfreund*innen macht und parallel ein Ergebnis mit sich bringt, an dem alle noch lange Freude haben werden. Plötzlich kam mein Sohn um die Ecke und versuchte, die Kante seines Lieblingstuchs über seinen kleinen Finger zu stülpen. Mit Erfindungsgabe und Entdeckerfreude war die Kante des Tuchs zum Leben erwacht und konnte nun Zebra, Faultier und Koala zugleich sein. Und schon kam mir der Gedanke: „Wie wäre es mit Fingerpuppen?"

Kurze Zeit später durfte ich mit diesem Herzensprojekt starten und 25 niedliche Fingerpuppen kreieren, die nun jeder von euch zu Hause mit purem Häkelgenuss nacharbeiten kann. Die Anleitungen sind einfach gestaltet, sodass auch Anfänger*innen Freude an der Fingerpuppen-Welt haben können.

Ich wünsche dir jede Menge Spaß und Entspannung beim Häkeln, Beschenken, Bestaunen und Spielen.

Deine Linda

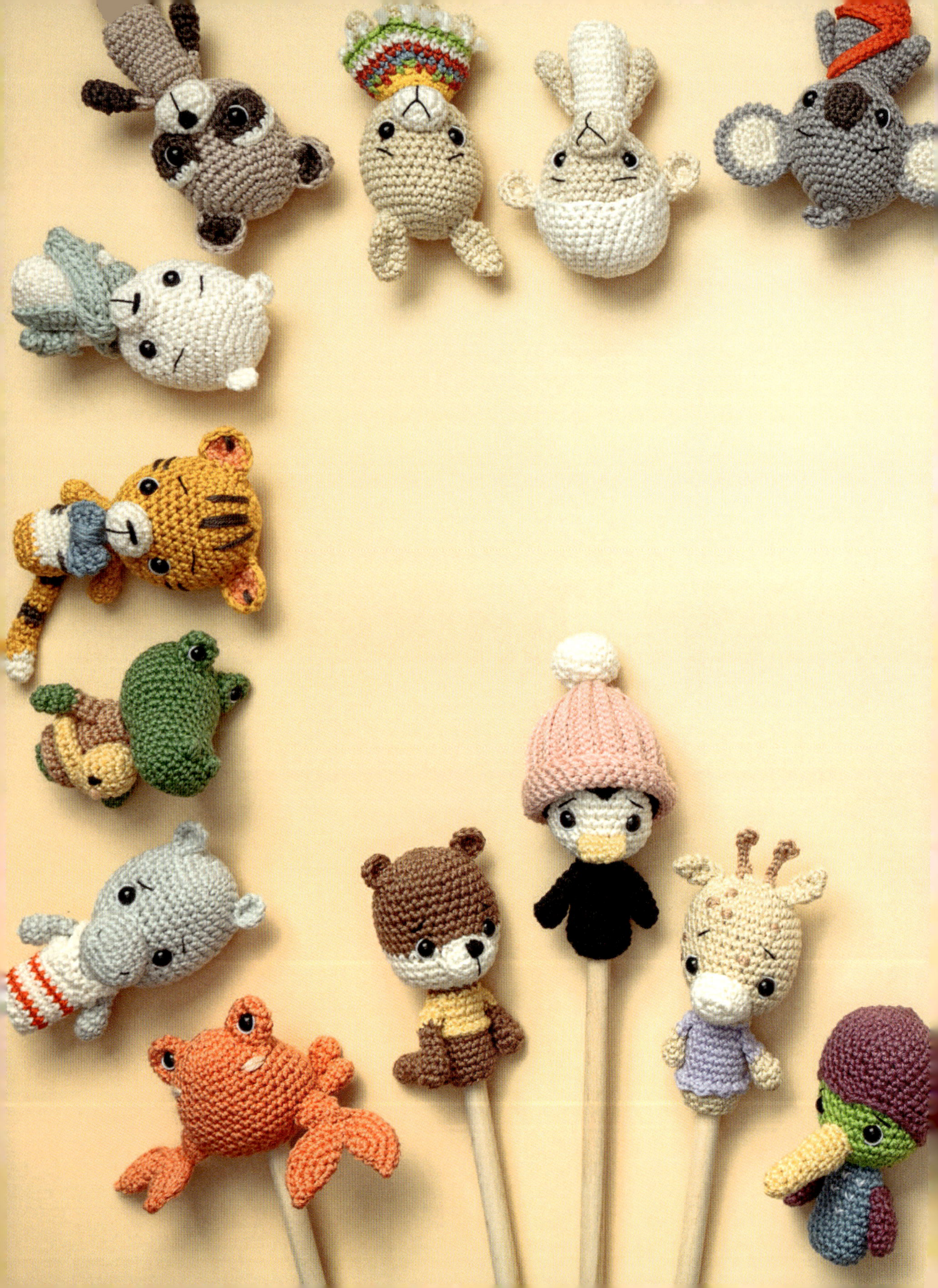

Grundlagen und Techniken

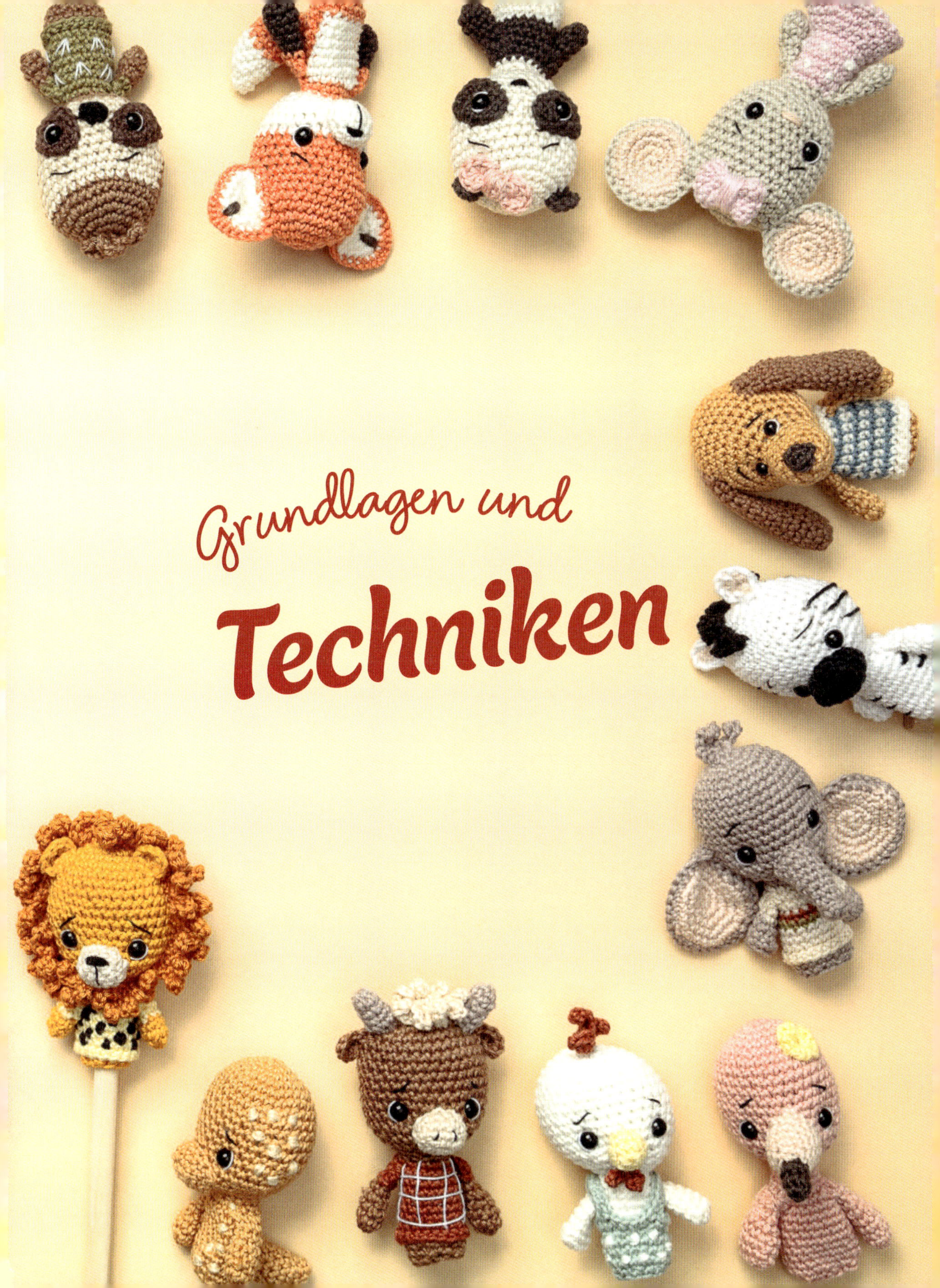

Maschen

Anfangsschlinge

Den Faden zu einer Schlaufe legen. Das Fadenende liegt unterhalb und zeigt nach unten. Die Schlaufe zwischen Daumen und Zeigefinger fixieren. Mit der Nadel von vorne durch die Schlinge stechen und den Faden durchholen. Am Fadenende ziehen, sodass sich die Schlinge um die Nadel festzieht.

Luftmaschen anschlagen

Den Faden zu einer Schlinge legen. Das Fadenende liegt unterhalb. Mit der Nadel von vorne durch die Schlinge stechen und den Faden durchholen. Am Fadenende ziehen, damit sich die Schlinge um die Nadel festzieht (= Anfangsschlinge). Den Arbeitsfaden durch die Schlinge ziehen, um die erste Luftmasche zu häkeln. So lange wiederholen, bis die gewünschte Anzahl an Luftmaschen erreicht ist.

1

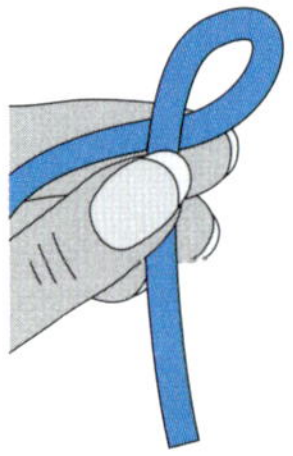

2

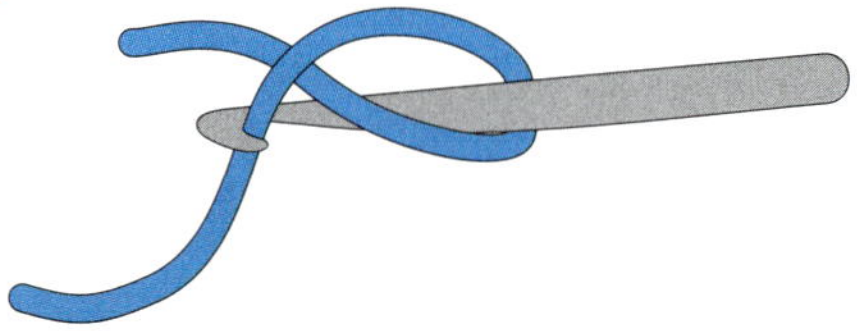

3

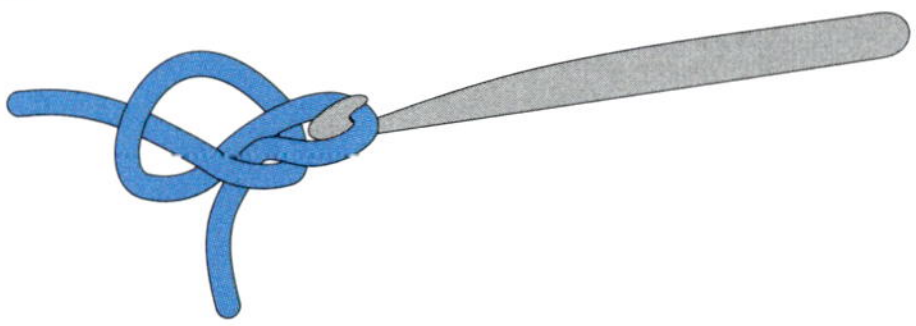

4

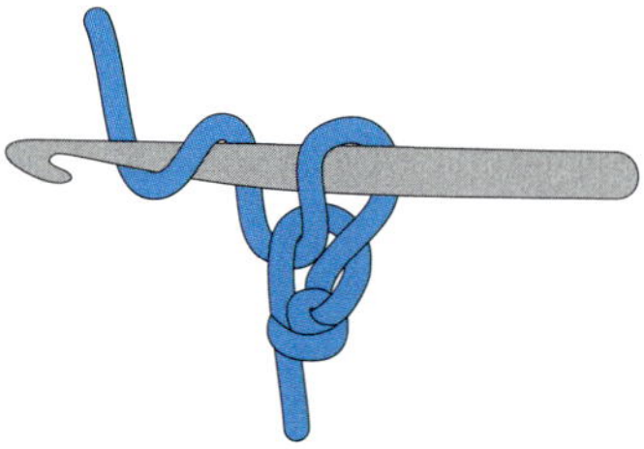

Wendeluftmasche

Am Ende jeder Reihe wird eine Luftmasche gehäkelt und die Arbeit anschließend gewendet.

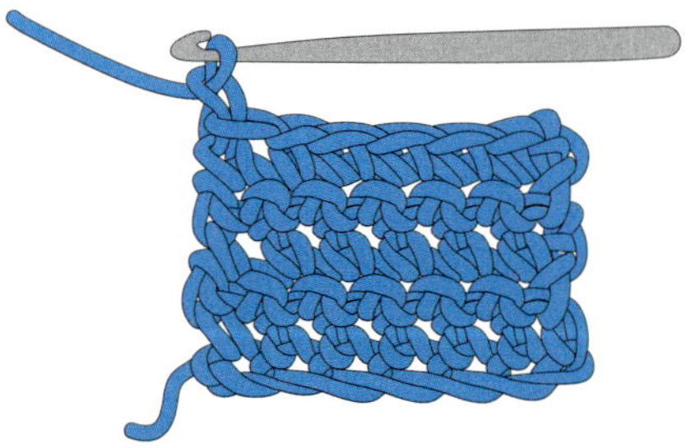

Kettmaschen

Kettmaschen werden vielfältig beim Häkeln eingesetzt. Sie dienen als Verzierung, kommen beim Beenden einer Runde und beim Anmaschen neuer Fäden zum Einsatz. Um eine Kettmasche zu häkeln, durch die Masche stechen und den Faden durchholen. Diese Schlinge durch die auf der Nadel liegende Schlinge hindurchziehen.

1

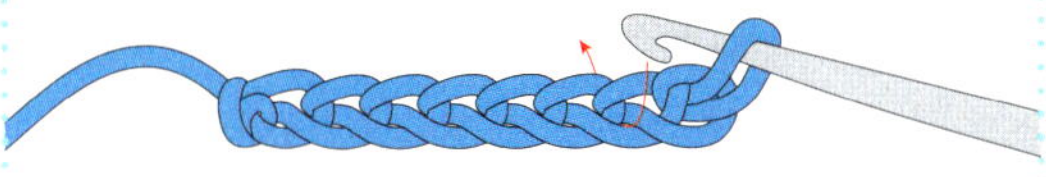

3

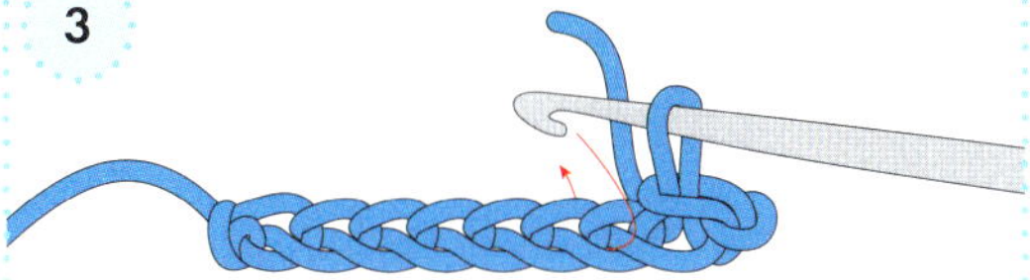

2

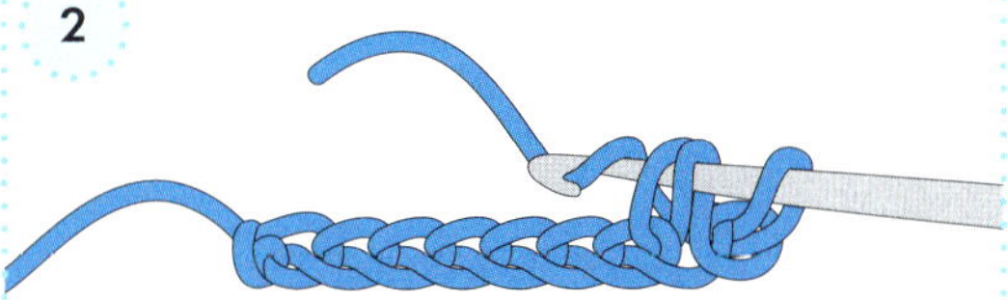

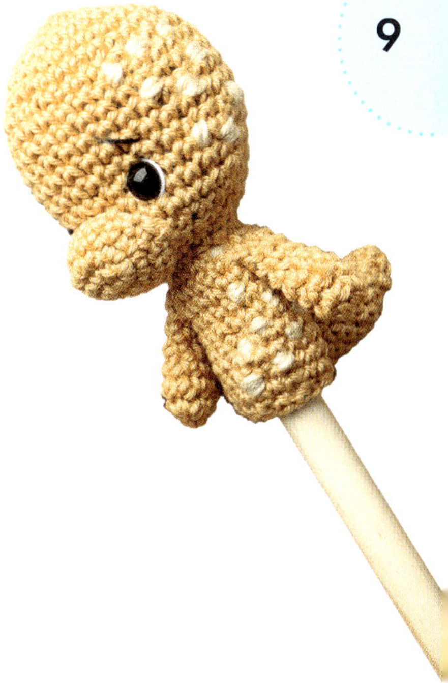

Feste Masche

Mit der Nadel in die folgende Masche stechen und den Faden von oben nach unten um die Nadel legen. Den Faden durchziehen. Auf der Nadel liegen nun zwei Schlingen.

Den Arbeitsfaden erneut von oben nach unten um die Nadel legen und dann durch beide Schlingen ziehen (abmaschen).

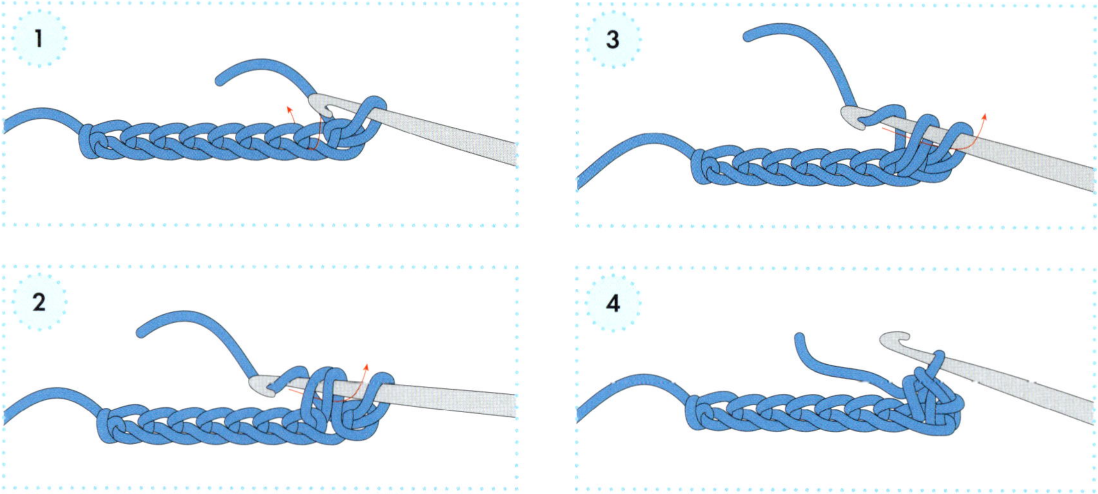

Halbes Stäbchen

Den Faden von hinten nach vorne über die Nadel (Umschlag) legen. In die folgende Masche einstechen und den Faden durchholen. Auf der Nadel liegen nun drei Schlingen. Den Arbeitsfaden durch alle drei Maschen ziehen.

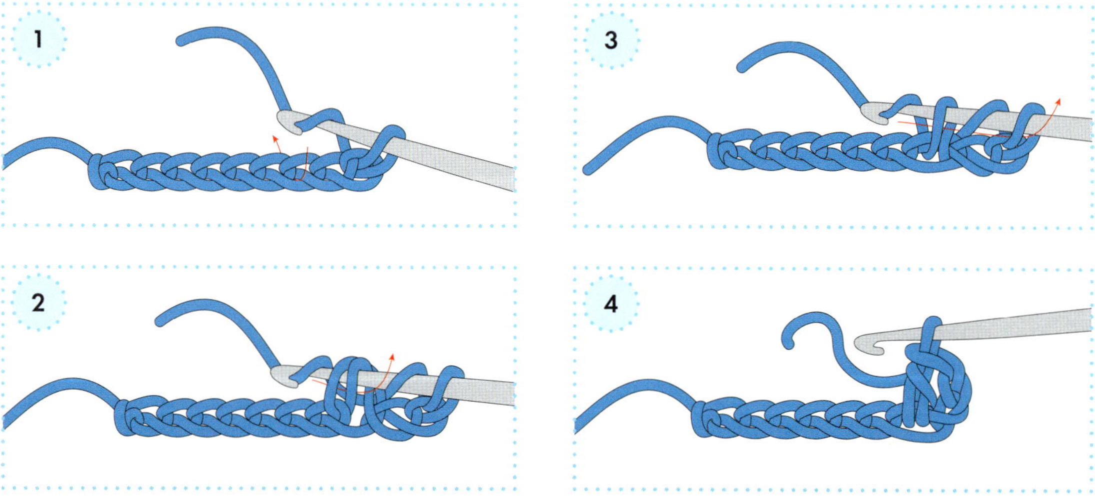

Stäbchen

Den Faden von hinten nach vorne über die Nadel (Umschlag) legen. In die folgende Masche einstechen und den Faden durchholen. Es liegen jetzt drei Schlingen auf der Nadel.

Den Faden durch die ersten beiden Schlingen ziehen. Auf der Nadel liegen nun zwei Schlingen. Beide ebenfalls zusammen abmaschen.

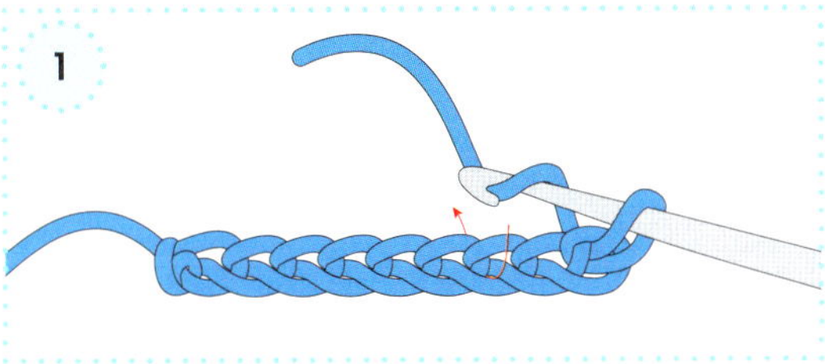

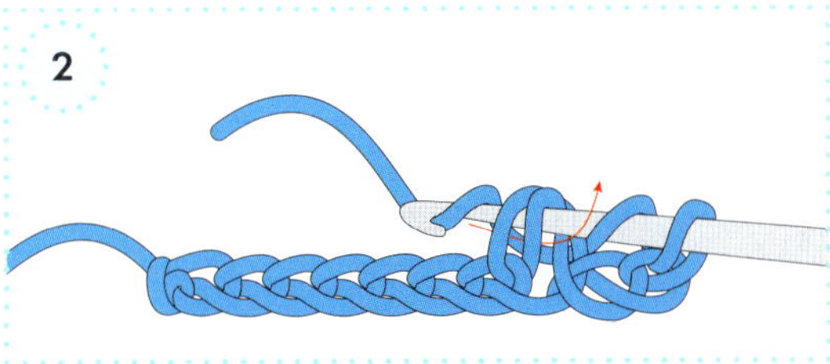

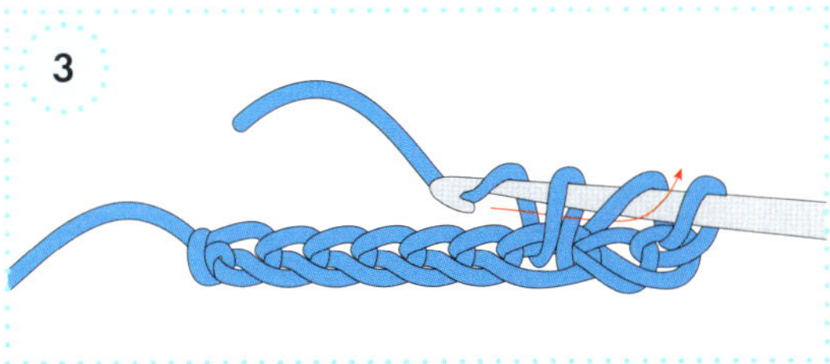

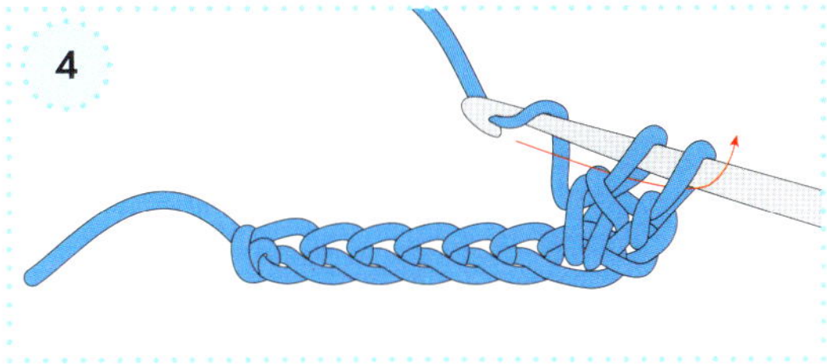

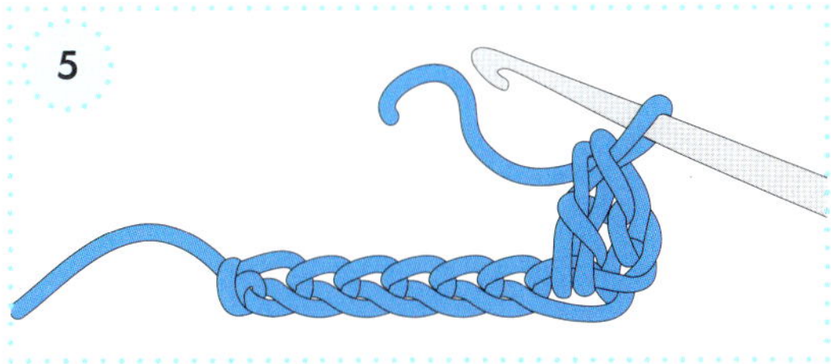

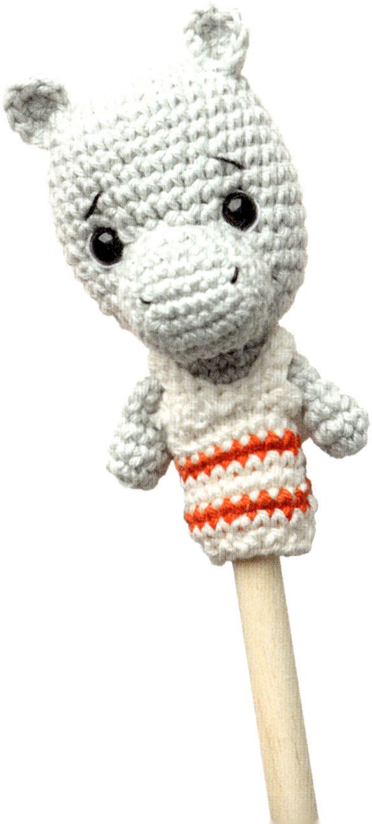

Noppe

Wie bei einem halben Stäbchen beginnen. Die Umschläge auf der Nadel nicht abmaschen, sondern einen neuen Umschlag bilden, zurück in dieselbe Masche stechen und den Faden erneut durchholen. Dies wiederholen, bis die gewünschte Anzahl an halben Stäbchen auf der Nadel liegt. Den Faden durch alle Schlingen ziehen. Eine Noppe kann auch aus Stäbchen gebildet werden. Dazu jeweils die ersten beiden Schlingen auf der Nadel abmaschen, bevor das nächste Stäbchen aufgenommen wird.

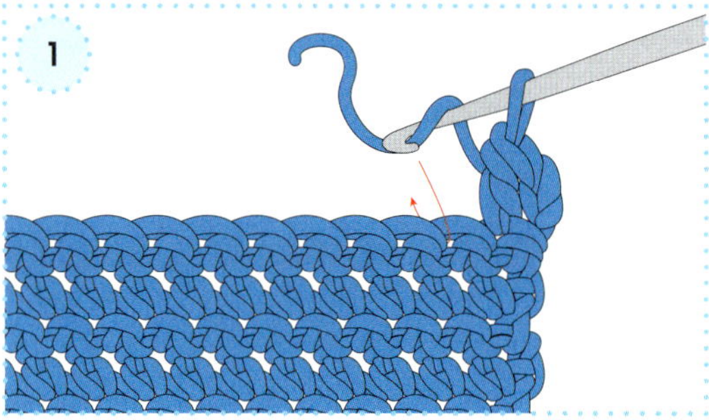

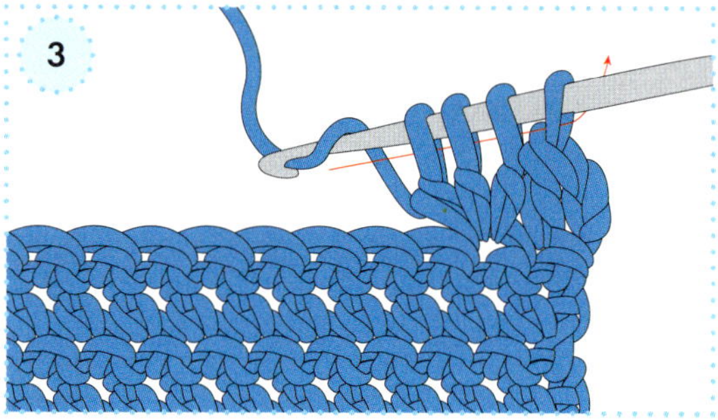

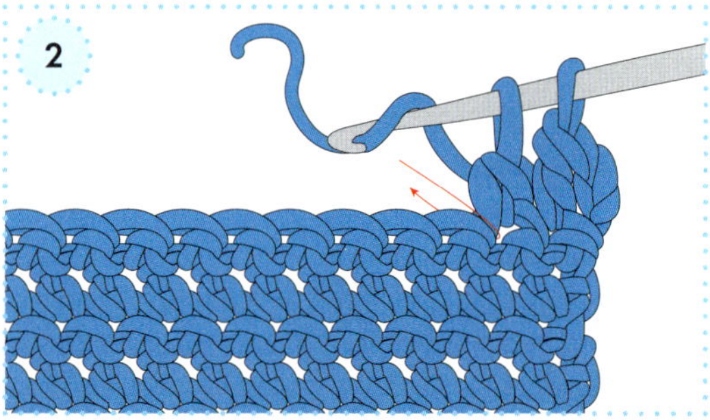

Maschenglieder

Eine Masche besteht aus drei Maschengliedern. Das vordere Maschenglied und hintere Maschenglied bilden dabei die v-förmige Oberseite der Masche. Das rückwärtige Maschenglied liegt auf der Rückseite am Fuß der Masche.

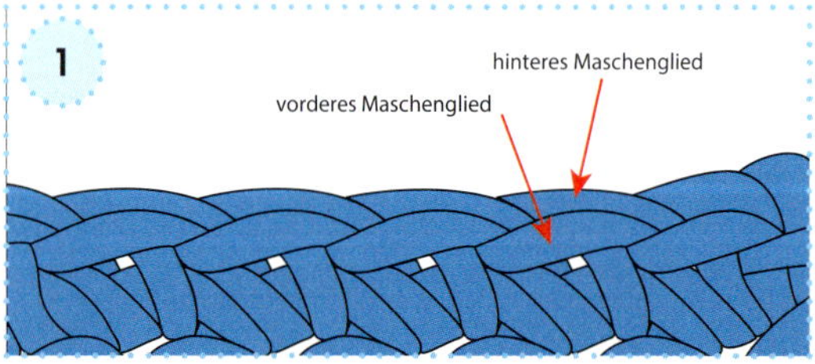

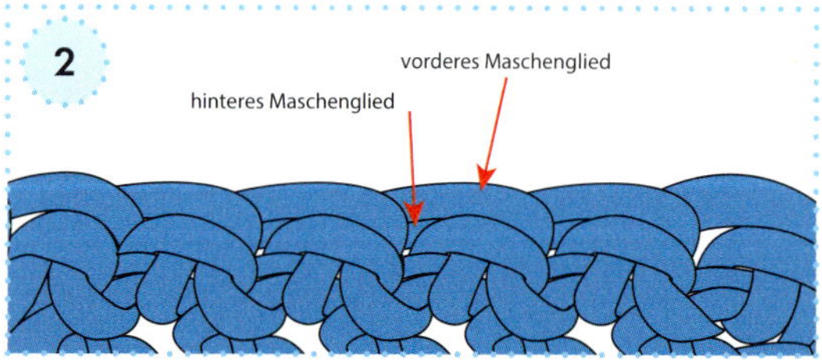

Techniken

In Reihen häkeln

Alle Reihen beginnen mit einer Luftmaschenkette. Auf diese werden die Maschen der ersten Reihe gehäkelt. Nach jeder Reihe wird die Arbeit mit Luftmaschen gewendet, um die entsprechende Höhe der Maschen zu erreichen. Bei festen Maschen wird eine Wendeluftmasche gehäkelt, bei halben Stäbchen zwei Wendeluftmaschen und bei Stäbchen wird mit drei Luftmaschen gewendet.

In Runden häkeln

Beim Rundenhäkeln wird die Arbeit am Ende nicht gewendet, sondern fortlaufend weitergearbeitet. Begonnen wird dabei mit einem Fadenring oder einer Luftmaschenkette. Jede Runde endet mit einer Kettmasche in die erste Masche der Runde. Am Anfang jeder Runde werden Luftmaschen entsprechend der Höhe der verwendeten Maschen gehäkelt (Steigeluftmasche). Bei festen Maschen wird eine Steigeluftmasche gehäkelt, bei halben Stäbchen zwei und bei Stäbchen werden drei Steigeluftmaschen zum Beginn gearbeitet.

In Spiralrunden häkeln

Bei Spiralrunden werden die Maschen ununterbrochen immer weiter aufeinandergehäkelt, ohne sie mit einer Kettmasche abzuschließen. Der Rundenübergang ist unsichtbar. Um den Überblick zu behalten, diesen mit einem Faden oder einem Maschenmarkierer kennzeichnen.

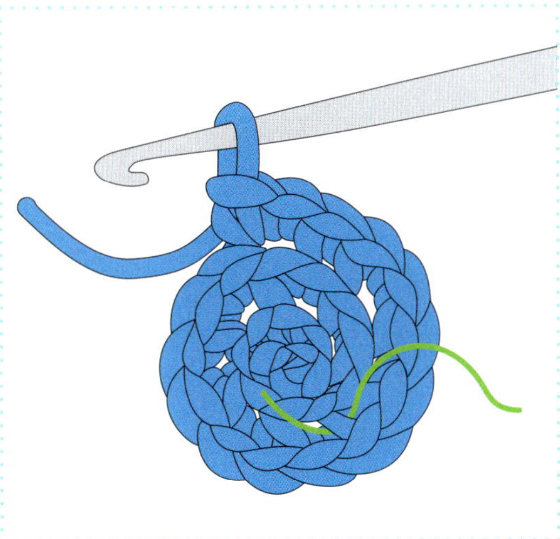

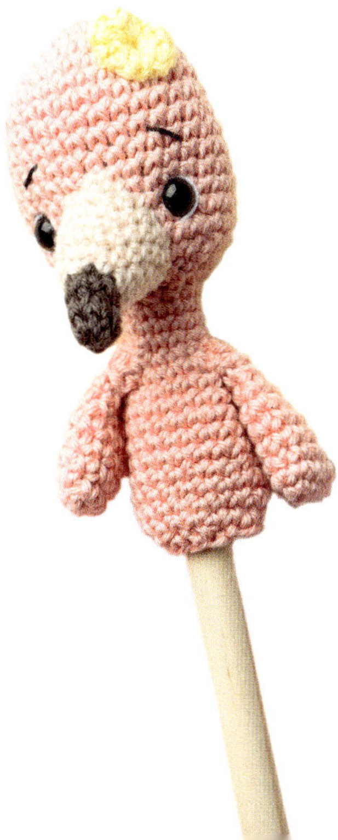

Fadenring

Um einen Fadenring zu bilden, den Faden zu einer Schlaufe legen. Das Fadenende liegt oberhalb und zeigt nach unten. Die Schlaufe mit Daumen und Zeigefinger fixieren und mit der Nadel von vorne hindurchstechen. Den Faden durch die Schlaufe hindurchziehen und mit einer Luftmasche sichern. Erneut durch den Ring stechen und den Faden durchholen. Beide auf der Nadel befindlichen Umschläge zu einer festen Masche abmaschen. Nun so viel feste Maschen häkeln, wie in der Anleitung angegeben sind. Um den Ring zu schließen, vorsichtig am Fadenende ziehen, bis sich die Maschen zusammengezogen haben.

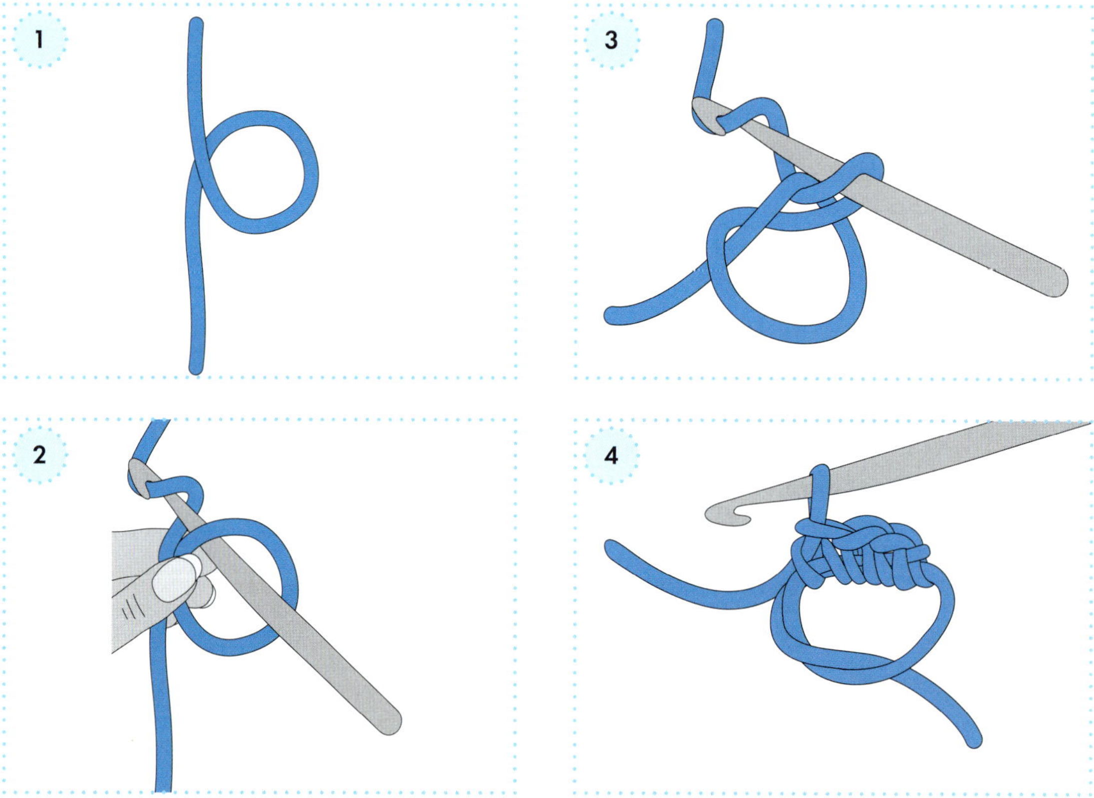

Häkelstück beenden

Um eine Runde/Reihe zu beenden, den Faden fest durch die letzte Masche ziehen und ca. 20 cm lang abschneiden. Das Fadenende mithilfe einer Wollnadel in die Maschen bzw. nach innen vernähen. Wenn der Faden lang abgeschnitten werden soll, mind. 30 cm abschneiden.

Runde unsichtbar abschließen

Die Arbeit mit einem langen Faden abketten. Das Fadenende in eine Vernähnadel fädeln und von oben zwischen die beiden Maschenglieder der zweiten Masche der letzten Runde hindurchstechen. Am Faden ziehen, bis er die gleiche Länge wie die anderen Maschenglieder hat. So wird ein hinteres Maschenglied nachgebildet. Nun mit der Nadel von vorne nach hinten zwischen die Maschenglieder der letzten Masche der Runde stechen. Den Faden erneut durch die Masche ziehen, bis ein vorderes Maschenglied entsteht. Den Faden wie gewohnt vernähen.

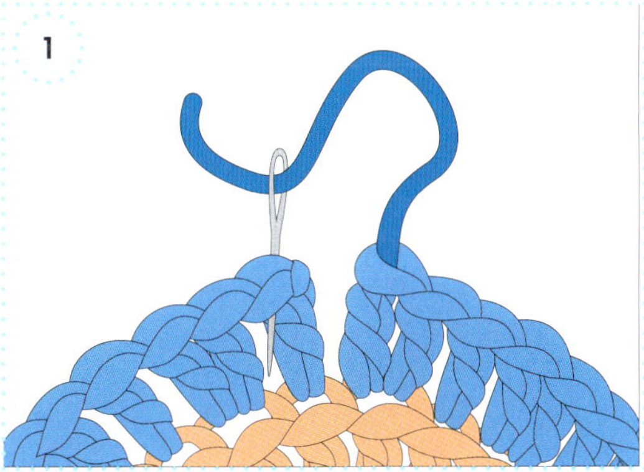

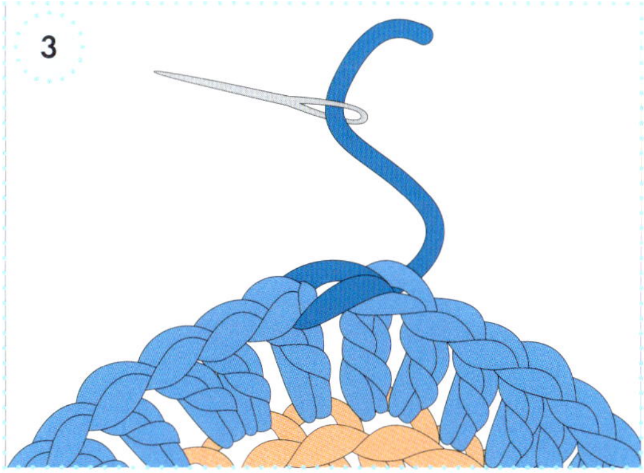

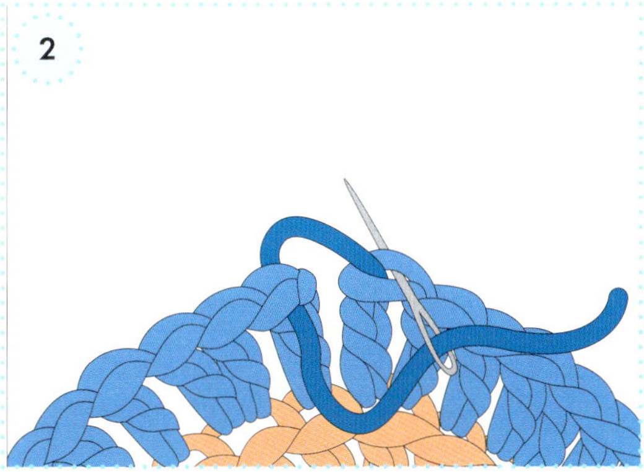

Zunehmen/Verdoppeln

Alle Maschenarten werden auf die gleiche Weise zugenommen: Man häkelt einfach 2 Maschen in eine Einstichstelle. Hierbei spielt es keine Rolle, ob in Reihen oder Runden gehäkelt wird.

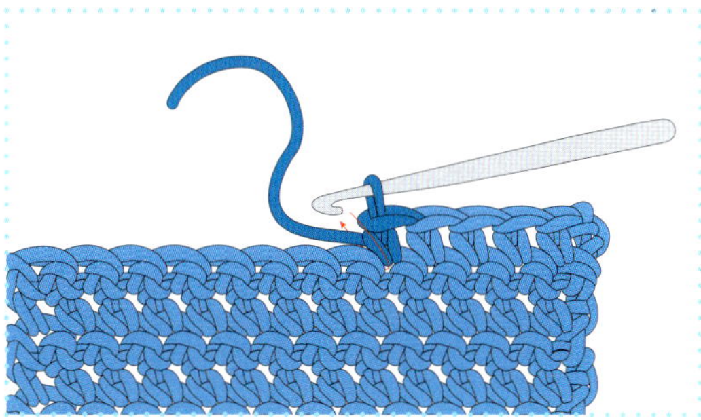

Abnehmen/feste Maschen abmaschen

Bei der Abnahme von festen Maschen in Runden/Reihen werden zwei feste Maschen zusammen abgemascht, sodass eine neue Masche entsteht. Dazu in die erste abzunehmende Masche einstechen und den Faden durchholen. Es befinden sich nun zwei Schlaufen auf der Nadel. Diese werden aber nicht abgemascht, sondern die Nadel durch die nächste Masche gestochen. Wieder den Faden holen. Es befinden sich nun drei Schlingen auf der Nadel. Den Arbeitsfaden durch alle Schlingen ziehen.

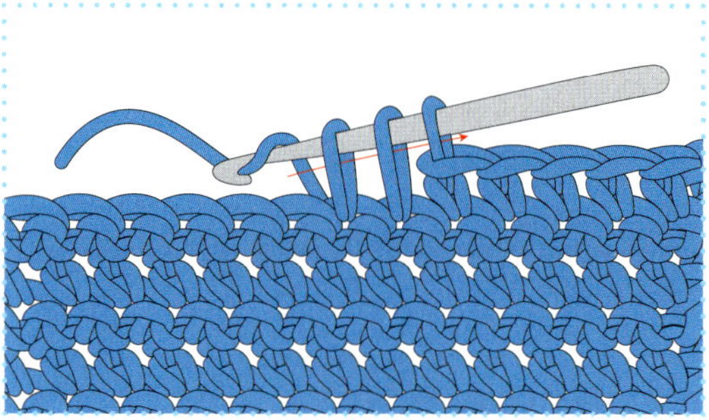

Unsichtbare Abnahme

Die Nadel durch die beiden vorderen Maschenglieder der beiden Maschen stechen, die abgenommen werden sollen. Den Faden durchholen, sodass sich auf der Nadel nun zwei Schlingen befinden. Beide Schlingen zu einer festen Masche abmaschen. Im Maschenbild wirkt diese Abnahme nun wie eine einfache, feste Masche. Diese Art der Abnahme nur beim Häkeln in Runden verwenden.

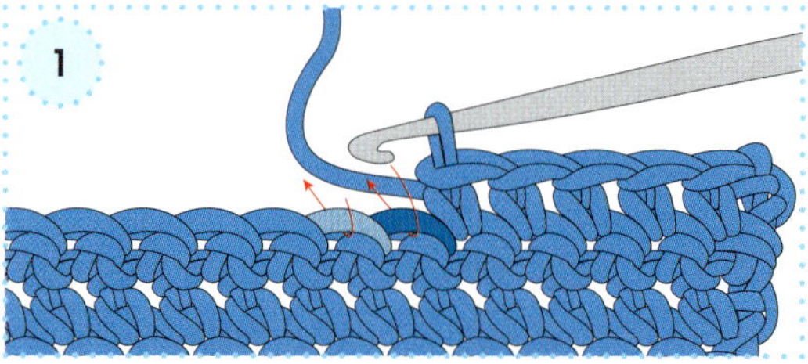

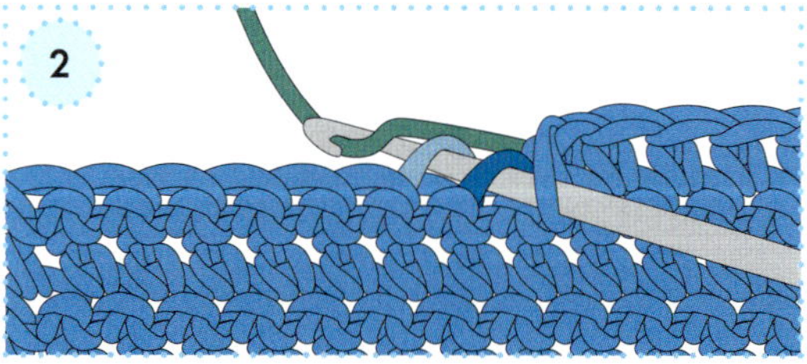

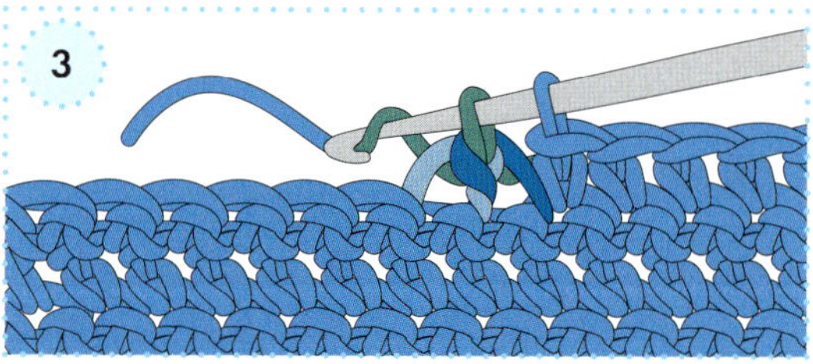

Farbwechsel

Wird eine neue Farbe aufgenommen, in der ersten Farbe bis zur letzten Masche der Runde/Reihe häkeln. Diese nicht abmaschen, sondern beide Schlingen auf der Nadel behalten. Mit der Nadel nun den Faden der neuen Farbe durchholen und damit weiterhäkeln.

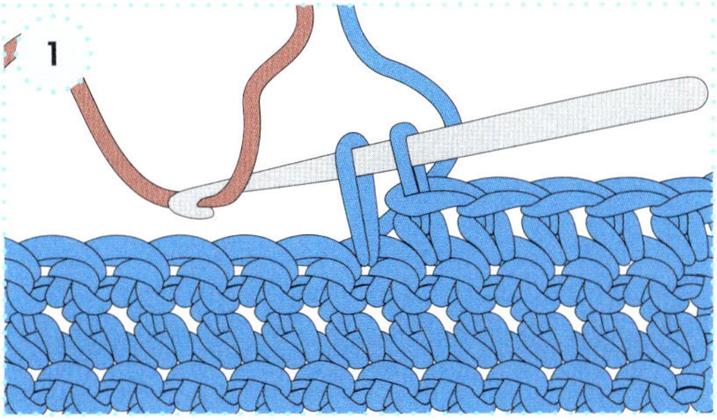

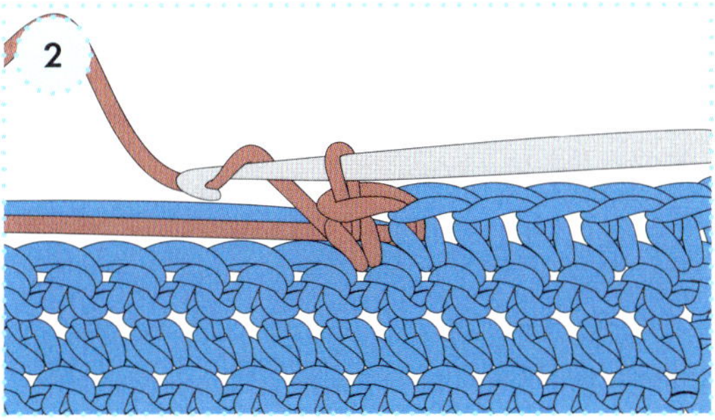

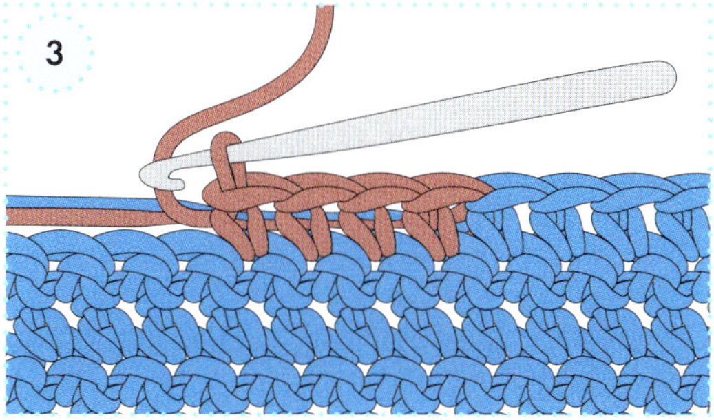

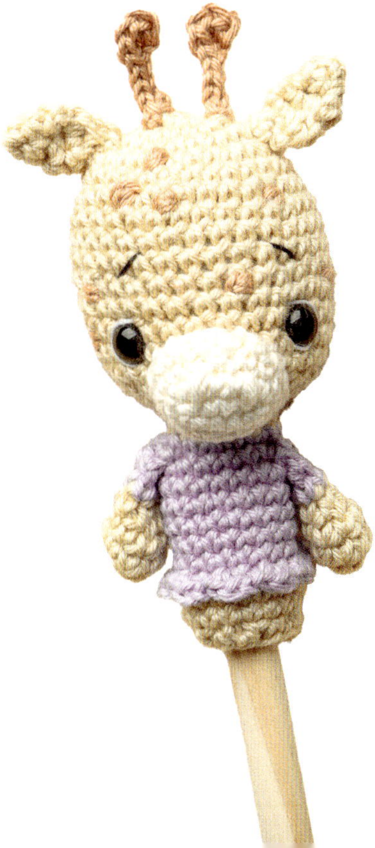

Stickstiche

Knötchenstich

Den Faden ein- oder zweimal über die Nadel schlingen und durchziehen, sodass ein Knoten entsteht. Danach knapp neben der Ausstichstelle einstechen und den Faden durchziehen. Zum Schluss den Faden auf der Rückseite sichern.

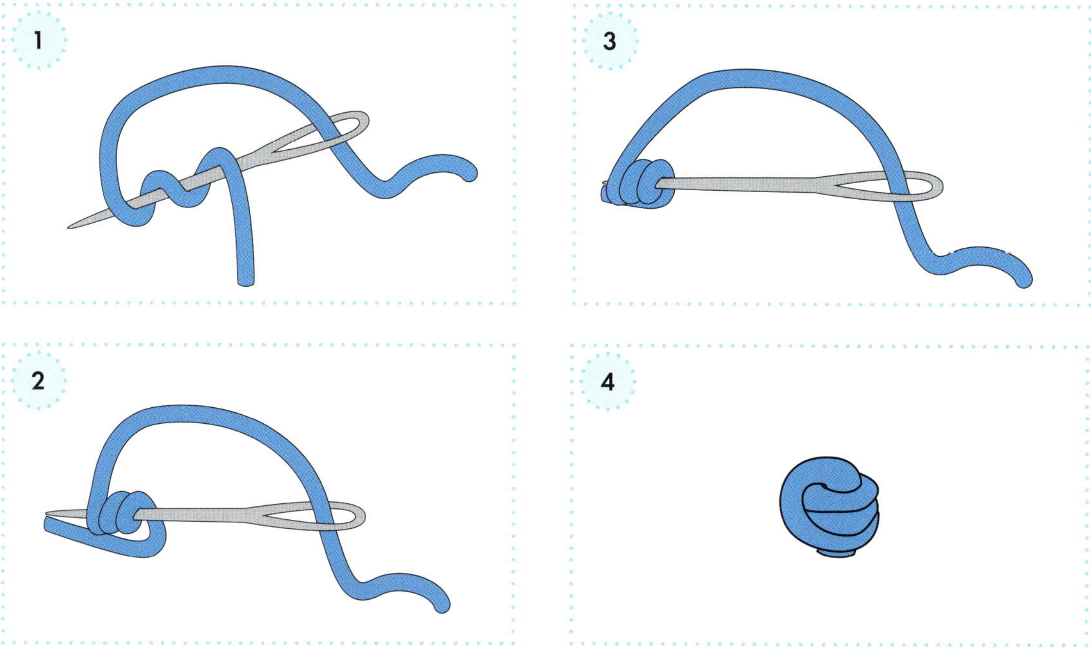

Rückstich

Mit einem einfachen Spannstich beginnen. Dann mit der Nadel im gewünschten Abstand rechts von der Einstichstelle wieder ausstechen. Nun den Faden durch dieselbe Einstichstelle wieder nach innen führen. So lange wiederholen, bis die nötige Länge erreicht ist.

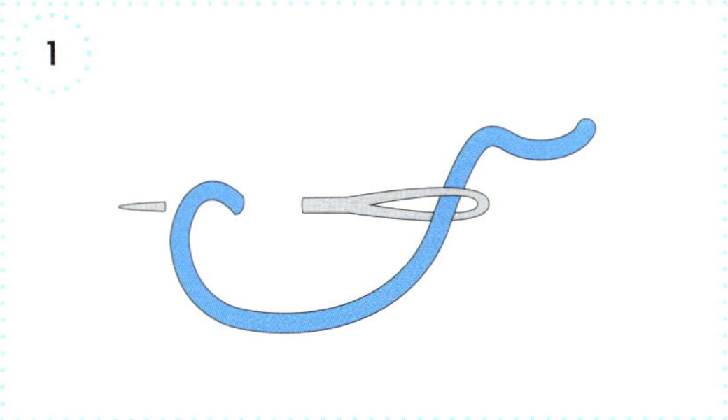

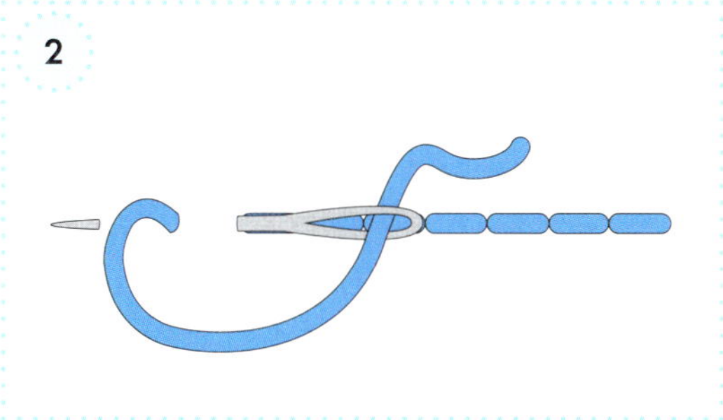

Abkürzungen

abn – abnehmen/Abnahme(n)

Fb – Farbe (n)

fM – feste Masche(n)

hStb – halbes Stäbchen

ihM – ins hintere Maschenglied

ivM – ins vordere Maschenglied

Km – Kettmasche(n)

LL – Lauflänge

Lm – Luftmasche(n)

MM – Maschenmarkierer

N – Noppe

Nd – Nadel

R – Reihe(n)

Rd – Runde(n)

Stb – Stäbchen

wdh – wiederholen

zun – zunehmen/Zunahme(n)

Schwierigkeitsgrade

Einfach

mittel

schwer

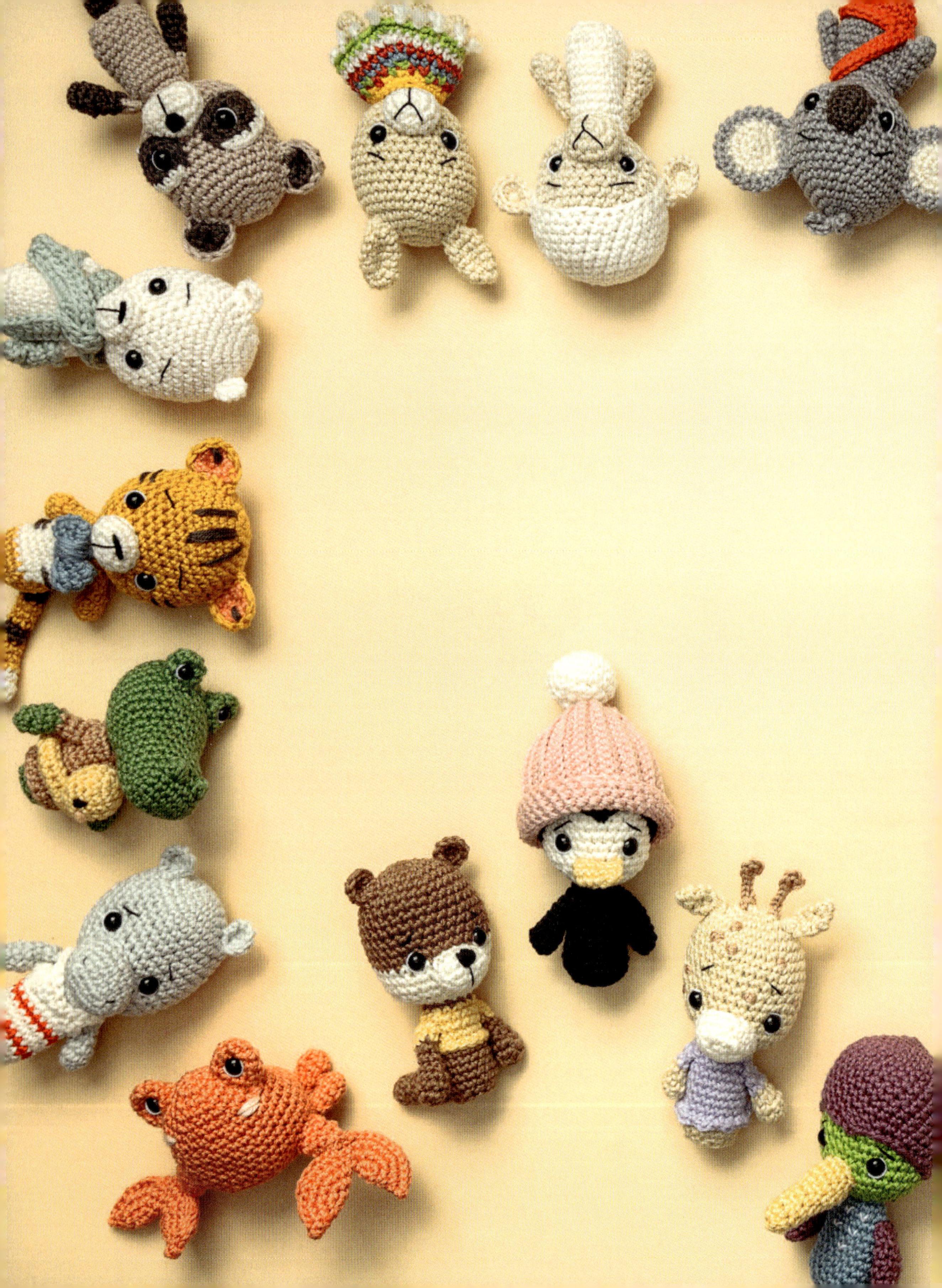

Projekte

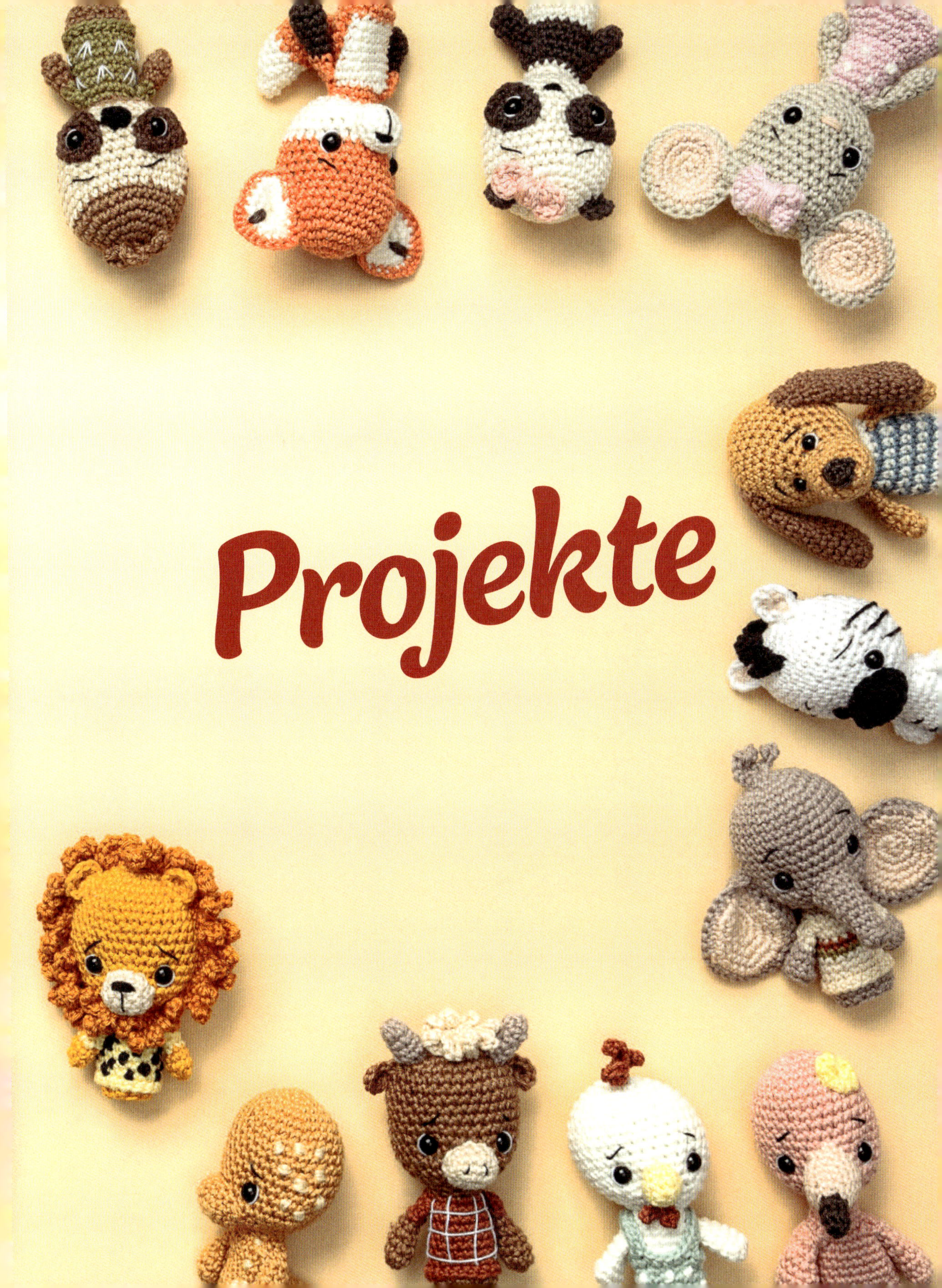

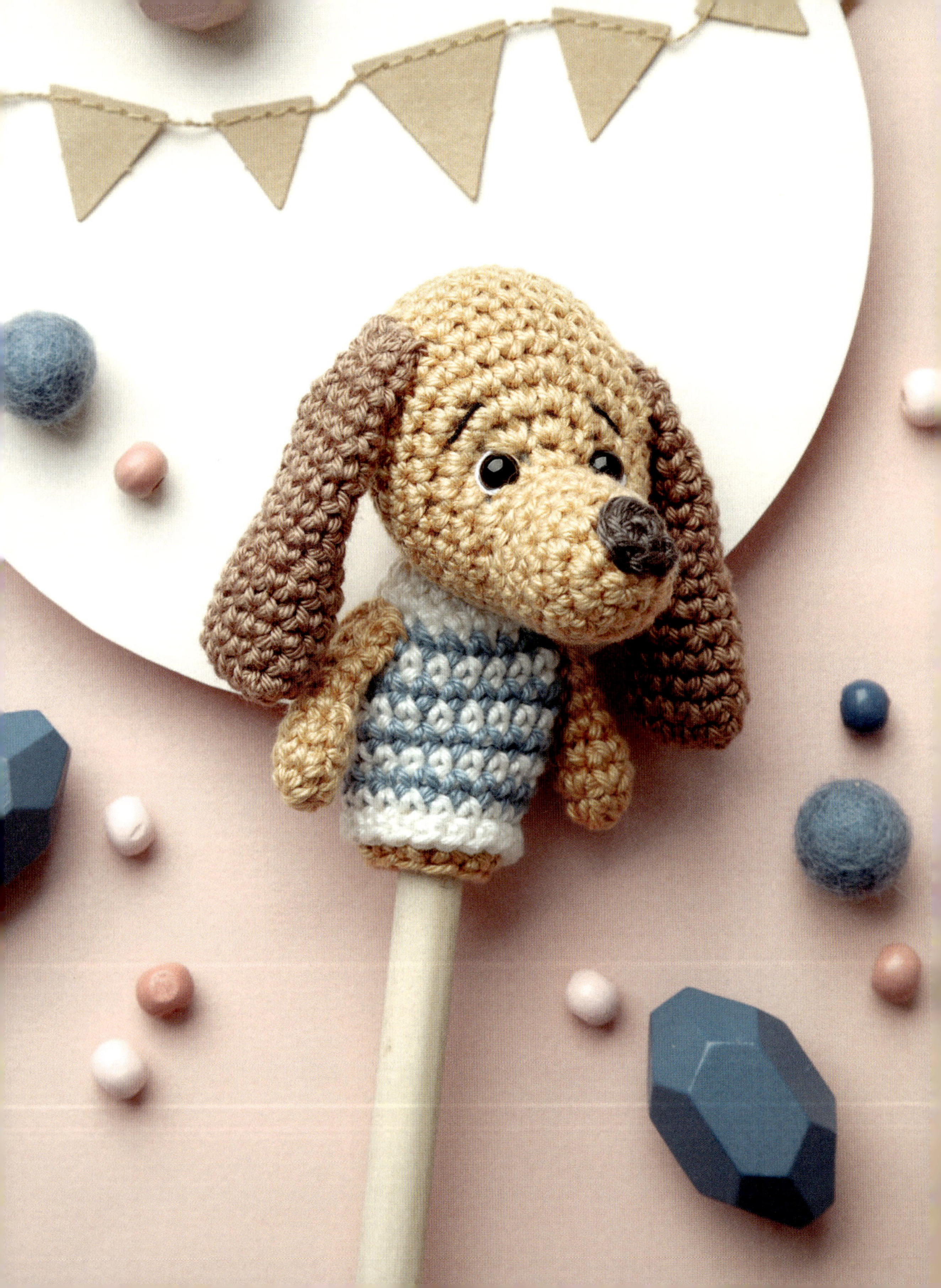

Dieter, der flinke

Dackel

★★★

Größe: 11 cm

Material

- Schachenmayr Catania (100 % Baumwolle, LL 125 m/50 g) in
  - Camel (Fb 179), 12 g
  - Crème (Fb 130), 5 g
  - Deep Amber (Fb 438), 5 g
  - Zartbitter (Fb 415), ein Rest
  - Denim (Fb 421), ein Rest
- 2 Sicherheitsaugen Ø 6 mm
- Häkelnadel 2,5 mm
- Filetgarn in Schwarz und Weiß
- Füllwatte
- Stopfnadel zum Vernähen
- Stecknadeln zum Fixieren
- Maschenmarkierer

Kopf (in Camel)

Häkle in Spiral-Rd. Den Kopf fortlaufend mit Füllwatte ausstopfen.

1. Rd: 6 fM in einen Fadenring häkeln. [6]
2. Rd: 6 x 1 M zun. [12]
3.–7. Rd: 12 fM häkeln.
8. Rd: 4 fM, 4 x 1 M zun, 4 fM. [16]
9. Rd: 6 fM, 4 x 1 M zun, 6 fM. [20]
10. Rd: 8 fM, 4 x 1 M zun, 8 fM. [24]
11. Rd: *3 fM, 1 M zun*, von * bis * noch 5 x wdh. [30]
12.–16. Rd: 30 fM häkeln.
Befestige die Augen zwischen Rd 8 und 9 mit 3 fM Abstand.
17. Rd: *3 fM, 1 M abn*, von * bis * noch 5 x wdh. [24]
18.–19. Rd: 24 fM häkeln.
20. Rd: *2 fM, 1 M abn*, von * bis * noch 5 x wdh. [18]
21. Rd: *1 fM, 1 M abn*, von * bis * noch 5 x wdh. [12]
22. Rd: 6 x 1 M abn. [6]
Faden abschneiden, durch alle vorderen M-Glieder fädeln, festzuziehen und vernähen.

Ohren (2x in Deep Amber)

Die Ohren nicht mit Füllwatte ausstopfen.
6 Lm anschlagen, in die 2. Lm von der Nd aus einstechen und wie folgt um die Lm-Kette herumhäkeln:
1. Rd: 4 fM, 3 fM in 1 M, 3 fM, 1 M zun. [12]
2.–6. Rd: 12 fM häkeln.
7. Rd: *4 fM, 1 M abn*, von * bis * noch 1 x wdh. [10]
8.–12. Rd: 10 fM häkeln.
13. Rd: *3 fM, 1 M abn*, von * bis * noch 1 x wdh. [8]
14. Rd: 8 fM häkeln.
15. Rd: *2 fM, 1 M abn*, von * bis * noch 1 x wdh. [6]
Das Ende falten und mit 3 fM zusammenhäkeln.
Den Faden lang abschneiden und die Ohren über Rd 13–15, seitlich am Kopf festnähen (Bild 1).

1

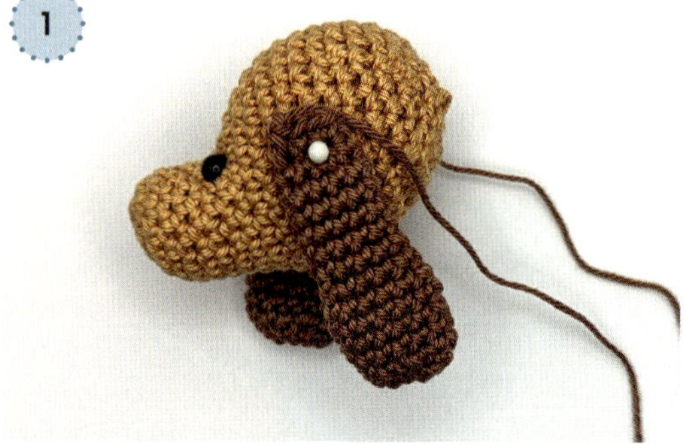

Nase (in Zartbitter)

Häkle 6 fM in einen Fadenring und 1 Km in die erste fM, dann den Faden lang abschneiden und die Nase über Rd 2–3 der Schnauze festnähen.

Gesicht fertigstellen

Sticke das Augenweiß mit weißem Filetgarn direkt neben den Augen auf. Die Augenbrauen mit schwarzem Filetgarn 1 Rd über den Augen über 2 fM breit sticken.

Fingerhut/Körper (in Camel, Crème und Denim)

Häkle in Spiral-Rd. Den Körper nicht mit Füllwatte ausstopfen. Beginne in Camel.
Zum späteren Annähen einen langen Anfangsfaden hängen lassen.
1. Rd: 6 fM in einen Fadenring häkeln. [6]
2. Rd: 6 x 1 M zun. [12]
In den folgenden 9 Rd wird immer abwechselnd 1 Rd in Crème und 1 Rd in Denim gehäkelt. Achte darauf, nach jeder Rd die Farbe entsprechend zu wechseln. Beginne in Rd 3 mit Crème.
3. Rd: *1 fM ihM, 1 M zun ihM*, von * bis * noch 5 x wdh. [18]
4.–11. Rd: 18 fM häkeln.
Fb-Wechsel zu Camel (ab hier nur noch in Camel häkeln).
12. Rd: 18 fM ihM häkeln.
13. Rd: *1 fM, 1 M abn*, von * bis * noch 5 x wdh. [12]
Abketten, den Faden abschneiden und vernähen.
Den Faden ivM der Rd 12 in Crème aufnehmen, von oben nach unten einstechen und rundherum 18 fM häkeln (Bild 2–3). Den Faden abschneiden und vernähen, den Kopf am Körper festnähen (Bild 4).

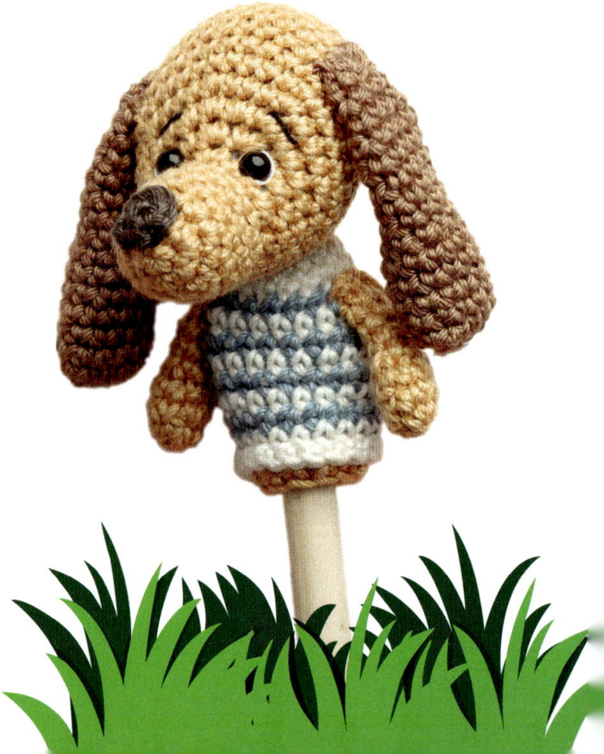

2

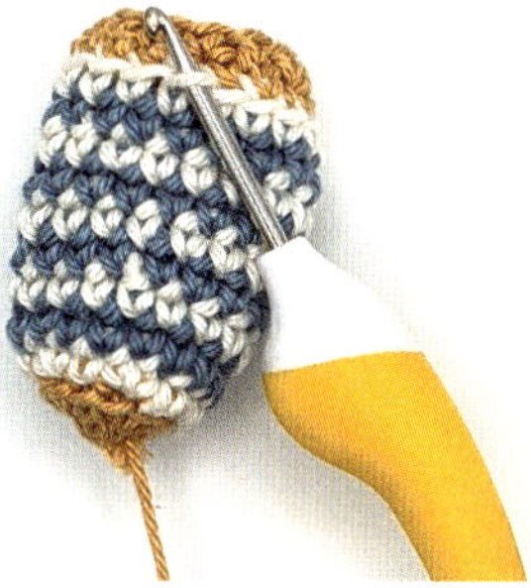

3

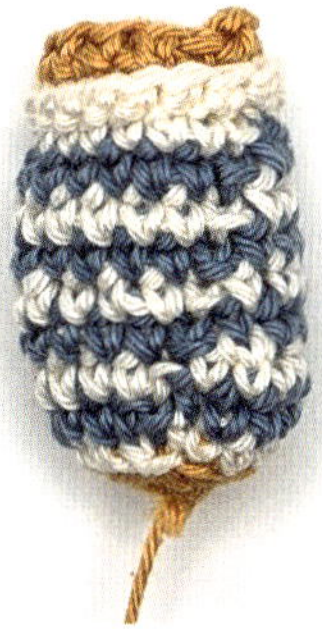

4

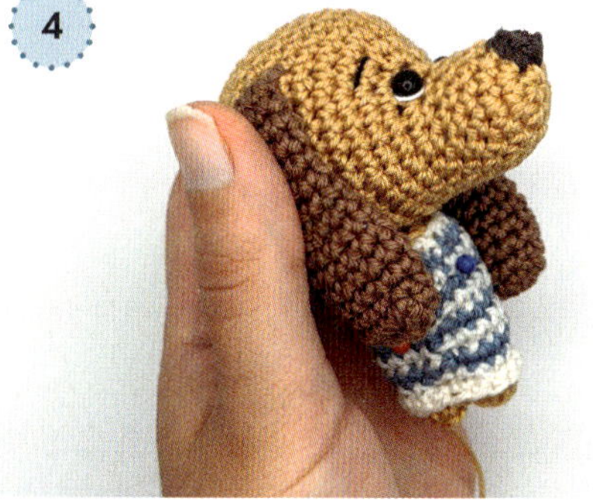

Arme (2x in Camel)

Häkle in Spiral-Rd. Die Arme nicht mit Füllwatte ausstopfen.

1. Rd: 6 fM in einen Fadenring häkeln. [6]
2. Rd: *2 fM, 1 M zun*, von * bis * noch 1 x wdh. [8]
3. Rd: 8 fM häkeln.
4. Rd: *2 fM, 1 M abn*, von * bis * noch 1 x wdh. [6]
5.–6. Rd: 6 fM häkeln.
Das Ende falten und mit 3 fM zusammenhäkeln.
Den Faden lang abschneiden und die Arme 2 Rd unter dem Kopf seitlich am Körper festnähen.

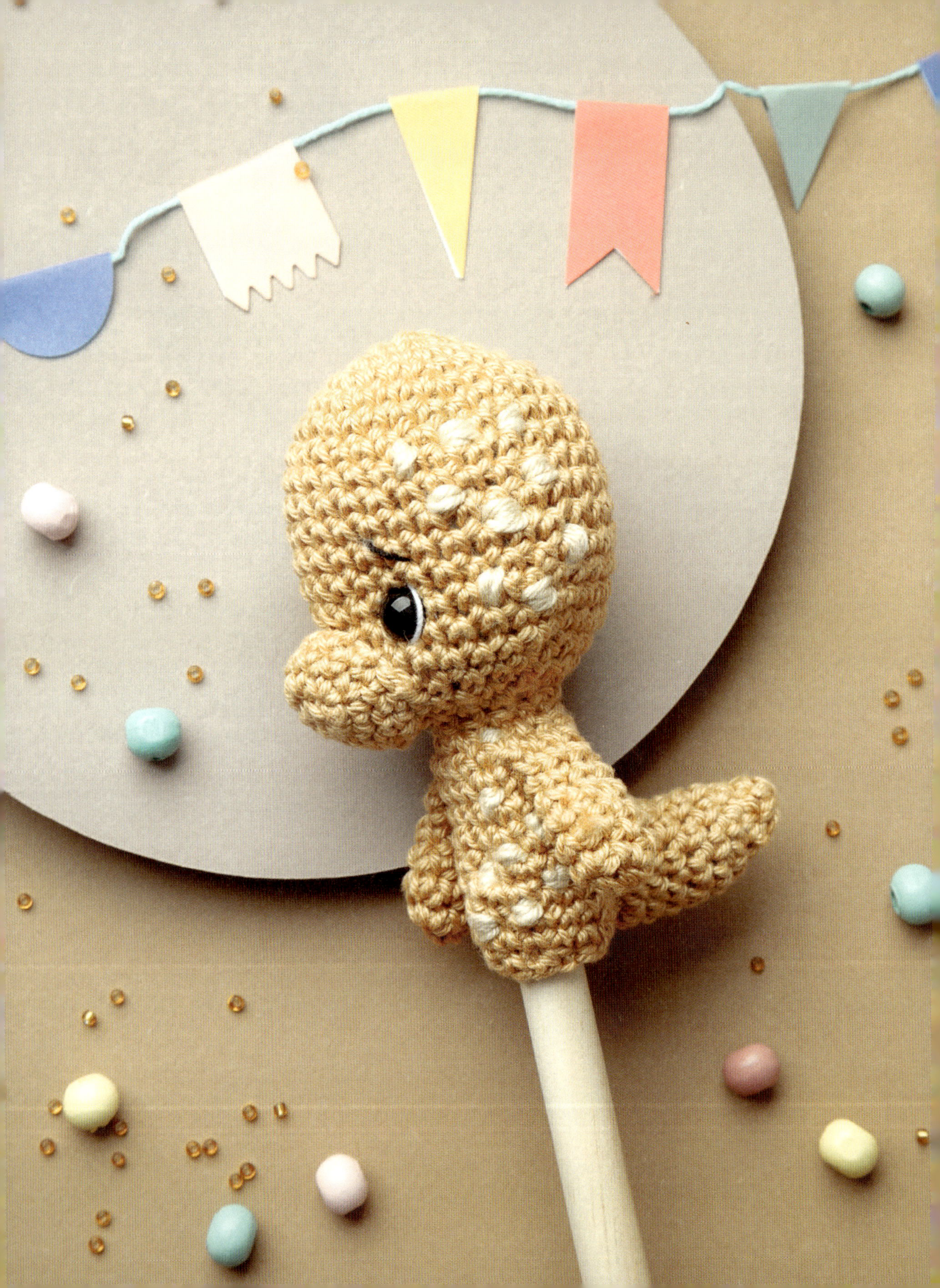

Danny, der kluge Dino

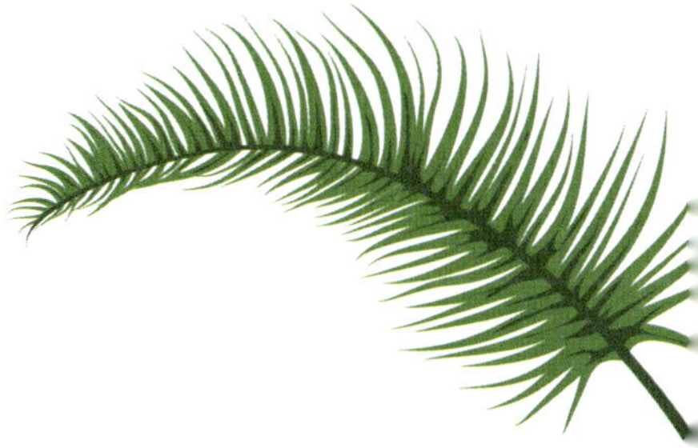

Größe: 11 cm

Material

- Schachenmayr Catania (100 % Baumwolle, LL 125 m/50 g) in
  - Camel (Fb 179), 15 g
  - Sand (Fb 404), ein Rest
- 2 Sicherheitsaugen Ø 7 mm
- Häkelnadel 2,5 mm
- Filetgarn in Schwarz und Weiß
- Füllwatte
- Stopfnadel zum Vernähen
- Stecknadeln zum Fixieren
- Maschenmarkierer

Kopf (in Camel)

Häkle in Spiral-Rd. Den Kopf fortlaufend mit Füllwatte ausstopfen.
1. Rd: 6 fM in einen Fadenring häkeln. [6]
2. Rd: 6 x 1 M zun. [12]
3. Rd: *1 fM, 1 M zun*, von * bis * noch 5 x wdh. [18]
4. Rd: *2 fM, 1 M zun*, von * bis * noch 5 x wdh. [24]
5. Rd: *3 fM, 1 M zun*, von * bis * noch 5 x wdh. [30]
6.–15. Rd: 30 fM häkeln.
16. Rd: *3 fM, 1 M abn*, von * bis * noch 5 x wdh. [24]
Die Augen zwischen Rd 13 und 14 mit 6 fM Abstand befestigen.
17. Rd: *2 fM, 1 M abn*, von * bis * noch 5 x wdh. [18]
18. Rd: *1 fM, 1 M abn*, von * bis * noch 5 x wdh. [12]
19. Rd: 12 fM ihM häkeln.
20. Rd: 6 x 1 M abn. [6]
Faden abschneiden, durch alle vorderen M-Glieder fädeln, festzuziehen und vernähen.

Schnauze (in Camel)

Häkle in Spiral-Rd. Die Schnauze fortlaufend mit Füllwatte ausstopfen.
5 Lm anschlagen, in die 2. Lm von der Nd aus einstechen und wie folgt um die Lm-Kette herum häkeln:
1. Rd: 3 fM, 3 fM in 1 M, 2 fM, 1 M zun. [10]
2. Rd: *1 M zun, 4 fM*, von * bis * noch 1 x wdh. [12]
3. Rd: *1 M zun, 5 fM*, von * bis * noch 1 x wdh. [14]
4. Rd: 14 fM häkeln.
Abketten, den Faden lang abschneiden und die Schnauze zwischen den Augen festnähen.

Gesicht fertigstellen

Das Augenweiß mit weißem Filetgarn direkt neben den Augen aufsticken. Die Augenbrauen mit schwarzem Filetgarn 1 Rd über den Augen über 2 fM breit und 1 Rd hoch sticken. Die Flecken in Sand mithilfe des Knötchenstichs aufsticken. (Bild 1)

1

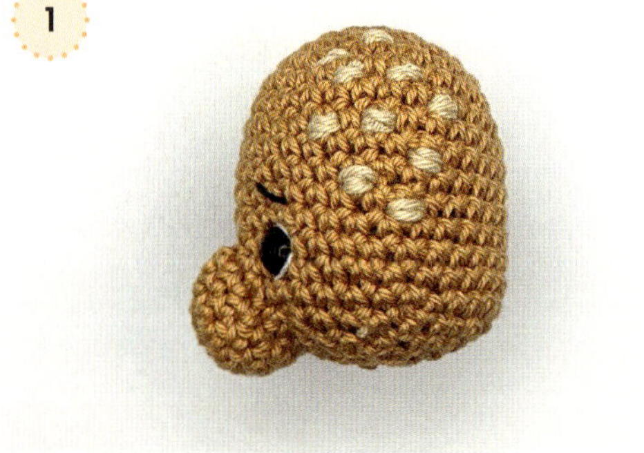

Fingerhut/Körper (in Camel)

Häkle in Spiral-Rd. Den Körper nicht mit Füllwatte ausstopfen.
Den Faden mittig am Hinterkopf ivM der Rd 19 des Kopfs aufnehmen. Stich dazu von oben nach unten ein, die erste Rd des Kopfs zeigt zu dir hin.

2

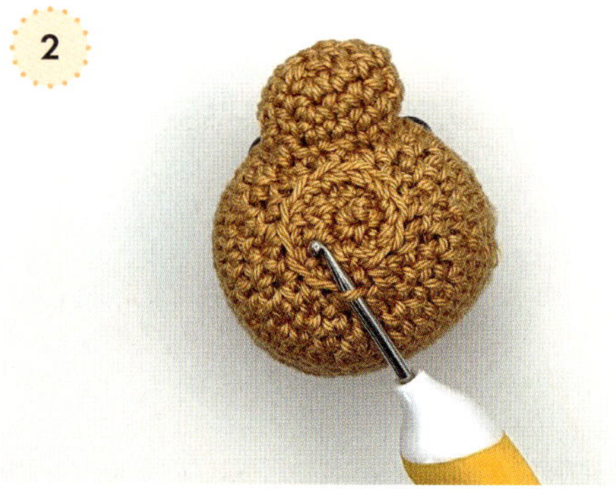

3

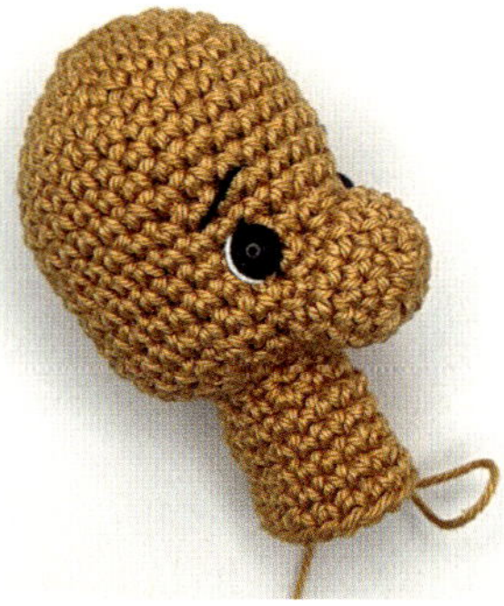

Anschließend wie folgt weiterhäkeln (Bild 2–3):
1. Rd: 12 fM häkeln. [12]
2. Rd: *1 fM, 1 M zun*, von * bis * noch 5 x wdh. [18]
3.–10. Rd: 18 fM häkeln.
11. Rd: *1 fM, 1 M abn*, von * bis * noch 5 x wdh. [12]
Abketten, den Faden abschneiden und vernähen.
Die Flecken in Sand seitlich am Körper mithilfe des Knötchenstichs aufsticken.

Schwanz (in Camel)

Häkle in Spiral-Rd. Den Schwanz fortlaufend mit Füllwatte ausstopfen.
1. Rd: 6 fM in einen Fadenring häkeln. [6]
2.–3. Rd: 6 fM häkeln.
4. Rd: *2 fM, 1 M zun*, von * bis * noch 1 x wdh. [8]
5.–7. Rd: 8 fM häkeln.
8. Rd: *3 fM, 1 M zun*, von * bis * noch 1 x wdh. [10]
9. Rd: *4 fM, 1 M zun*, von * bis * noch 1 x wdh. [12]
10. Rd: *5 fM, 1 M zun*, von * bis * noch 1 x wdh. [14]
Abketten, den Faden lang abschneiden und den Schwanz an der Rückseite des Körpers festnähen (Bild 4).

4

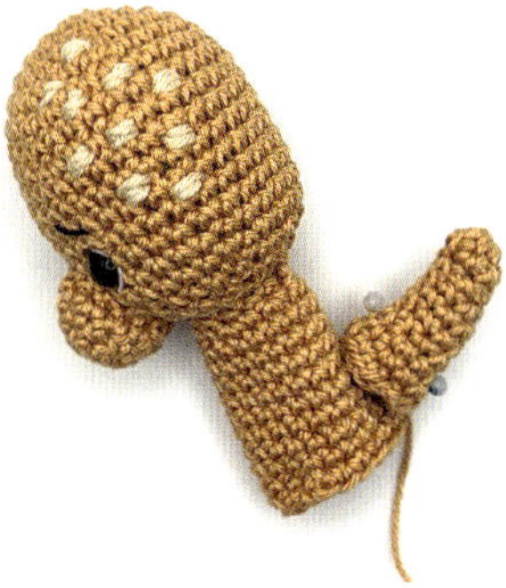

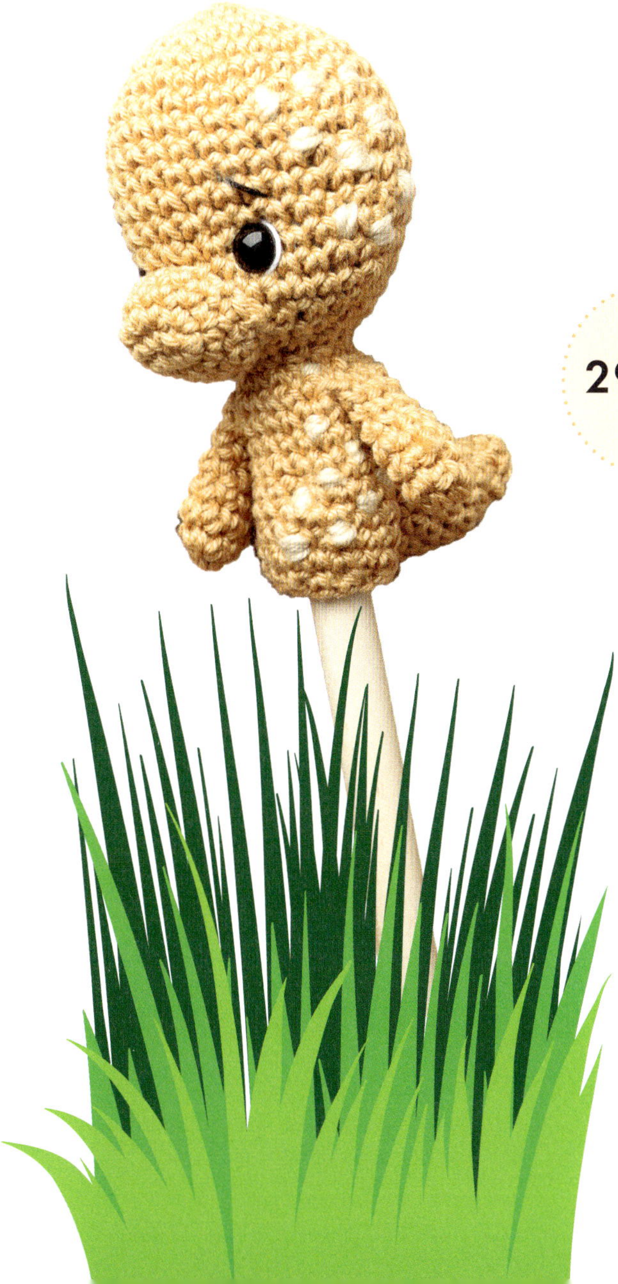

Arme (2x in Camel)

Häkle in Spiral-Rd. Die Arme nicht mit Füllwatte ausstopfen.
1. Rd: 6 fM in einen Fadenring häkeln. [6]
2. Rd: *2 fM, 1 M zun*, von * bis * noch 1 x wdh. [8]
3.–4. Rd: 8 fM häkeln.
5. Rd: *2 fM, 1 M abn*, von * bis * noch 1 x wdh. [6]
6.–7. Rd: 6 fM häkeln.
Das Ende falten und mit 3 fM zusammenhäkeln.
Den Faden lang abschneiden und die Arme 2 Rd unter dem Kopf seitlich am Körper festnähen.

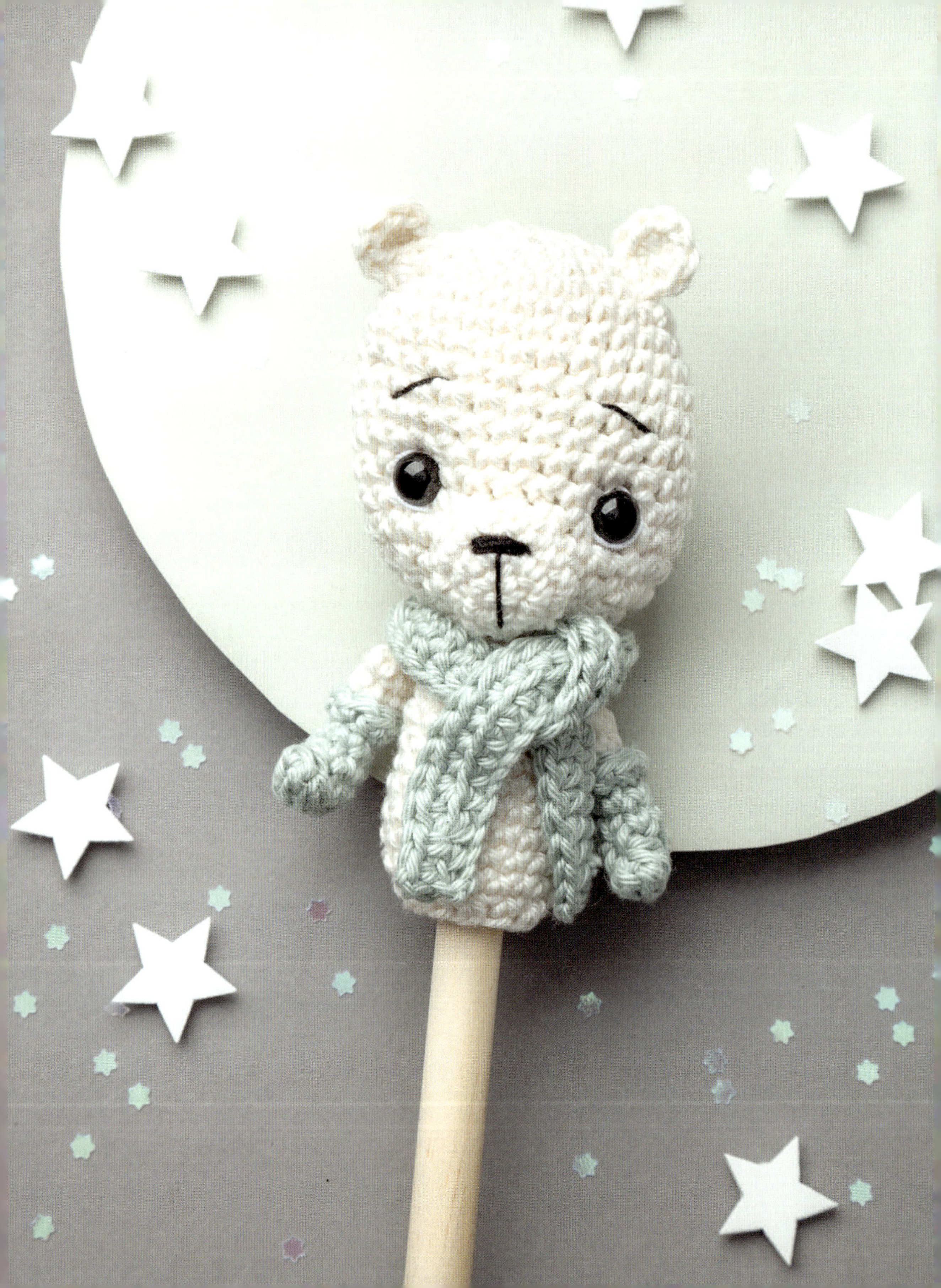

Elonor, die eigensinnige

Eisbärin

★★★

Größe: 11 cm

Material

- Scheepjes Catona (100% Baumwolle, LL 125 m/50 g) in
  - Old Lace (Fb 130), 14 g
  - Silver Green (Fb 402), 10 g
- 2 Sicherheitsaugen Ø 7 mm
- Häkelnadel 2,5 mm
- Filetgarn in Schwarz und Weiß
- Füllwatte
- Stopfnadel zum Vernähen
- Stecknadeln zum Fixieren
- Maschenmarkierer

Kopf (in Old Lace)

Häkle in Spiral-Rd. Den Kopf fortlaufend mit Füllwatte ausstopfen.

1. Rd: 6 fM in einen Fadenring häkeln. [6]
2. Rd: 6 x 1 M zun. [12]
3. Rd: *1 fM, 1 M zun*, von * bis * noch 5 x wdh. [18]
4. Rd: *2 fM, 1 M zun*, von * bis * noch 5 x wdh. [24]
5. Rd: *3 fM, 1 M zun*, von * bis * noch 5 x wdh. [30]
6.–15. Rd: 30 fM häkeln.
16. Rd: *3 fM, 1 M abn*, von * bis * noch 5 x wdh. [24]
Die Augen zwischen Rd 13 und 14 mit 6 fM Abstand befestigen.
17. Rd: *2 fM, 1 M abn*, von * bis * noch 5 x wdh. [18]
18. Rd: *1 fM, 1 M abn*, von * bis * noch 5 x wdh. [12]
19. Rd: 12 fM ihM häkeln.
20. Rd: 6 x 1 M abn. [6]
Faden abschneiden, durch alle vorderen M-Glieder fädeln, festzuziehen und vernähen.

Schnauze (in Old Lace)

Häkle in Spiral-Rd. Die Schnauze nur locker mit Füllwatte ausstopfen.
1. Rd: 6 fM in einen Fadenring häkeln. [6]
2. Rd: 6 x 1 M zun. [12]
3. Rd: *5 fM, 1 M zun*, von * bis * noch 1 x wdh. [14]
Den Faden lang abschneiden und die Schnauze zwischen den Augen festnähen.

Ohren (2x in Old Lace)

Häkle in Spiral-Rd.
1. Rd: 8 fM in einen Fadenring häkeln. [8]
Mit 1 Km in die erste M beenden, den Faden lang abschneiden. Die Ohren über Rd 4–5 ca. 7 Rd über den Augen festnähen (Bild 1–2).

1

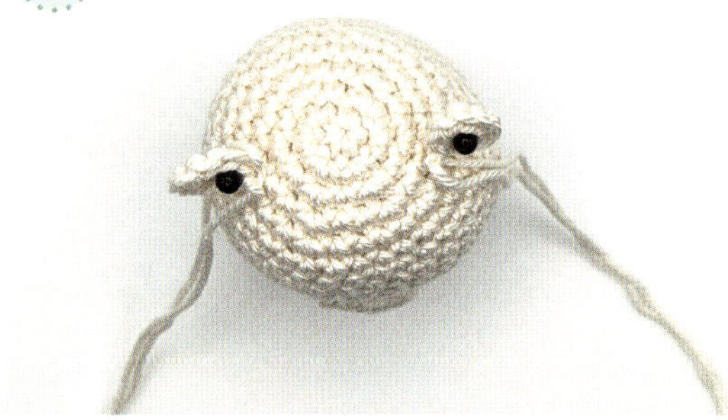

2

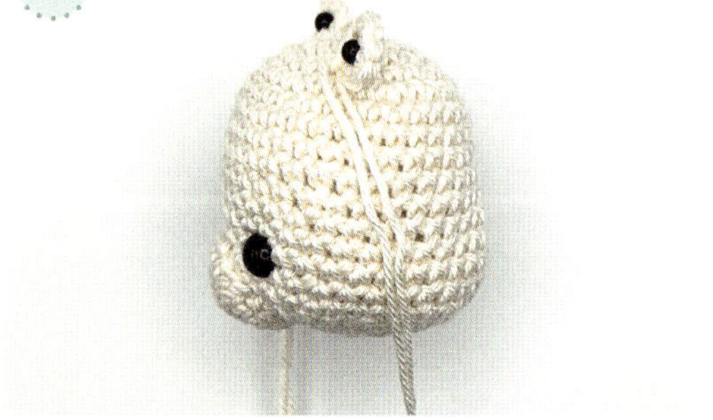

Gesicht fertigstellen

Das Augenweiß mit weißem Filetgarn direkt neben den Augen aufsticken. Die Augenbrauen mit schwarzem Filetgarn 2 Rd über den Augen über 2 fM breit und 1 Rd hoch sticken. Die Nase in Schwarz zwischen Rd 2 und 3 der Schnauze über 2 fM breit sticken, dazu ca. 5 x einstechen (Bild 3–4).

3

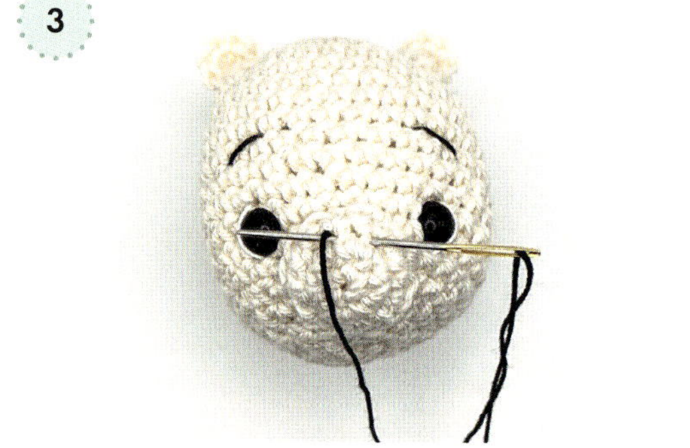

4

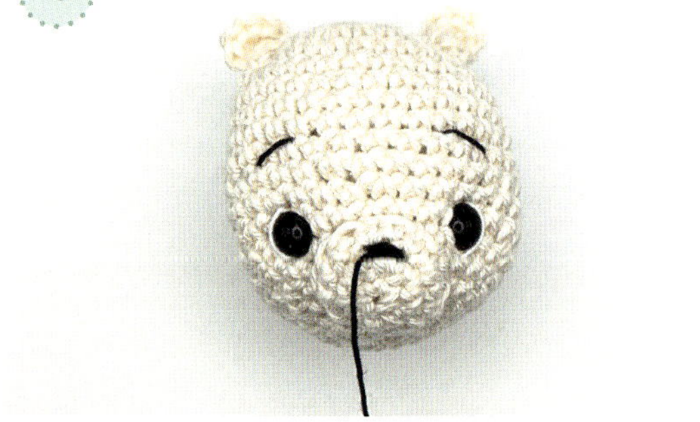

Unter der Nase noch 3 fM nach unten sticken, um die Schnauze fertigzustellen (Bild 5–6).

5

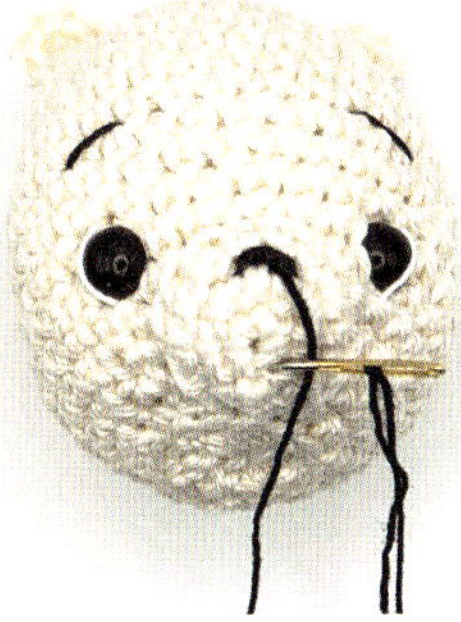

6

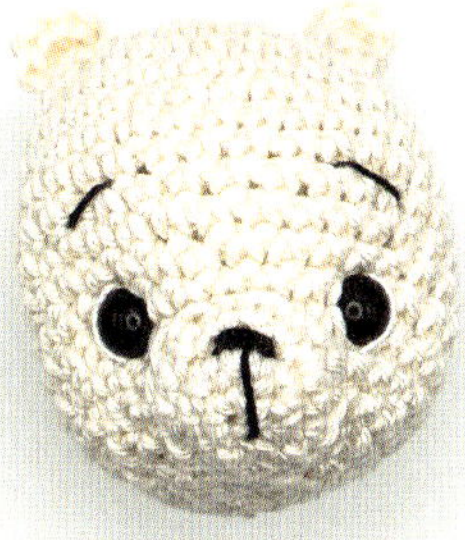

Fingerhut/Körper (in Old Lace)

Hinweis: Eine bebilderte Anleitung zum Anhäkeln des Körpers findest du auf Seite 28 (Dino).
Häkle in Spiral-Rd. Den Körper nicht mit Füllwatte ausstopfen.
Den Faden mittig am Hinterkopf ivM der Rd 19 des Kopfs aufnehmen. Stich dazu von oben nach unten ein, die Ohren zeigen zu dir hin. Anschließend wie folgt weiterhäkeln:
1. Rd: 12 fM häkeln. [12]
2. Rd: *1 fM, 1 M zun*, von * bis * noch 5 x wdh. [18]
3.–11. Rd: 18 fM häkeln.
12. Rd: *1 fM, 1 M abn*, von * bis * noch 5 x wdh. [12]
Abketten, den Faden abschneiden und vernähen.

Arme (2x in Silver Green und Old Lace)

Häkle in Spiral-Rd. Die Arme nicht mit Füllwatte ausstopfen. Beginne in Silver Green.
1. Rd: 8 fM in einen Fadenring häkeln. [8]
2. Rd: 3 fM, 1 N aus 3 Stb, 4 fM. [8]
3.–4. Rd: 8 fM häkeln.
Fb-Wechsel zu Old Lace.
5. Rd: *2 fM ihM, 1 M abn ihM*, von * bis * noch 1 x wdh. [6]
6.–7. Rd: 6 fM häkeln.
Das Ende falten und mit 3 fM zusammenhäkeln.
Die Faltkante sollte dabei in einer Linie mit dem Daumen liegen. Den Faden lang abschneiden. Anschließend in Silver Green ihM der Rd 5 den Faden aufnehmen, von unten nach oben einstechen (die Faust zeigt zu dir hin) und rundherum 8 fM häkeln. Die Arme 2 Rd unter dem Kopf festnähen.

Schal (in Silver Green)

Häkle in R. 52 Lm anschlagen, in die 3. Lm von der Nd aus einstechen und wie folgt häkeln:
1.–2. R: 50 hStb, 1 Lm und wenden. [50]
Faden abschneiden und vernähen. Den Schal um den Hals binden.

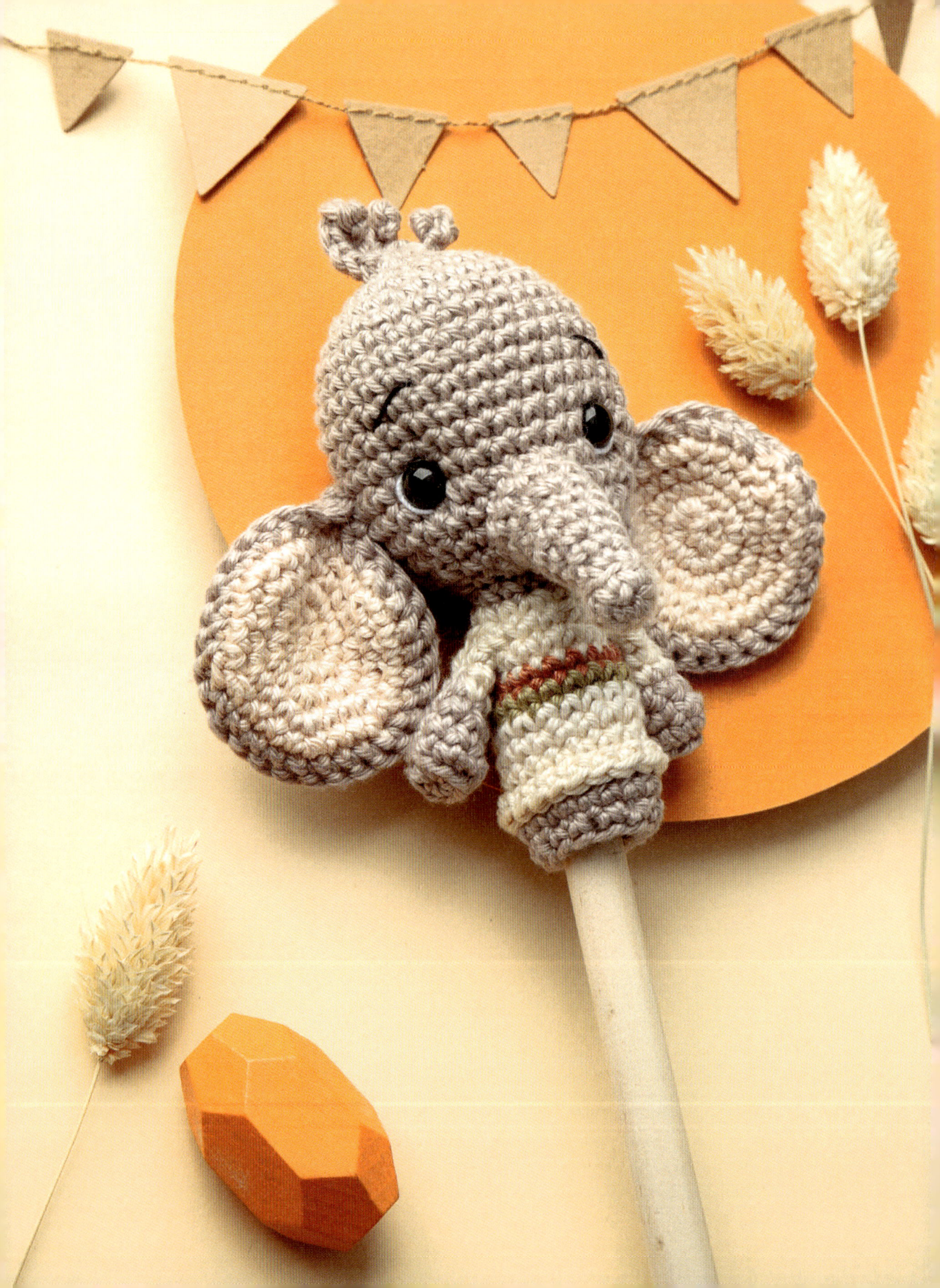

Edward, der freundliche Elefant

★★★

Größe: 11 cm

Material

- Scheepjes Catona (100 % Baumwolle, LL 125 m/50 g) in
  - Soft Beige (FB 406), 15 g
  - English Tea (Fb 404), 7 g
  - Shell (Fb 255), ein Rest
  - Brick Red (Fb 504), ein Rest
  - Willow (Fb 395), ein Rest
- 2 Sicherheitsaugen Ø 7 mm
- Häkelnadel 2,5 mm
- Filetgarn in Schwarz und Weiß
- Füllwatte
- Stopfnadel zum Vernähen
- Stecknadeln zum Fixieren
- Maschenmarkierer

Kopf (in Soft Beige)

Häkle in Spiral-Rd. Den Kopf fortlaufend mit Füllwatte ausstopfen.
1. Rd: 6 fM in einen Fadenring häkeln. [6]
2. Rd: 6 x 1 M zun. [12]
3. Rd: *1 fM, 1 M zun*, von * bis * noch 5 x wdh. [18]
4. Rd: *2 fM, 1 M zun*, von * bis * noch 5 x wdh. [24]
5. Rd: *3 fM, 1 M zun*, von * bis * noch 5 x wdh. [30]
6.–15. Rd: 30 fM häkeln.
16. Rd: *3 fM, 1 M abn*, von * bis * noch 5 x wdh. [24]
Die Augen zwischen Rd 13 und 14 mit 6 fM Abstand befestigen.
17. Rd: *2 fM, 1 M abn*, von * bis * noch 5 x wdh. [18]
18. Rd: *1 fM, 1 M abn*, von * bis * noch 5 x wdh. [12]
19. Rd: 12 fM ihM häkeln.
20. Rd: 6 x 1 M abn. [6]
Faden abschneiden, durch alle vorderen M-Glieder fädeln, festzuziehen und vernähen.

Ohren (2x in Shell und Soft Beige)

Häkle in Spiral-Rd. Beginne in Shell.
1. Rd: 6 fM in einen Fadenring häkeln. [6]
2. Rd: 6 x 1 M zun. [12]
3. Rd: *1 fM, 1 M zun*, von * bis * noch 5 x wdh. [18]
4. Rd: *2 fM, 1 M zun*, von * bis * noch 5 x wdh. [24]
5. Rd: *3 fM, 1 M zun*, von * bis * noch 5 x wdh. [30]
Abketten, den Faden abschneiden und vernähen. Einen zweiten Teil in Soft Beige häkeln, jedoch nicht abketten. Beide Teile mit der Rückseite aufeinanderlegen, durch beide Schichten stechen und diese mit 30 fM zusammenhäkeln (Bild 1–2).

1

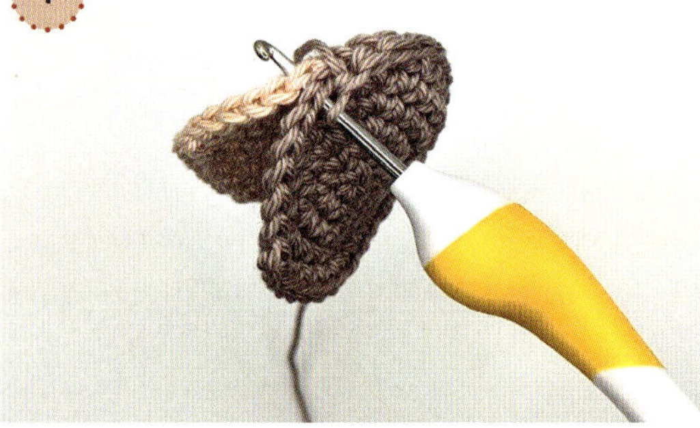

2

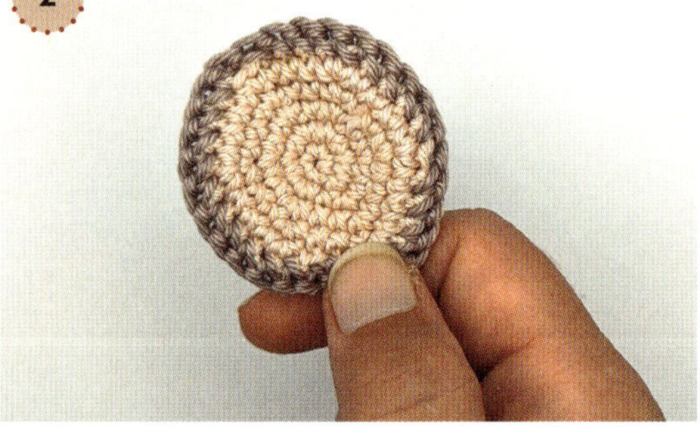

Den Faden lang abschneiden und die Ohren 3 fM neben den Augen zwischen Rd 12 und 13 des Kopfs festnähen (Bild 3).

3

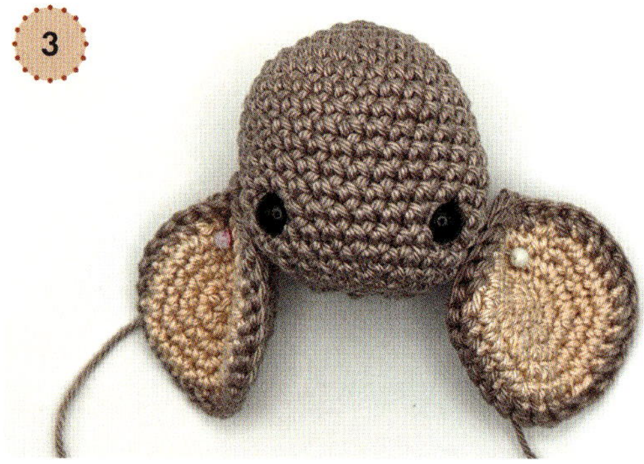

Rüssel (in Soft Beige)

Häkle in Spiral-Rd. Den Rüssel fortlaufend mit Füllwatte ausstopfen.
1. Rd: 6 fM in einen Fadenring häkeln. [6]
2. Rd: 6 fM häkeln.
3. Rd: 6 fM ihM häkeln.
4. Rd: 6 fM häkeln.
5. Rd: *1 fM, 1 M zun*, von * bis * noch 2 x wdh. [9]
6. Rd: 9 fM häkeln.
7. Rd: *2 fM, 1 M zun*, von * bis * noch 2 x wdh. [12]
8. Rd: 12 fM häkeln.
Abketten, den Faden lang abschneiden und den Rüssel mittig zwischen den Augen festnähen (Bild 4).

4

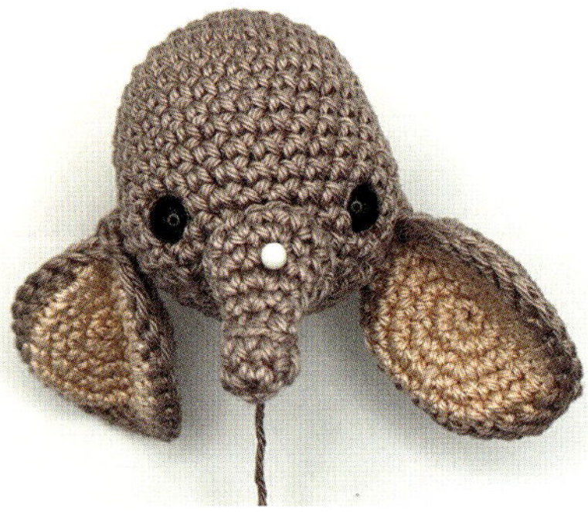

Gesicht fertigstellen

Das Augenweiß mit weißem Filetgarn direkt neben den Augen aufsticken. Die Augenbrauen mit schwarzem Filetgarn 2 Rd über den Augen über 2 fM breit und 1 Rd hoch sticken.

Locken (in Soft Beige)

Den Faden an Rd 1 des Kopfs aufnehmen und mit 1 Km fixieren. Anschließend 4 Lm häkeln, in die 2. Lm von der Nd aus einstechen und 3 x 1 M zun entlang der Lm-Kette. 1 Km in den Kopf häkeln und das Ganze noch zweimal wiederholen, um am Ende auf drei Locken zu kommen. Den Faden abschneiden und vernähen.
Hinweis: Eine bebilderte Anleitung zum Lockenhäkeln findest du auf Seite 60 (Koala).

Fingerhut/Körper (in Soft Beige, English Tea, Brick Red und Willow)

Hinweis: Eine bebilderte Anleitung zum Anhäkeln des Körpers findest du auf Seite 28 (Dino).
Häkle in Spiral-Rd. Den Körper nicht mit Füllwatte ausstopfen. Beginne in Soft Beige.
Den Faden mittig am Hinterkopf ivM der Rd 19 des Kopfs aufnehmen. Stich dazu von oben nach unten ein, die Locken zeigen zu dir hin. Anschließend wie folgt weiterhäkeln:
1. Rd: 12 fM häkeln. [12]
Fb-Wechsel zu English Tea.
2. Rd: *1 fM, 1 M zun*, von * bis * noch 5 x wdh. [18]
3.–4. Rd: 18 fM häkeln.
Fb-Wechsel zu Brick Red.
5. Rd: 18 fM häkeln.
Fb-Wechsel zu Willow.
6. Rd: 18 fM ihM häkeln.
Fb-Wechsel zu English Tea.
7.–9. Rd: 18 fM häkeln.
Fb-Wechsel zu Soft Beige.
10. Rd: 18 fM ihM häkeln.
11. Rd: 18 fM häkeln.
12. Rd: *1 fM, 1 M abn*, von * bis * noch 5 x wdh. [12]
Abketten, den Faden abschneiden und vernähen. Anschließend ivM der Rd 10 des Körpers den Faden in English Tea aufnehmen. Von oben nach unten einstechen und 18 fM rundherum häkeln. Den Faden abschneiden und vernähen.

Arme (2x in Soft Beige und English Tea)

Häkle in Spiral-Rd. Die Arme nicht mit Füllwatte ausstopfen. Beginne in Soft Beige.
1. Rd: 8 fM in einen Fadenring häkeln. [8]
2. Rd: 8 fM ihM häkeln.
3.–4. Rd: 8 fM häkeln.
Fb-Wechsel zu English Tea.
5. Rd: *2 fM, 1 M abn*, von * bis * noch 1 x wdh. [6]
6. Rd: 6 fM häkeln.
Das Ende falten und mit 3 fM zusammenhäkeln.
Den Faden lang abschneiden und die Arme 2 Rd unter dem Kopf seitlich am Körper festnähen.

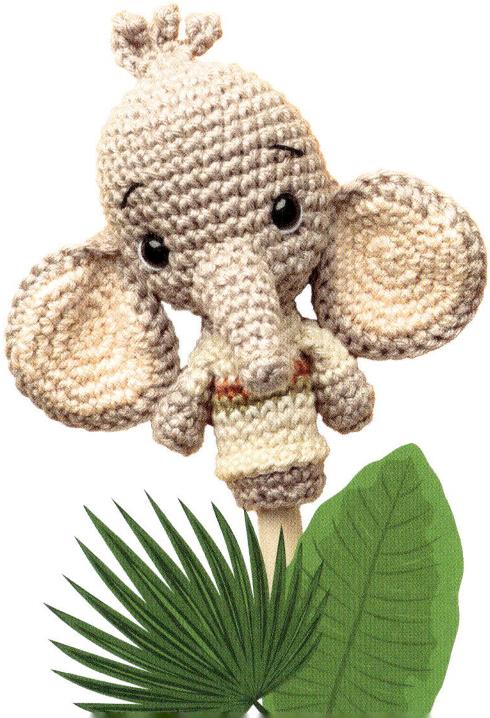

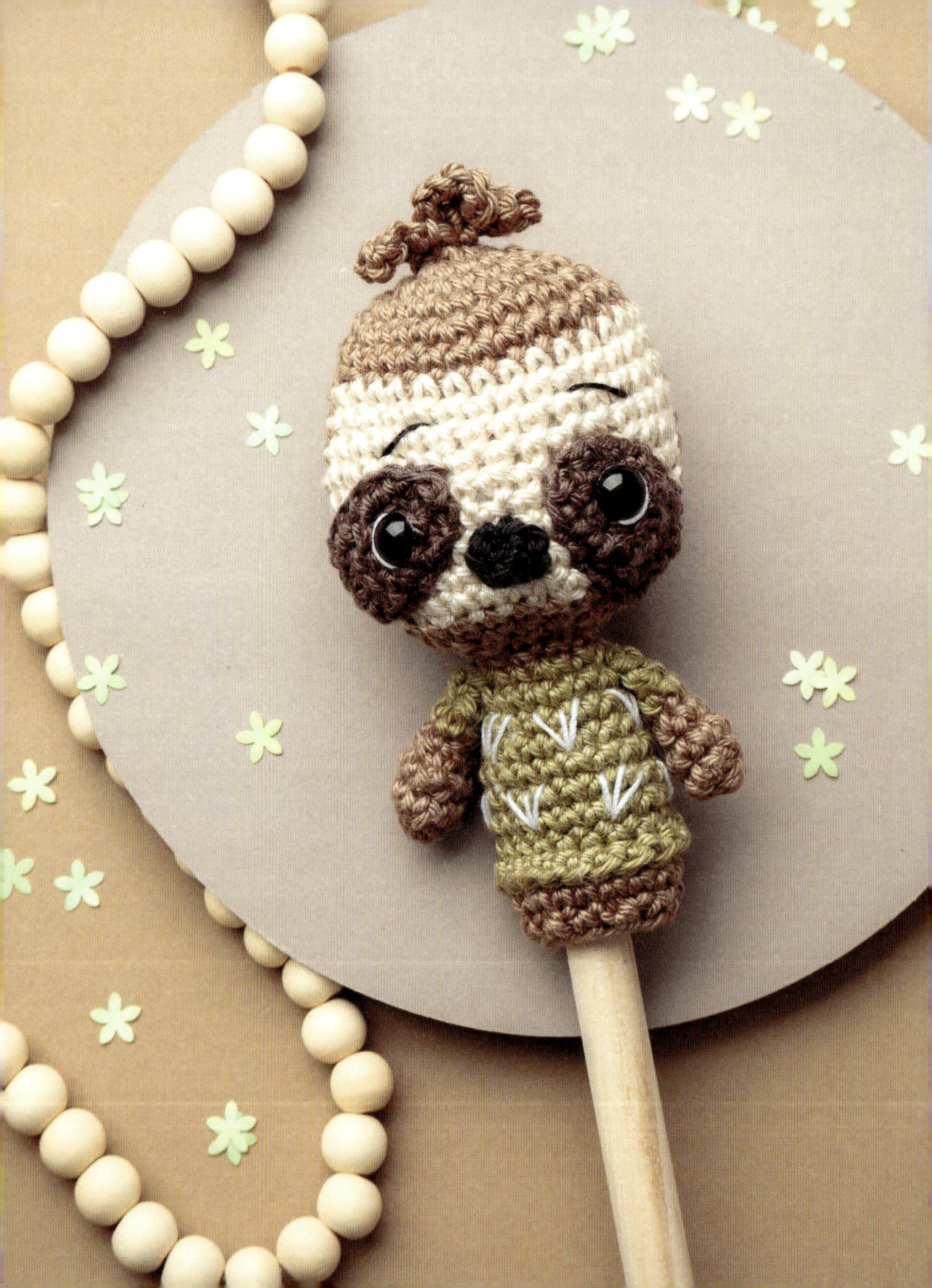

Fabio, das entspannte

Faultier

Größe: 11 cm

Material

- Scheepjes Catona (100 % Baumwolle, LL 125 m/50 g) in
  - Hazelnut (Fb 503), 8 g
  - English Tea (Fb 404), 5 g
  - Willow (Fb 395), 5 g
  - Black Coffee (Fb 162), ein Rest
  - Jet Black (Fb 110), ein Rest
- 2 Sicherheitsaugen Ø 7 mm
- Häkelnadel 2,5 mm
- Filetgarn in Schwarz und Weiß
- Füllwatte
- Stopfnadel zum Vernähen
- Stecknadeln zum Fixieren
- Maschenmarkierer

Augenpatches (2x in Black Coffee)

Beginne in Spiral-Rd. Später wird in R weitergehäkelt.
1. Rd: 6 fM in einen Fadenring häkeln. [6]
Weiter in R.
2.–5. R: 3 fM, 1 Lm und wenden.
Häkle zum Abschluss noch 14 fM rund um das Häkelstück. Dazu 3 fM an der Unterseite, je 4 fM in den R-Enden und 3 fM oberhalb von Rd 1 häkeln (Bild 1).
Den Faden lang abschneiden.

1

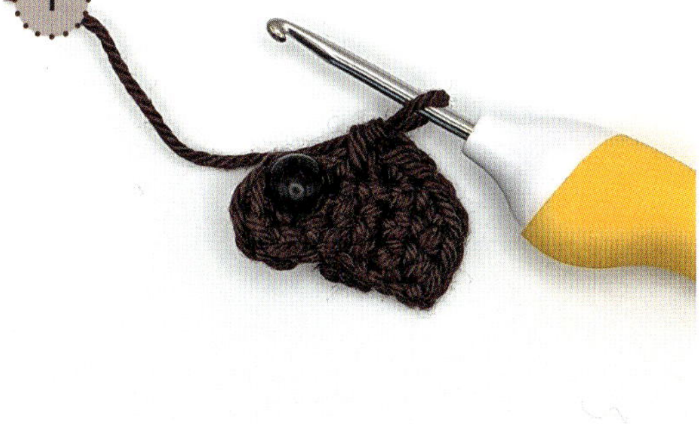

Die Augen feststecken, aber noch nicht verschließen (Bild 2). Die Augenpatches zur Seite legen.

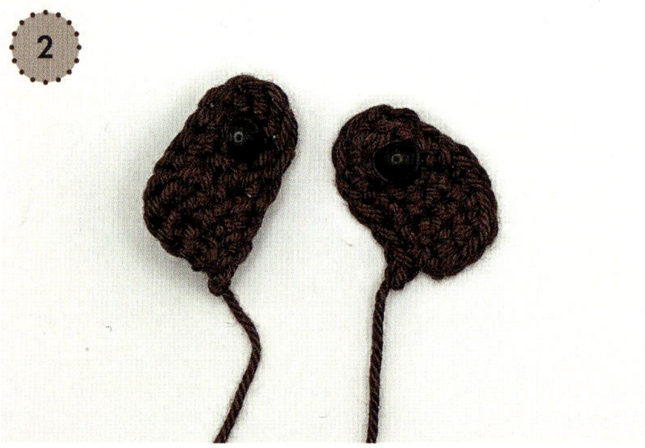

Kopf (in Hazelnut und English Tea)

Häkle in Spiral-Rd. Den Kopf fortlaufend mit Füllwatte ausstopfen. Beginne in Hazelnut.
1. Rd: 6 fM in einen Fadenring häkeln. [6]
2. Rd: 6 x 1 M zun. [12]
3. Rd: *1 fM, 1 M zun*, von * bis * noch 5 x wdh. [18]
4. Rd: *2 fM, 1 M zun*, von * bis * noch 5 x wdh. [24]
5. Rd: *3 fM, 1 M zun*, von * bis * noch 5 x wdh. [30]
6. Rd: 30 fM häkeln.
7.–15. Rd: 15 fM in Hazelnut, 15 fM in English Tea. [30]
Ab der nächsten Rd wird nur noch in Hazelnut gearbeitet.
16. Rd: *3 fM, 1 M abn*, von * bis * noch 5 x wdh. [24]
Die Augen zwischen Rd 12 und 13 mit 3 fM Abstand befestigen, jedoch noch nicht festnähen (Bild 3).
17. Rd: *2 fM, 1 M abn*, von * bis * noch 5 x wdh. [18]
18. Rd: *1 fM, 1 M abn*, von * bis * noch 5 x wdh. [12]
19. Rd: 12 fM ihM häkeln.

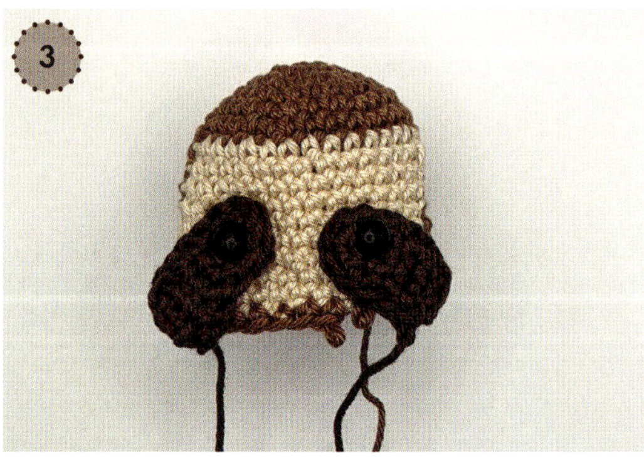

20. Rd: 6 x 1 M abn. [6]
Faden abschneiden, durch alle vorderen M-Glieder fädeln, festzuziehen und vernähen. Anschließend die Augenpatches festnähen.

Nase (in Jet Black)

3 Lm anschlagen, in die 2. Lm von der Nd aus einstechen und wie folgt um die Lm-Kette herumhäkeln:
1. Rd: 1 fM, 3 fM in 1 M, 1 fM. [5]
Den Faden lang abschneiden und die Nase zwischen den Augen festnähen.

Gesicht fertigstellen

Das Augenweiß mit weißem Filetgarn direkt neben den Augen aufsticken. Die Augenbrauen mit schwarzem Filetgarn 1 Rd über den Augenpatches über 3 fM Länge und 1 Rd Höhe aufsticken.

Locken (in Hazelnut)

Den Faden an Rd 1 des Kopfs aufnehmen und mit 1 Km fixieren. Anschließend 4 Lm häkeln, in die 2. Lm von der Nd aus einstechen und 3 x 1 M zun entlang der Lm-Kette. 1 Km in den Kopf häkeln und das Ganze noch 2 x wiederholen, um am Ende auf drei Locken zu kommen. Den Faden abschneiden und vernähen.
Hinweis: Eine bebilderte Anleitung zum Lockenhäkeln findest du auf Seite 60 (Koala).

Fingerhut/Körper (in Hazelnut und Willow)

Hinweis: Eine bebilderte Anleitung zum Anhäkeln des Körpers findest du auf Seite 28 (Dino).
Häkle in Spiral-Rd. Den Körper nicht mit Füllwatte ausstopfen. Beginne in Hazelnut.
Den Faden mittig am Hinterkopf ivM der Rd 19 des Kopfs aufnehmen. Stich dazu von oben nach unten ein, die Locken zeigen zu dir. Anschließend wie folgt weiterhäkeln:
1. Rd: 12 fM häkeln. [12]

Fb-Wechsel zu Willow.
2. Rd: *1 fM, 1 M zun*, von * bis * noch 5 x wdh. [18]
3.–9. Rd: 18 fM häkeln.
Fb-Wechsel zu Hazelnut.
10. Rd: 18 fM ihM häkeln.
11. Rd: 18 fM häkeln.
12. Rd: *1 fM, 1 M abn*, von * bis * noch 5 x wdh. [12]
Abketten, den Faden abschneiden und vernähen. Den Faden ivM der Rd 10 in Willow aufnehmen, von oben nach unten einstechen und 18 fM rundherum häkeln. Den Faden anschließend abschneiden und vernähen.

4

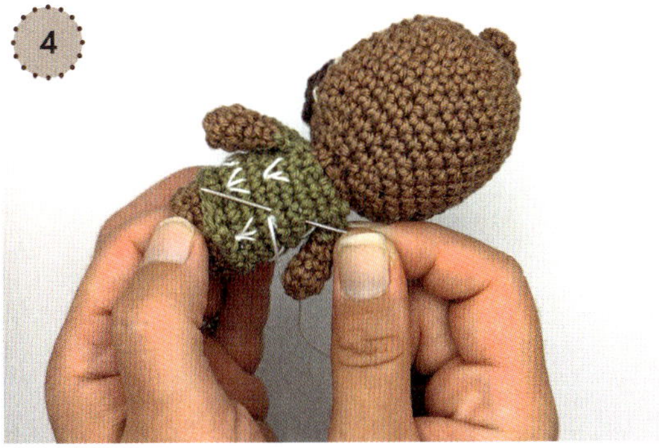

Arme (2x in Hazelnut und Willow)

Häkle in Spiral-Rd. Die Arme nicht mit Füllwatte ausstopfen. Beginne in Hazelnut.
1. Rd: 8 fM in einen Fadenring häkeln. [8]
2.–3. Rd: 8 fM häkeln.
4. Rd: 2 fM, 2 x 1 M abn, 2 fM. [6]
Fb-Wechsel zu Willow.
5. Rd: 6 fM häkeln.
Das Ende falten und mit 3 fM zusammenhäkeln.
Die Faltkante sollte seitlich zu den Abn aus Rd 4 liegen, ggf. bis zu diesem Punkt weiterhäkeln. Den Faden lang abschneiden und die Arme 1 Rd unter dem Kopf festnähen.

5

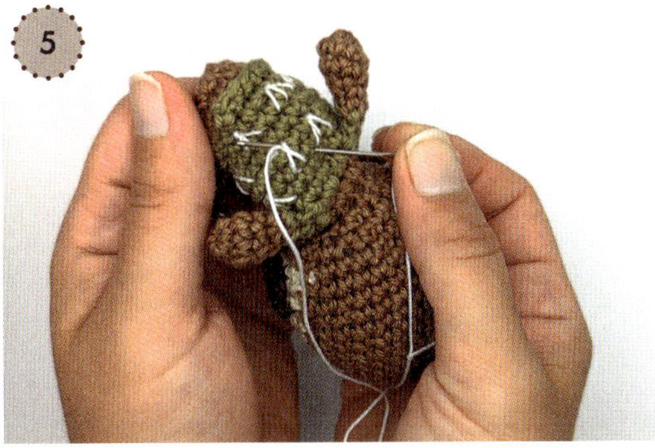

Details Shirt

Die Applikationen auf dem Shirt mit weißem Filetgarn über 2 Rd Höhe und 2 fM Breite aufsticken. Der Abstand zwischen den jeweiligen Stickereien beträgt dabei 2 fM (Bild 4–6).

6

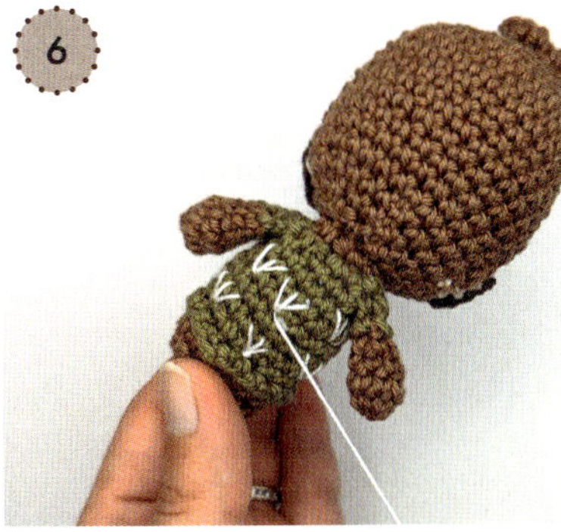

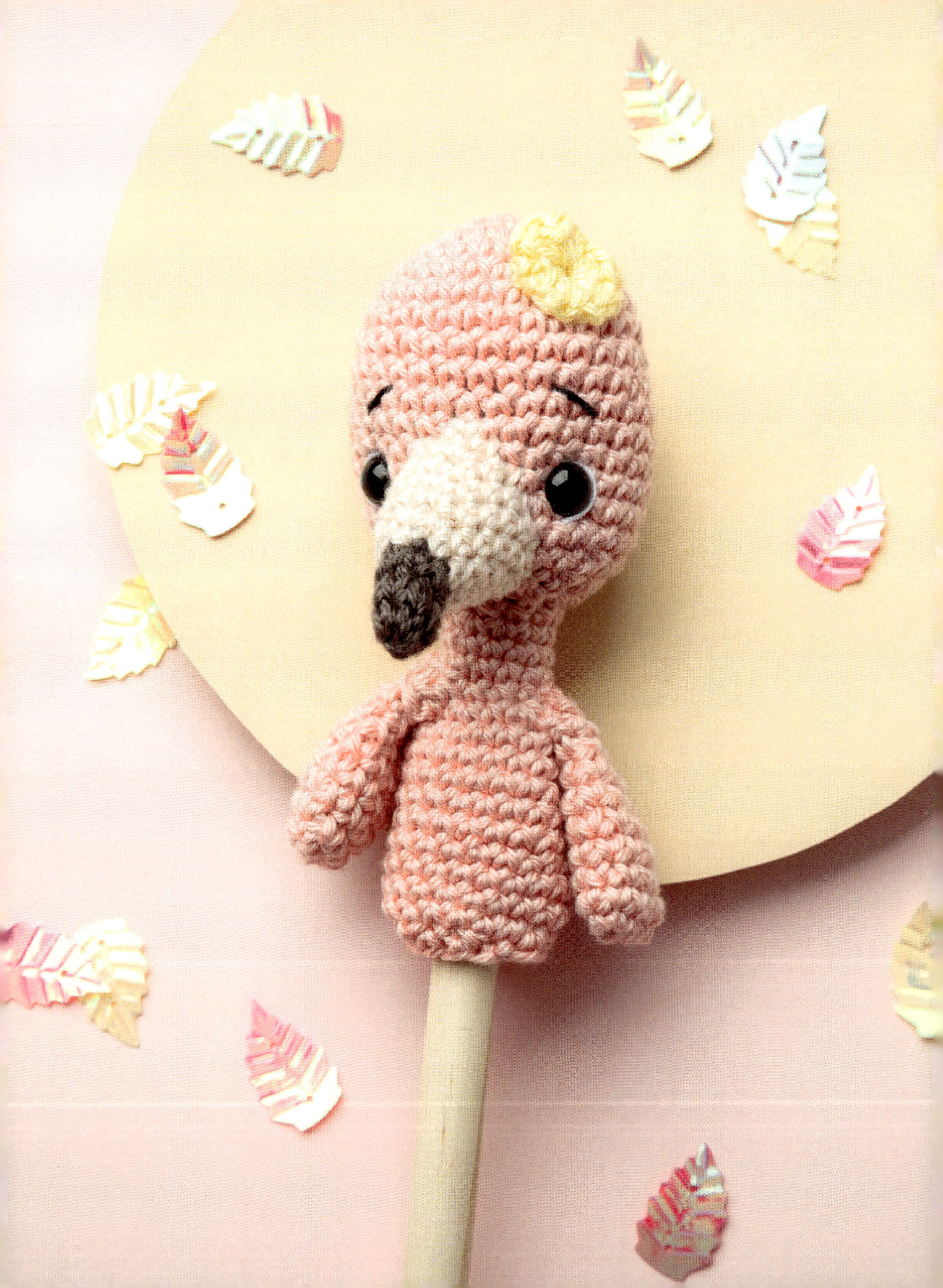

Frida, die anmutige

Flamingodame

Größe: 13 cm

Material

- Schachenmayr Catania (100 % Baumwolle, LL 125 m/50 g) in
  - Altrosa (Fb 408), 16 g
  - Rosé Gold (Fb 433), 3 g
  - Zartbitter (Fb 415), ein Rest
  - Vanille (Fb 403), ein Rest
- 2 Sicherheitsaugen Ø 7 mm
- Häkelnadel 2,5 mm
- Filetgarn in Schwarz und Weiß
- Füllwatte
- Stopfnadel zum Vernähen
- Stecknadeln zum Fixieren
- Maschenmarkierer

Kopf (in Altrosa)

Häkle in Spiral-Rd. Den Kopf fortlaufend mit Füllwatte ausstopfen.
1. Rd: 6 fM in einen Fadenring häkeln. [6]
2. Rd: 6 x 1 M zun. [12]
3. Rd: *1 fM, 1 M zun*, von * bis * noch 5 x wdh. [18]
4. Rd: *2 fM, 1 M zun*, von * bis * noch 5 x wdh. [24]
5. Rd: *3 fM, 1 M zun*, von * bis * noch 5 x wdh. [30]
6.–15. Rd: 30 fM häkeln.
16. Rd: *3 fM, 1 M abn*, von * bis * noch 5 x wdh. [24]
Die Augen zwischen Rd 13 und 14 mit 6 fM Abstand befestigen.
17. Rd: *2 fM, 1 M abn*, von * bis * noch 5 x wdh. [18]
18. Rd: *1 fM, 1 M abn*, von * bis * noch 5 x wdh. [12]
19. Rd: 12 fM ihM häkeln.
20. Rd: 6 x 1 M abn. [6]
Faden abschneiden, durch alle vorderen M-Glieder fädeln, festzuziehen und vernähen.

Schnabel (in Zartbitter und Rosé Gold)

Häkle in Spiral-Rd. Den Schnabel fortlaufend mit Füllwatte ausstopfen. Beginne in Zartbitter.
1. Rd: 6 fM in einen Fadenring häkeln. [6]
2.–3. Rd: 6 fM häkeln.
Fb-Wechsel zu Rosé Gold.
4. Rd: *2 fM, 1 M zun*, von * bis * noch 1 x wdh. [8]
5. Rd: *3 fM, 1 M zun*, von * bis * noch 1 x wdh. [10]
6. Rd: *4 fM, 1 M zun*, von * bis * noch 1 x wdh. [12]
7. Rd: 12 fM häkeln.
8. Rd: *5 fM, 1 M zun*, von * bis * noch 1 x wdh. [14]
Abketten, den Faden lang abschneiden und den Schnabel, beginnend 1 Rd über den Augen, zwischen den Augen festnähen (Bild 1).

1

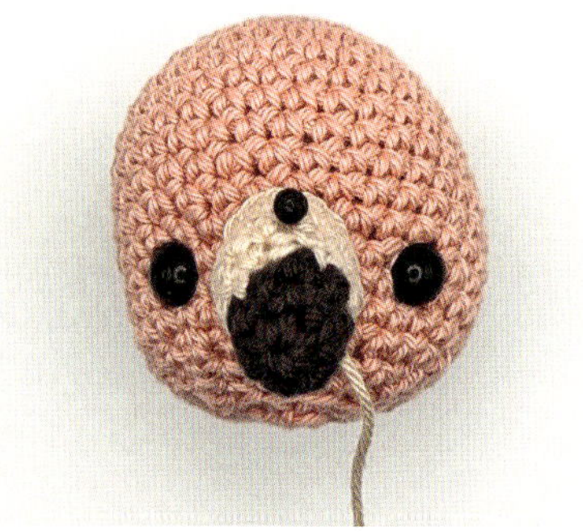

Gesicht fertigstellen

Das Augenweiß mit weißem Filetgarn direkt neben den Augen aufsticken. Die Augenbrauen mit schwarzem Filetgarn 2 Rd über den Augen über 1 Rd hoch und 2 fM breit sticken.

Blume (in Vanille)

Häkle in Spiral-Rd.
1. Rd: *2 hStb, 1 Lm, 1 Km in den Fadenring häkeln*, von * bis * noch 4 x wdh.

Erläuterung: Die M werden insgesamt 5 x wdh und in den Fadenring gehäkelt, anschließend wird dieser wie gewohnt zugezogen, um das Loch in der Mitte zu schließen.
Den Faden lang abschneiden und die Blüte auf dem Kopf festnähen (Bild 2–3).

2

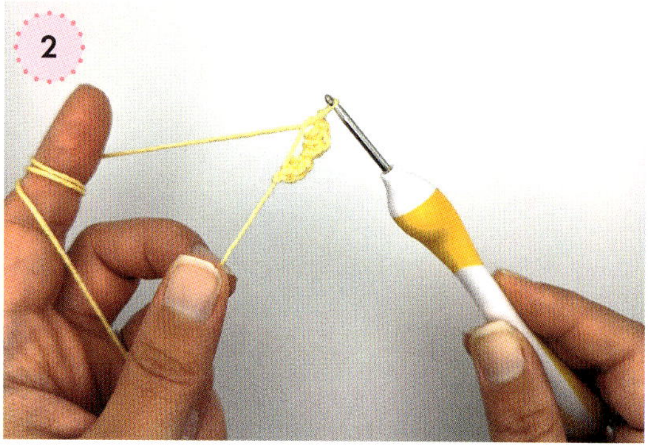

3

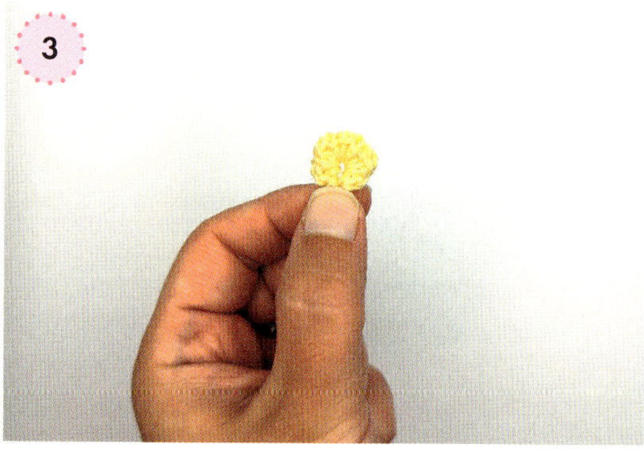

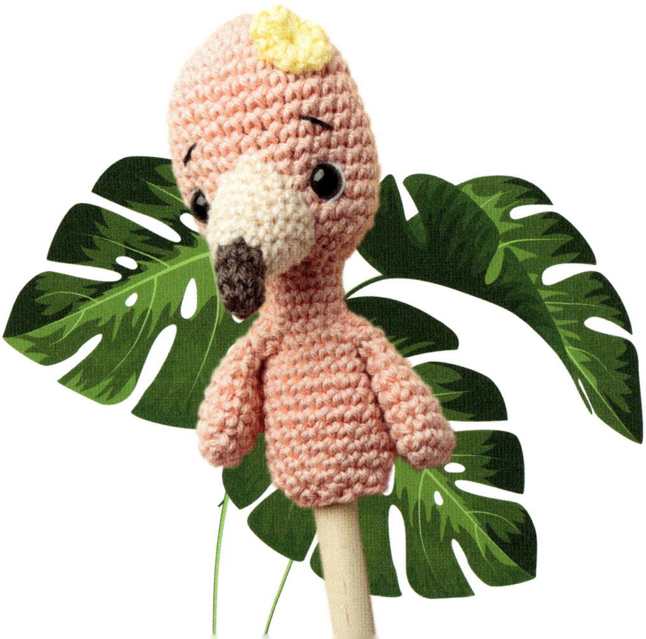

Fingerhut/Körper (in Altrosa)

Hinweis: Eine bebilderte Anleitung zum Anhäkeln des Körpers findest du auf Seite 28 (Dino).
Häkle in Spiral-Rd. Den Körper nicht mit Füllwatte ausstopfen.
Den Faden mittig am Hinterkopf ivM der Rd 19 des Kopfs aufnehmen. Stich dazu von oben nach unten ein, der Kopf zeigt zu dir hin. Anschließend wie folgt weiterhäkeln:
1.–5. Rd: 12 fM häkeln.
6. Rd: *1 fM, 1 M zun*, von * bis * noch 5 x wdh. [18]
7.–15. Rd: 18 fM häkeln.
16. Rd: *1 fM, 1 M abn*, von * bis * noch 5 x wdh. [12]
Abketten, den Faden lang abschneiden und vernähen (Bild 4).

4

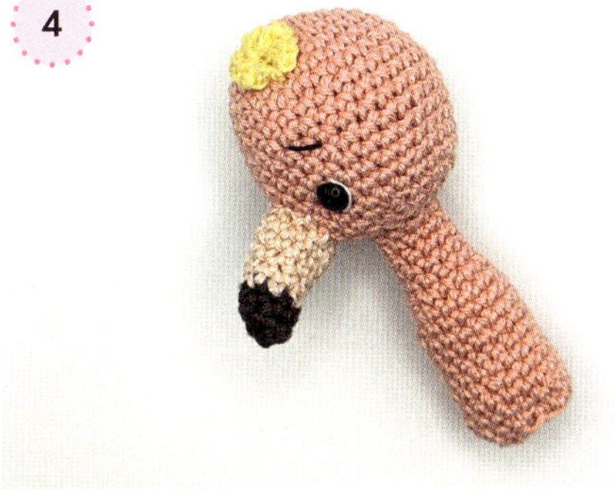

Flügel (2x in Altrosa)

Häkle in Spiral-Rd. Die Flügel nicht mit Füllwatte ausstopfen.
5 Lm anschlagen, in die 2. Lm von der Nd aus einstechen und wie folgt um die Lm-Kette herumhäkeln:
1. Rd: 3 fM, 3 fM in 1 M, 2 fM, 1 M zun. [10]
2.–5. Rd: 10 fM häkeln.
6. Rd: *3 fM, 1 M abn*, von * bis * noch 1 x wdh. [8]
7.–8. Rd: 8 fM häkeln.
Das Ende falten und mit 4 fM zusammenhäkeln. Den Faden lang abschneiden und die Flügel 4 Rd unter dem Kopf seitlich am Körper festnähen (Bild 5).

5

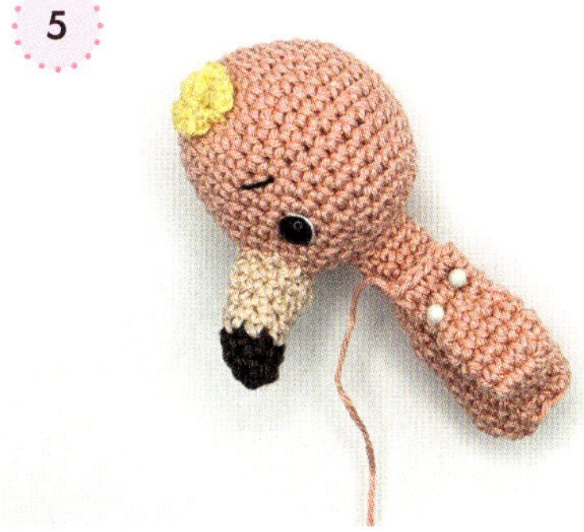

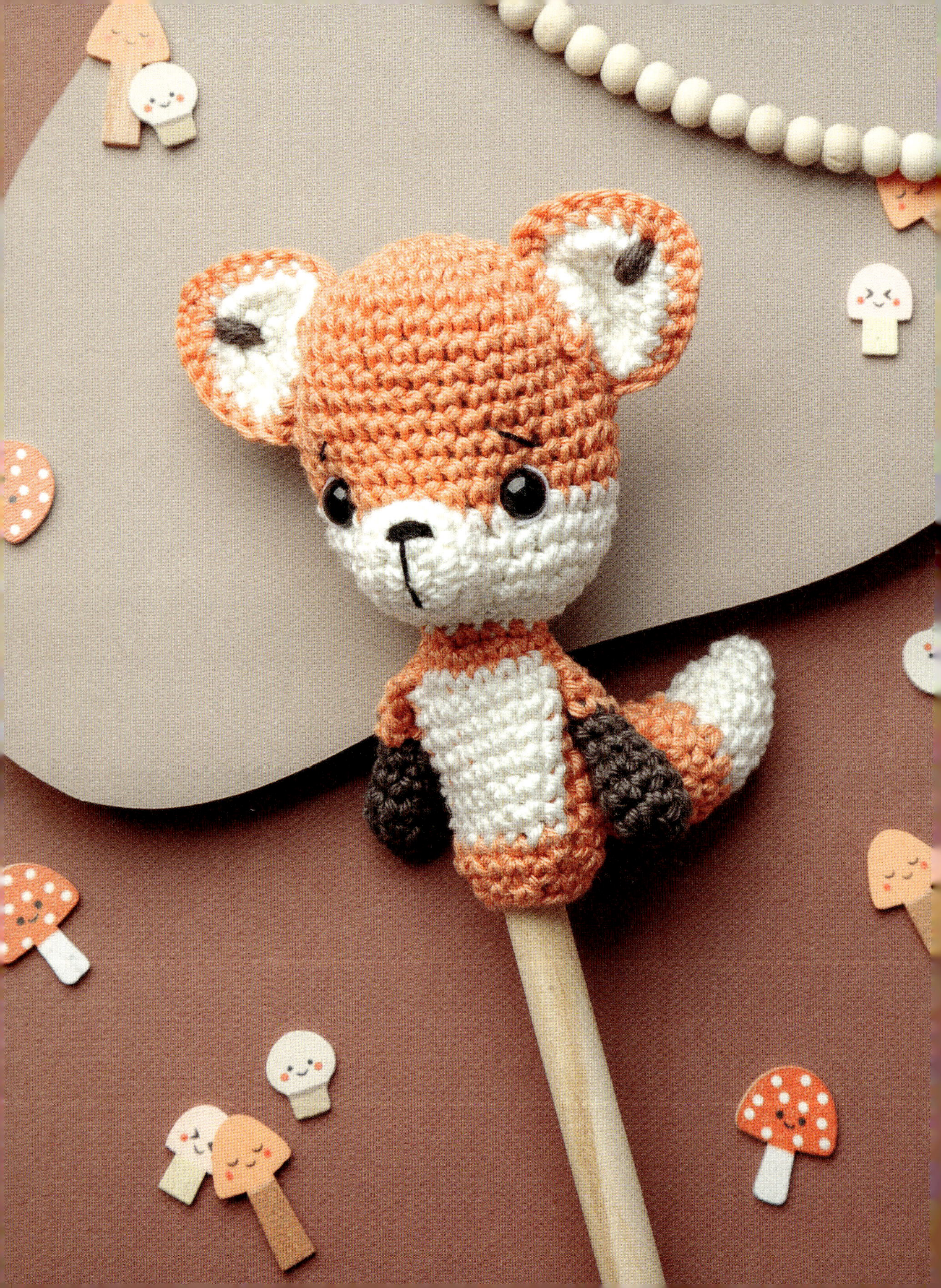

Ferdi, der schlaue

Fuchs

★★★

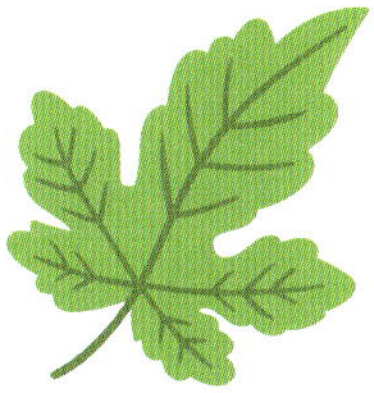

Größe: 11cm

Material

- Schachenmayr Catania (100 % Baumwolle, LL 125 m/50 g) in
  - Scampi (Fb 427), 15 g
  - Natur (Fb 105), 10 g
  - Zartbitter (Fb 415), ein Rest
- 2 Sicherheitsaugen Ø 8 mm
- Filetgarn in Schwarz und Weiß
- Füllwatte
- Stopfnadel zum Vernähen
- Stecknadeln zum Fixieren
- Maschenmarkierer

Kopf (in Scampi und Natur)

Häkle in Spiral-Rd. Den Kopf fortlaufend mit Füllwatte ausstopfen. Beginne in Scampi.
1. Rd: 6 fM in einen Fadenring häkeln. [6]
2. Rd: 6 x 1 M zun. [12]
3. Rd: *1 fM, 1 M zun*, von * bis * noch 5 x wdh. [18]
4. Rd: *2 fM, 1 M zun*, von * bis * noch 5 x wdh. [24]
5. Rd: *3 fM, 1 M zun*, von * bis * noch 5 x wdh. [30]
6.–13. Rd: 30 fM häkeln.
Fb-Wechsel zu Natur.
14.–16. Rd: 30 fM häkeln.
17. Rd: *3 fM, 1 M abn*, von * bis * noch 5 x wdh. [24]
Die Augen zwischen Rd 13 und 14 mit 6 fM Abstand befestigen.
18. Rd: *2 fM, 1 M abn*, von * bis * noch 5 x wdh. [18]
19. Rd: *1 fM, 1 M abn*, von * bis * noch 5 x wdh. [12]
20. Rd: 12 fM ihM häkeln.
Markiere die 6. fM der Rd 20 mit einem Maschenmarkierer.
21. Rd: 6 x 1 M abn. [6]
Faden abschneiden, durch alle vorderen M-Glieder fädeln, festzuziehen und vernähen.
Hinweis: Die Markierung aus Rd 20 sollte mittig am Hinterkopf liegen.

Schnauze (in Natur)

Häkle in Spiral-Rd. Die Schnauze fortlaufend mit Füllwatte ausstopfen.
1. Rd: 6 fM in einen Fadenring häkeln. [6]
2. Rd: 6 x 1 M zun. [12]
3.–4. Rd: 12 fM häkeln.
Abketten, den Faden lang abschneiden und die Schnauze zwischen den Augen festnähen.

Gesicht fertigstellen

Das Augenweiß mit weißem Filetgarn direkt neben den Augen aufsticken. Die Nase mit schwarzem Filetgarn zwischen Rd 2 und 3 der Schnauze mit 2 fM Breite aufsticken, dazu ca. 6 x einstechen (Bild 1–2).

1

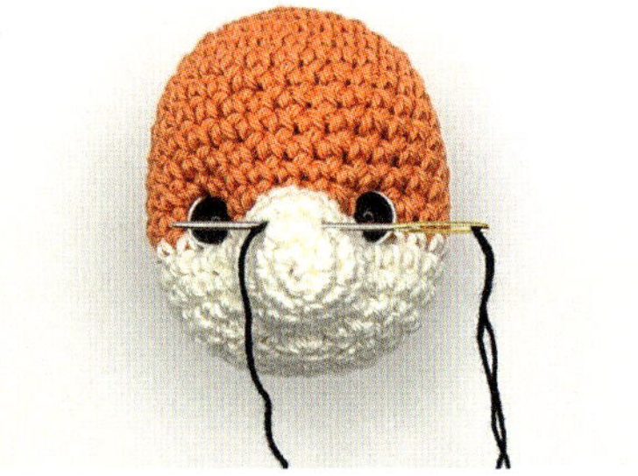

2

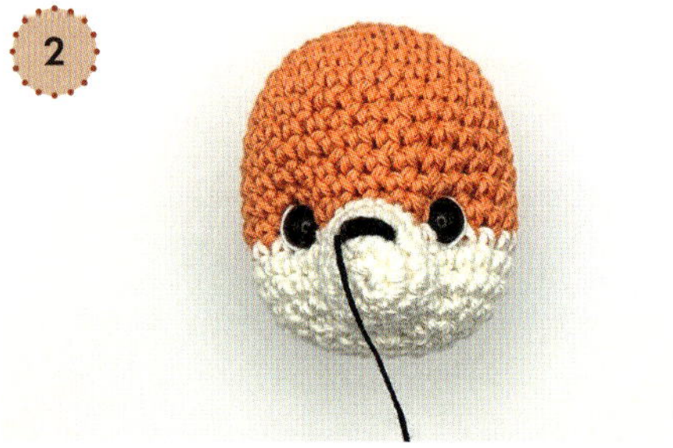

Unter der Nase noch 3 fM nach unten stechen, um die Schnauze fertigzustellen (Bild 3–4). Die Augenbrauen mit schwarzem Filetgarn 1 Rd über den Augen über 1 fM breit und 1 Rd hoch sticken.

3

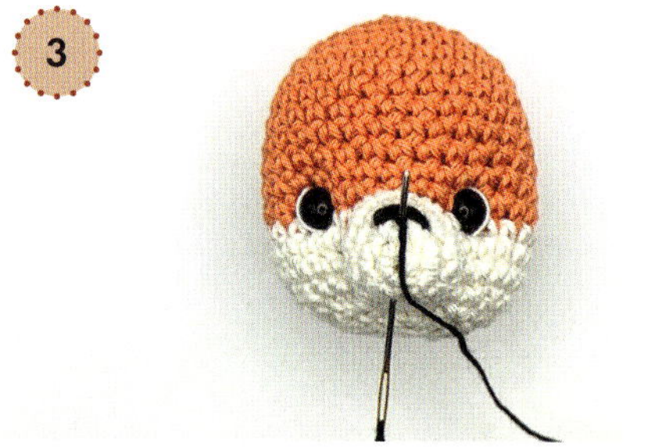

4

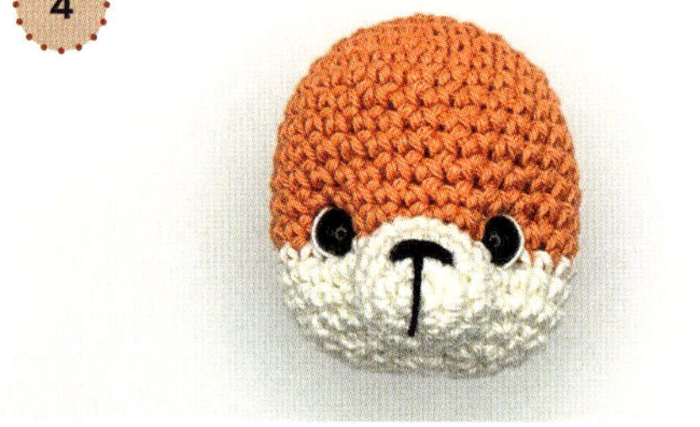

Ohren (2x in Natur und Scampi)

Häkle in Spiral-Rd. Beginne in Natur.
1. Rd: 6 fM in einen Fadenring häkeln. [6]
2. Rd: 2 fM, *3 fM in 1 M*, von * bis * noch 1 x wdh, 2 fM. [10]
3. Rd: 4 fM, *3 fM in 1 M*, von * bis * noch 1 x wdh, 4 fM. [14]
4. Rd: 6 fM, *3 fM in 1 M*, von * bis * noch 1 x wdh, 6 fM. [18]
Den Faden abschneiden und vernähen. Ein zweites Ohr in Scampi häkeln, jedoch nicht abketten. Stattdessen beide Teile mit der Rückseite aufeinanderlegen, durch beide Schichten stechen und wie folgt weiterhäkeln (Bild 5):
Hinweis: Achte darauf, dass die Zun parallel übereinanderliegen.
5. Rd: 8 fM, *3 fM in 1 M*, von * bis * noch 1 x wdh, 8 fM. [22]
Den Kontrast in Zartbitter über 1 fM Höhe mithilfe des Rückstichs auf der Ohrspitze aufsticken. Stich dazu ca. 4 x ein (Bild 6). Den Faden lang abschneiden und die Ohren über Rd 4–10 auf dem Kopf festnähen.

5

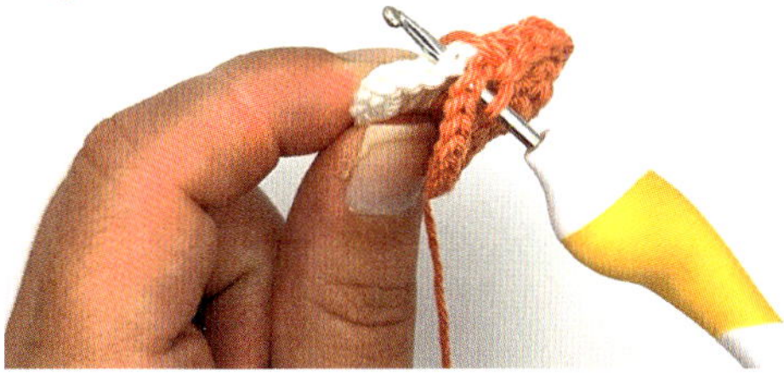

6

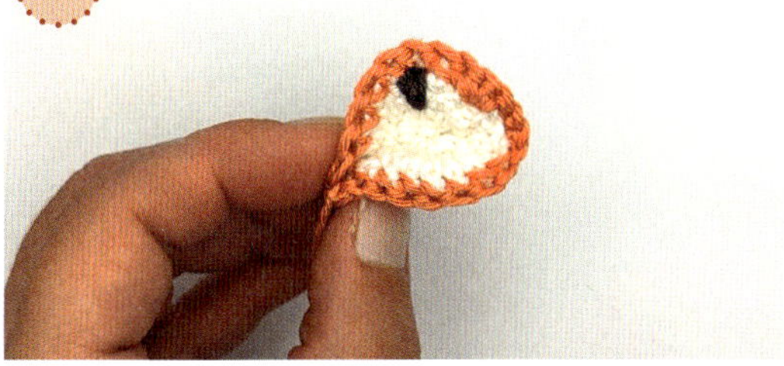

Fingerhut/Körper (in Scampi und Natur)

Häkle in Spiral-Rd. Den Körper nicht mit Füllwatte ausstopfen. Beginne in Scampi.
Den Faden ivM in der markierten M der Rd 20 des Kopfs aufnehmen. Stich dazu von oben nach unten ein, die Ohren zeigen zu dir hin. Der Rd-Anfang sollte hinten rechts liegen. Anschließend wie folgt weiterhäkeln:
1. Rd: 12 fM häkeln.
2. Rd: *1 fM, 1 M zun*, von * bis * noch 5 x wdh. [18]
Der Rd-Anfang sollte nun hinten rechts liegen.
3.–9. Rd: 6 fM in Scampi, 8 fM in Natur, 4 fM in Scampi. [18]
Ab der folgenden Rd wird nur noch in Scampi weitergearbeitet.
10.–11. Rd: 18 fM häkeln.
12. Rd: *1 fM, 1 M abn*, von * bis * noch 5 x wdh. [12]
Abketten, den Faden abschneiden und vernähen.

Arme (2x in Zartbitter und Scampi)

Häkle in Spiral-Rd. Die Arme nicht mit Füllwatte ausstopfen. Beginne in Zartbitter.
1. Rd: 6 fM in einen Fadenring häkeln. [6]
2. Rd: *2 fM, 1 M zun*, von * bis * noch 1 x wdh. [8]
3.–4. Rd: 8 fM häkeln.
5. Rd: *2 fM, 1 M abn*, von * bis * noch 1 x wdh. [6]
6. Rd: 6 fM häkeln.
Fb-Wechsel zu Scampi.
7.–8. Rd: 6 fM häkeln.
Das Ende falten und mit 3 fM zusammenhäkeln.
Den Faden lang abschneiden und die Arme 2 Rd unter dem Kopf seitlich am Körper festnähen.

Schwanz (in Natur und Scampi)

Häkle in Spiral-Rd. Den Schwanz fortlaufend mit Füllwatte ausstopfen. Beginne in Natur.
1. Rd: 6 fM in einen Fadenring häkeln. [6]
2. Rd: 6 fM häkeln.
3. Rd: *2 fM, 1 M zun*, von * bis * noch 1 x wdh. [8]
4. Rd: *3 fM, 1 M zun*, von * bis * noch 1 x wdh. [10]
5.–6. Rd: 10 fM häkeln.
7. Rd: *4 fM, 1 M zun*, von * bis * noch 1 x wdh. [12]
Fb-Wechsel zu Scampi.
8. Rd: 12 fM häkeln.
9. Rd: *5 fM, 1 M zun*, von * bis * noch 1 x wdh. [14]
10.–11. Rd: 14 fM häkeln.
12. Rd: *3 fM, 2 x 1 M abn*, von * bis * noch 1 x wdh. [10]
13. Rd: *3 fM, 1 M abn*, von * bis * noch 1 x wdh. [8]
Das Ende falten und mit 8 fM zusammenhäkeln. Den Faden lang abschneiden und den Schwanz an der Rückseite des Körpers festnähen (Bild 7).

7

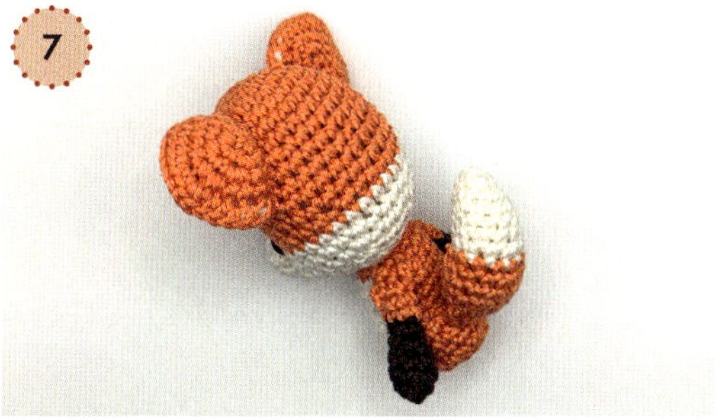

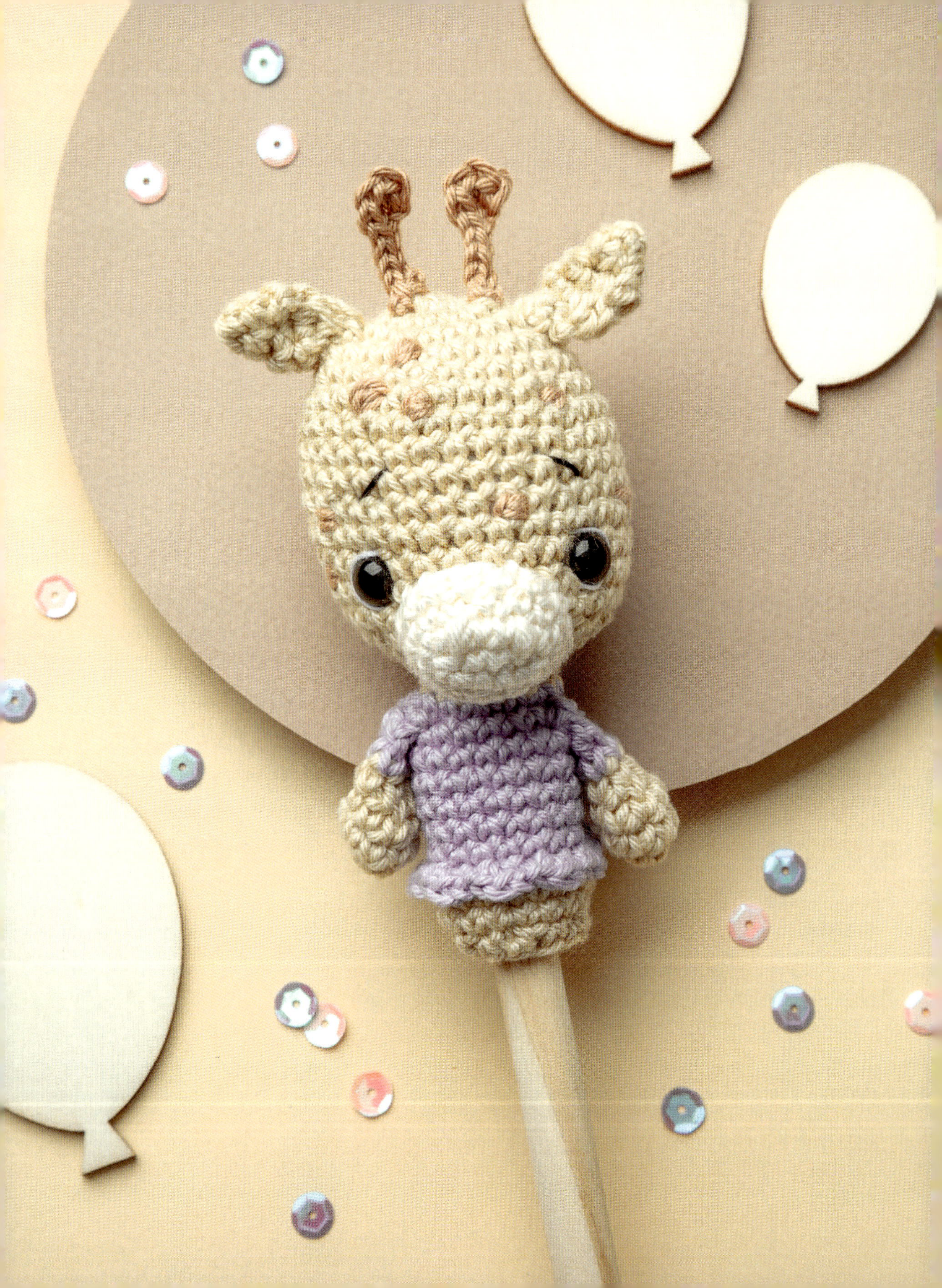

Gina, die hilfsbereite Giraffe

Größe: 11 cm

Material

- Schachenmayr Catania (100 % Baumwolle, LL 125 m/50 g) in
  - Sand (Fb 404), 15 g
  - Sun-kissed (Fb 437), 5 g
  - Crème (Fb 130), 3 g
  - Lavendel (Fb 422), ein Rest
- 2 Sicherheitsaugen Ø 7 mm
- Häkelnadel 2,5 mm
- Filetgarn in Schwarz und Weiß
- Füllwatte
- Stopfnadel zum Vernähen
- Stecknadeln zum Fixieren
- Maschenmarkierer

Kopf (in Sand)

Häkle in Spiral-Rd. Den Kopf fortlaufend mit Füllwatte ausstopfen.
1. Rd: 6 fM in einen Fadenring häkeln. [6]
2. Rd: 6 x 1 M zun. [12]
3. Rd: *1 fM, 1 M zun*, von * bis * noch 5 x wdh. [18]
4. Rd: *2 fM, 1 M zun*, von * bis * noch 5 x wdh. [24]
5. Rd: *3 fM, 1 M zun*, von * bis * noch 5 x wdh. [30]
6.–15. Rd: 30 fM häkeln.
16. Rd: *3 fM, 1 M abn*, von * bis * noch 5 x wdh. [24]
Die Augen zwischen Rd 13 und 14 mit 6 fM Abstand befestigen.
17. Rd: *2 fM, 1 M abn*, von * bis * noch 5 x wdh. [18]
18. Rd: *1 fM, 1 M abn*, von * bis * noch 5 x wdh. [12]
19. Rd: 12 fM ihM häkeln.
20. Rd: 6 x 1 M abn. [6]
Faden abschneiden, durch alle vorderen M-Glieder fädeln, festzuziehen und vernähen.

Schnauze (in Crème)

Häkle in Spiral-Rd. Die Schnauze fortlaufend mit Füllwatte ausstopfen.

5 Lm anschlagen, in die 2. Lm von der Nd aus einstechen und wie folgt um die Lm-Kette herumhäkeln:
1. Rd: 3 fM, 3 fM in 1 M, 2 fM, 1 M zun. [10]
2. Rd: *1 M zun, 1 fM, 1 N aus 3 Stb, 2 fM*, von * bis * noch 1 x wdh. [12]
3. Rd: *1 M zun, 5 fM*, von * bis * noch 1 x wdh. [14]
4. Rd: 14 fM häkeln.
Den Faden lang abschneiden und die Schnauze zwischen den Augen festnähen. Die Noppen der Rd 2 liegen dabei oben.

Ohren (2x in Sand)

Häkle in Spiral-Rd. Die Ohren nicht mit Füllwatte ausstopfen.
1. Rd: 4 fM in einen Fadenring häkeln. [4]
2. Rd: 4 fM häkeln.
3. Rd: 4 x 1 M zun [8]
4. Rd: 8 fM häkeln.
5. Rd: 4 x 1 M abn. [4]
Den Faden lang abschneiden, das Ende falten und die gegenüberliegenden Kanten mit ein paar Stichen zusammennähen. Die Ohren zwischen Rd 4 und 5 auf dem Kopf ca. 7 Rd über den Augen festnähen (Bild 1).

1

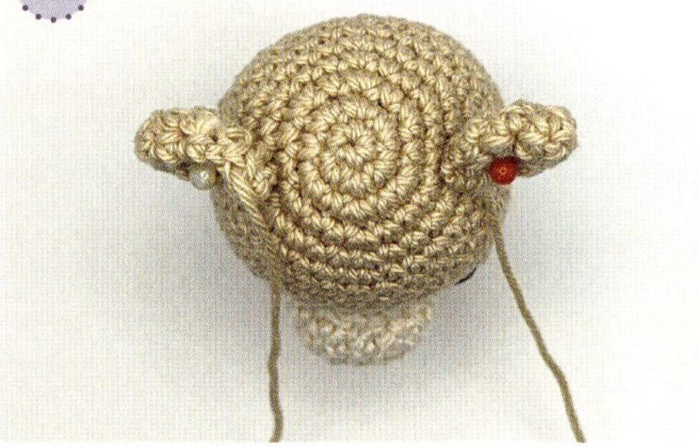

Hörner (2x in Sun-kissed)

Den Faden an Rd 3 des Kopfs aufnehmen und mit 1 Km fixieren (Bild 2). Anschließend 7 Lm anschlagen, in die 2. Lm von der Nd aus einstechen und 4 fM in 1 M häkeln, weitere 5 fM entlang der Lm-Kette. Mit einer Km in den Kopf beenden. Den Faden abschneiden und vernähen. Für das zweite Horn wiederholen (Bild 3–4).

2

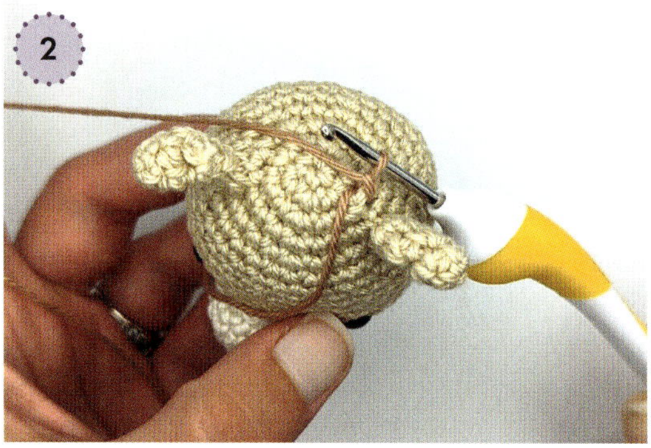

3

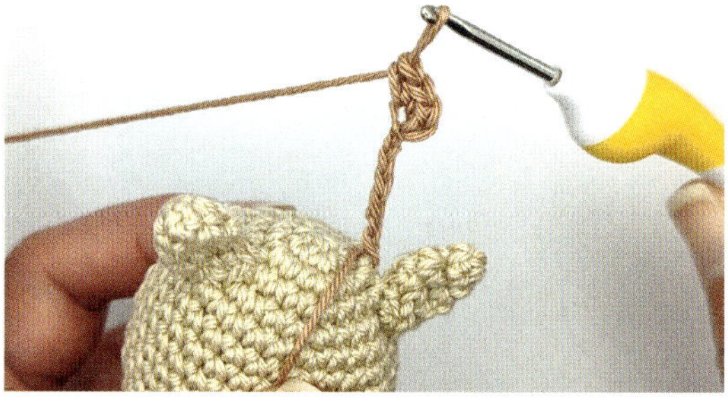

4

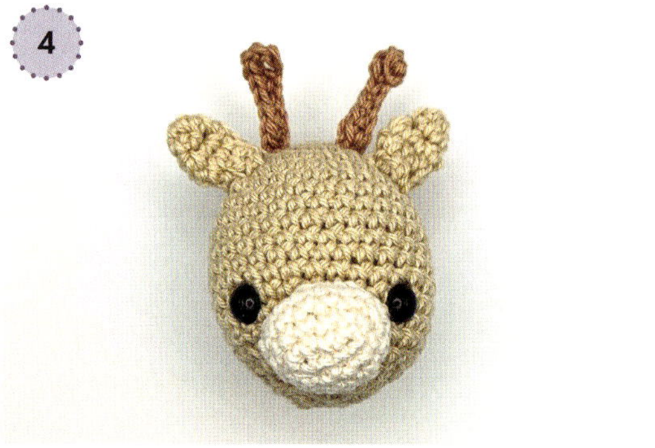

Gesicht fertigstellen

Das Augenweiß mit weißem Filetgarn direkt neben den Augen aufsticken. Die Augenbrauen mit schwarzem Filetgarn 2 Rd über den Augen über 1 Rd hoch und 2 fM breit sticken. Die Flecken in Sun-kissed, verteilt über den Kopf mithilfe des Knötchenstichs, aufsticken. Alternativ mehrmals über 1 fM sticken, bis die gewünschte Größe für den Fleck erreicht ist (Bild 5–6).

5

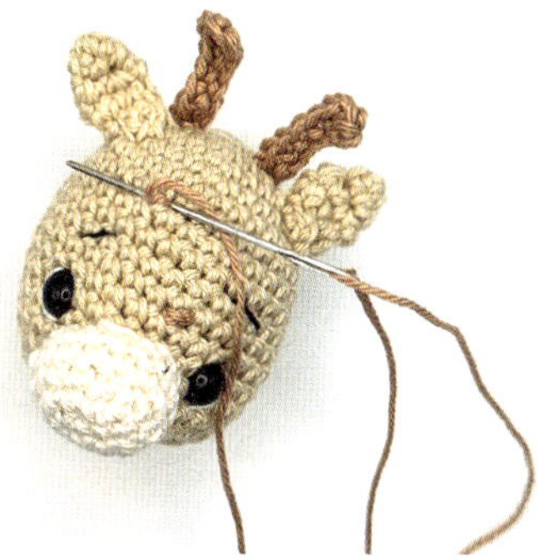

6

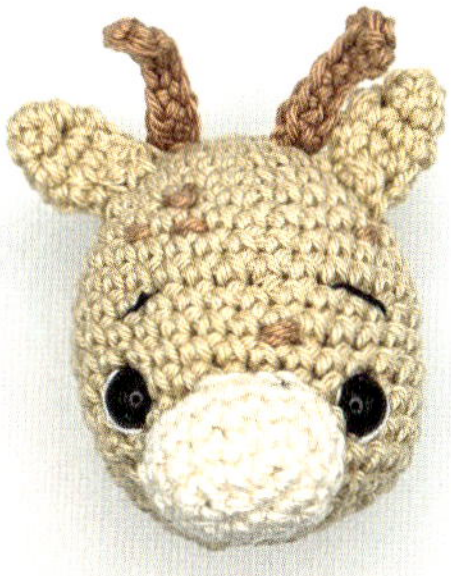

Den Faden ivM der Rd 9 in Lavendel aufnehmen, von oben nach unten einstechen. Der Kopf zeigt dabei zu dir hin. Anschließend wie folgt häkeln:
13. Rd: *1 M zun, 1 Lm, 1 Km in die nächste M*, von * bis * noch 8 x wdh.
Mit einer Km beenden, den Faden abschneiden und vernähen.

Arme (2x in Sand und Lavendel)

Häkle in Spiral-Rd. Die Arme nicht mit Füllwatte ausstopfen. Beginne in Sand.
1. Rd: 8 fM in einen Fadenring häkeln. [8]
2.–3. Rd: 8 fM häkeln.
Fb-Wechsel zu Lavendel.
4. Rd: 2 fM, 2 x 1 M abn, 2 fM [6]
5. Rd: 6 fM häkeln.
Das Ende falten und mit 3 fM zusammenhäkeln. Die Faltkante sollte seitlich zu den Abn aus Rd 4 liegen, ggf. bis zu diesem Punkt weiterhäkeln. Den Faden lang abschneiden und die Arme 1 Rd unter dem Kopf festnähen.

Fingerhut/Körper (in Sand und Lavendel)

Hinweis: Eine bebilderte Anleitung zum Anhäkeln des Körpers findest du auf Seite 28 (Dino).
Häkle in Spiral-Rd. Den Körper nicht mit Füllwatte ausstopfen. Beginne in Sand.
Den Faden mittig am Hinterkopf ivM der Rd 19 des Kopfs aufnehmen. Stich dazu von oben nach unten ein, die Hörner zeigen zu dir hin. Anschließend wie folgt weiterhäkeln:
1. Rd: 12 fM häkeln. [12]
Fb-Wechsel zu Lavendel.
2. Rd: *1 fM, 1 M zun*, von * bis * noch 5 x wdh. [18]
3.–8. Rd: 18 fM häkeln.
Fb-Wechsel zu Sand.
9. Rd: 18 fM ihM häkeln.
10.–11. Rd: 18 fM häkeln.
12. Rd: *1 fM, 1 M abn*, von * bis * noch 5 x wdh. [12]
Abketten, den Faden abschneiden und vernähen.

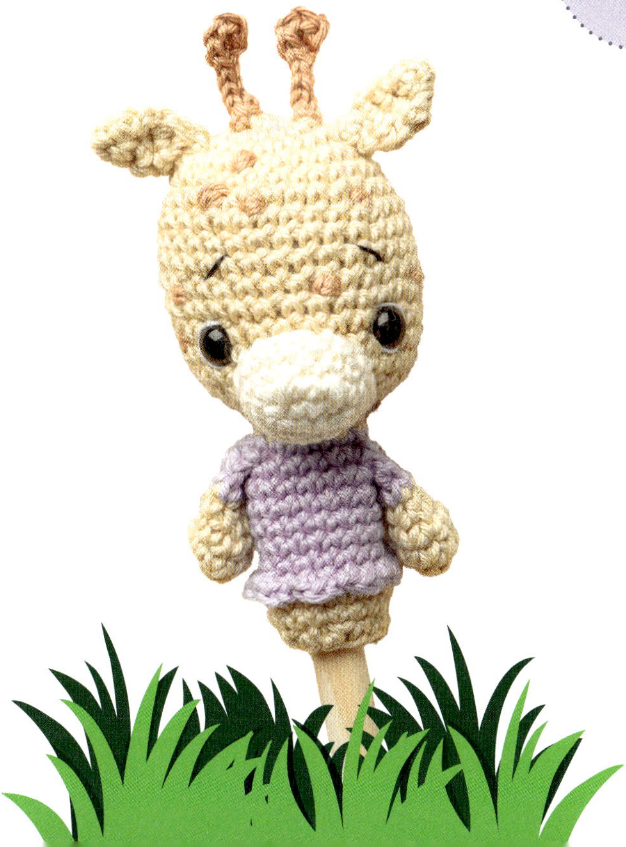

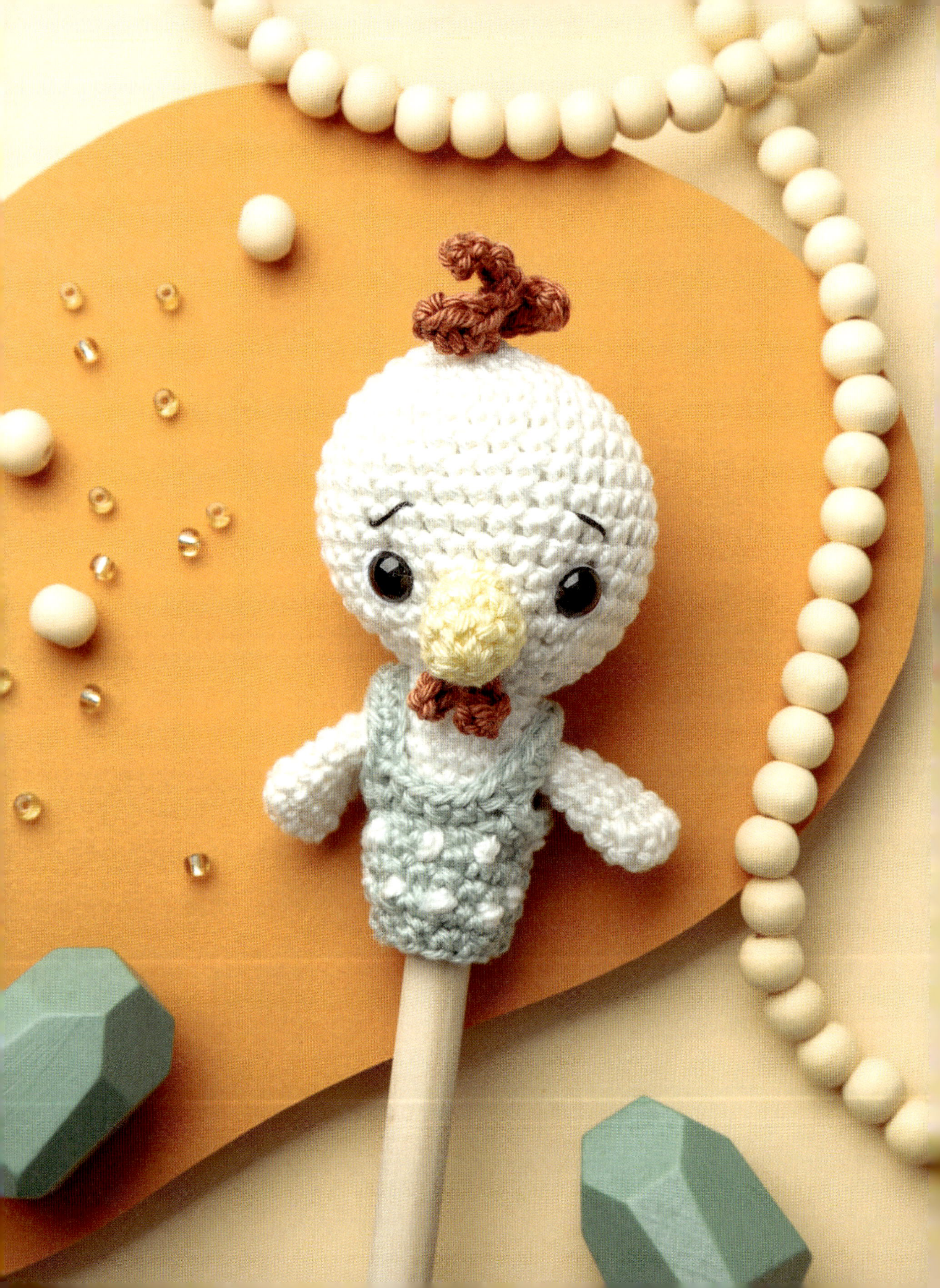

Hannes, der fröhliche

Hahn

Größe: 11 cm

Material

- Scheepjes Catona (100 % Baumwolle, LL 125 m/50 g) in
  - Bridal White (Fb 105), 14 g
  - Silver Green (Fb 407), 7 g
  - Lemonade (Fb 403), ein Rest
  - Brick Red (Fb 504), ein Rest
- 2 Sicherheitsaugen Ø 7 mm
- Häkelnadel 2,5 mm
- Filetgarn in Schwarz und Weiß
- Füllwatte
- Stopfnadel zum Vernähen
- Stecknadeln zum Fixieren
- Maschenmarkierer

Kopf (in Bridal White)

Häkle in Spiral-Rd. Den Kopf fortlaufend mit Füllwatte ausstopfen.

1. Rd: 6 fM in einen Fadenring häkeln. [6]
2. Rd: 6 x 1 M zun. [12]
3. Rd: *1 fM, 1 M zun*, von * bis * noch 5 x wdh. [18]
4. Rd: *2 fM, 1 M zun*, von * bis * noch 5 x wdh. [24]
5. Rd: *3 fM, 1 M zun*, von * bis * noch 5 x wdh. [30]
6.–15. Rd: 30 fM häkeln.
16. Rd: *3 fM, 1 M abn*, von * bis * noch 5 x wdh. [24]
Die Augen zwischen Rd 13 und 14 mit 6 fM Abstand befestigen.
17. Rd: *2 fM, 1 M abn*, von * bis * noch 5 x wdh. [18]
18. Rd: *1 fM, 1 M abn*, von * bis * noch 5 x wdh. [12]
19. Rd: 12 fM ihM häkeln.
20. Rd: 6 x 1 M abn. [6]
Faden abschneiden, durch alle vorderen M-Glieder fädeln, festzuziehen und vernähen.

Schnabel (In Lemonade)

Häkle in Spiral-Rd. Den Schnabel fortlaufend mit Füllwatte ausstopfen.
1. Rd: 8 fM in einen Fadenring häkeln. [8]
2. Rd: 8 fM häkeln.
3. Rd: 3 fM, 2 x 1 M zun, 3 fM. [10]
Abketten, den Faden lang abschneiden und den Schnabel zwischen den Augen festnähen (Bild 1).

1

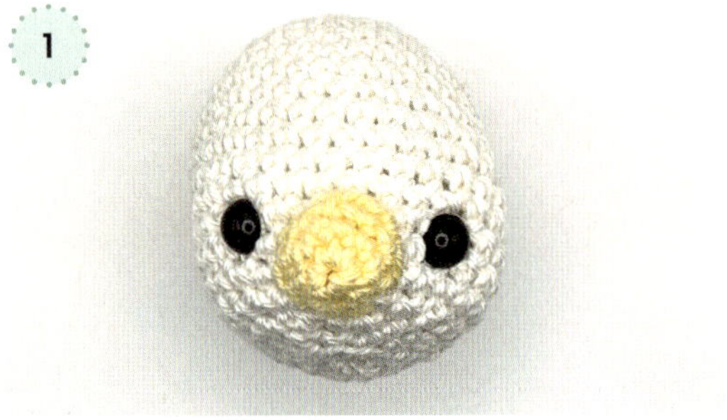

Kehllappen (in Brick Red)

4 Lm anschlagen, in die 2. Lm von der Nd aus einstechen und 3 fM entlang der Lm-Kette häkeln. Ohne abzuketten, gleich wieder 4 Lm häkeln und weitere 3 fM entlang der Lm-Kette. Den Faden lang abschneiden und das Ende mit zwei Stichen zusammennähen. Anschließend den Kehllappen unter dem Schnabel festnähen (Bild 2–3).

2

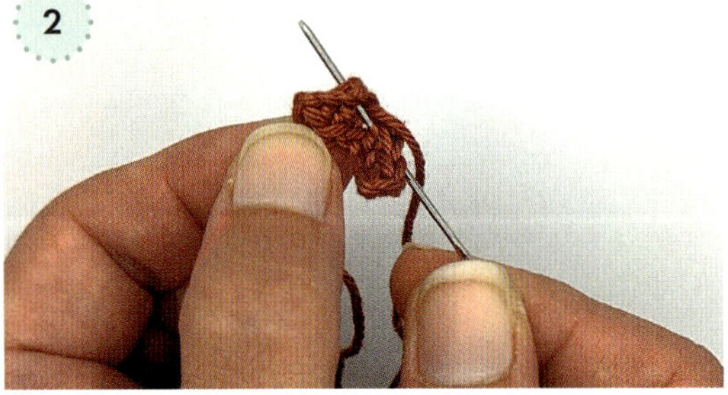

3

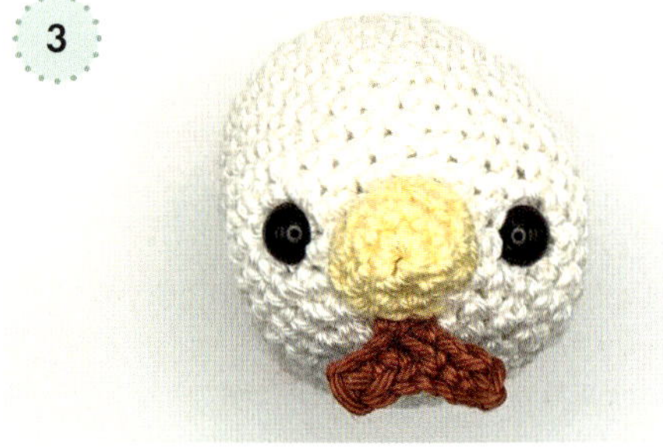

Kamm (in Brick Red)

6 Lm anschlagen, in die 2. Lm von der Nd aus einstechen und 5 hStb entlang der Lm-Kette häkeln. Ohne abzuketten, das Ganze noch zweimal wiederholen. Den Faden lang abschneiden, die Enden des Kamms zusammennähen und diesen anschließend über Rd 1–2 auf dem Kopf festnähen (Bild 4–5).

4

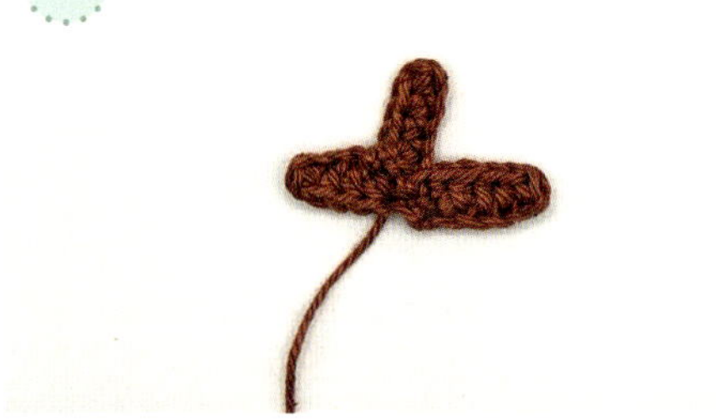

5

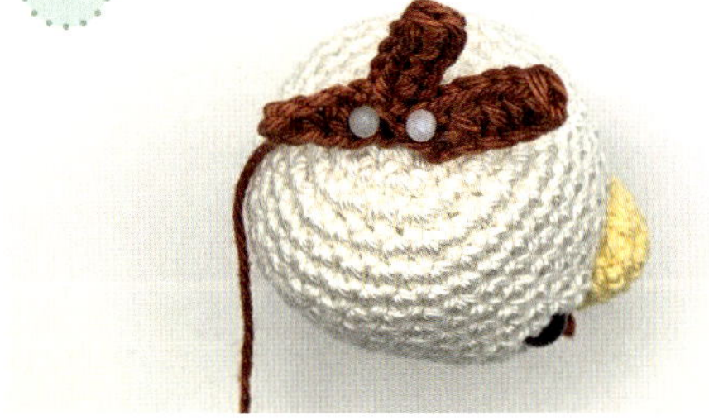

Gesicht fertigstellen

Das Augenweiß mit weißem Filetgarn direkt neben den Augen aufsticken. Die Augenbrauen mit schwarzem Filetgarn 1 Rd über den Augen über 2 fM breit und 1 Rd hoch sticken.

Fingerhut/Körper (in Bridal White und Silver Green)

Hinweis: Eine bebilderte Anleitung zum Anhäkeln des Körpers findest du auf Seite 28 (Dino).
Häkle in Spiral-Rd. Den Körper nicht mit Füllwatte ausstopfen. Beginne in Bridal White.
Den Faden mittig am Hinterkopf ivM der Rd 19 des Kopfs aufnehmen. Stich dazu von oben nach unten ein, der Kamm zeigt zu dir hin. Anschließend wie folgt weiterhäkeln:
1. Rd: 12 fM häkeln. [12]
2. Rd: *1 fM, 1 M zun*, von * bis * noch 5 x wdh. [18]
3.–5. Rd: 18 fM häkeln.
Fb-Wechsel zu Silver Green.
6. Rd: 18 fM häkeln.
7. Rd: 18 fM ihM häkeln.
8.–10. Rd: 18 fM häkeln.
11. Rd: *1 fM, 1 M abn*, von * bis * noch 5 x wdh. [12]
Abketten, den Faden abschneiden und vernähen.

Flügel (2x in Bridal White)

Häkle in Spiral-Rd. Die Flügel nicht mit Füllwatte ausstopfen.
Schlage 4 Lm an, stich in die 2. Lm von der Nd aus ein und häkle wie folgt um die Lm-Kette herum:
1. Rd: 2 fM, 3 fM in 1 M, 1 fM, 1 M zun. [8]
2.–6. Rd: 8 fM häkeln.
Das Ende falten und mit 4 fM zusammenhäkeln.
Den Faden lang abschneiden und die Flügel 2 Rd unter dem Kopf seitlich am Körper festnähen.

Hose fertigstellen (in Silver Green)

Den Faden ivM der Rd 7 des Körpers wieder aufnehmen. Stich dazu von unten nach oben ein und beginne hinten mittig (Bild 6). Häkle 9 fM bis zum rechten Flügel (Bild 7). Anschließend 13 Lm häkeln, in die 2. Lm von der Nd aus einstechen und 12 fM entlang der Lm-Kette häkeln. Es geht am Hosenbund weiter (Bild 8).

Arbeite weitere 5 fM entlang des Hosenbunds, bis hin zum linken Flügel. Nun wieder 13 Lm anschlagen, in die 2. Lm von der Nd aus einstechen und 12 fM entlang der Lm-Kette häkeln. Weitere 9 fM entlang des Hosenbunds häkeln. Den Faden lang abschneiden und die Träger auf der Rückseite festnähen (Bild 9).

6
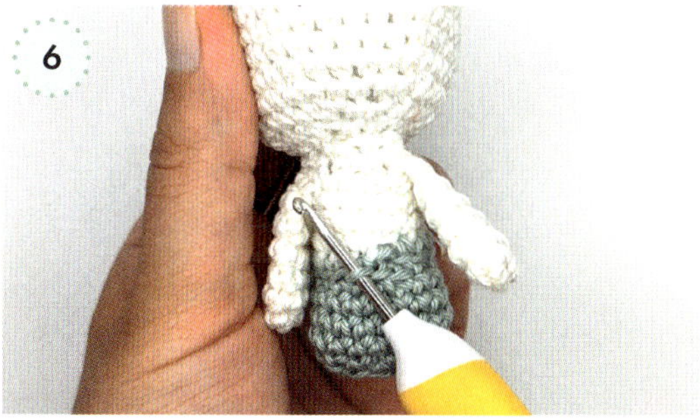

7
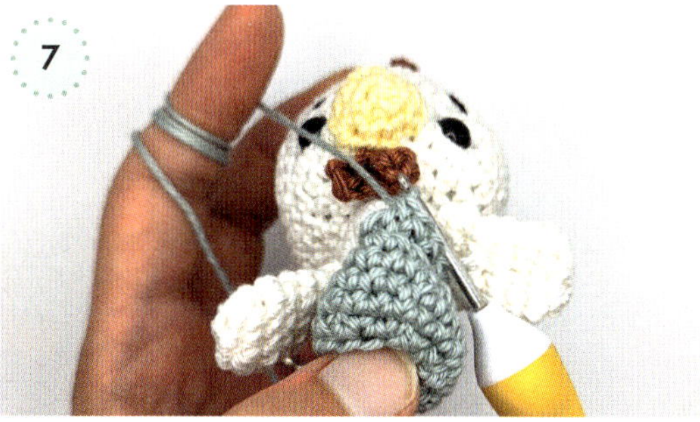

8
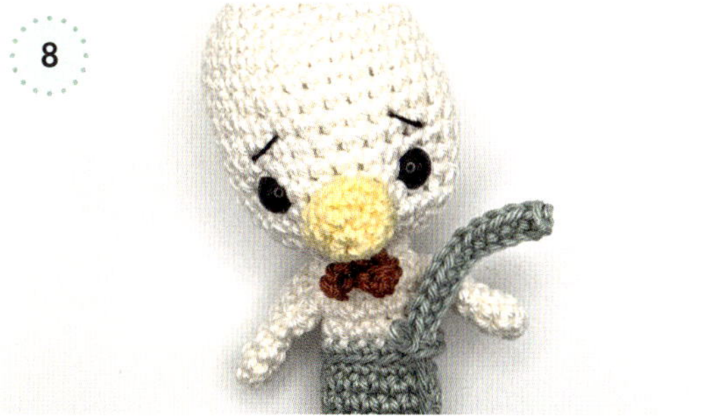

9
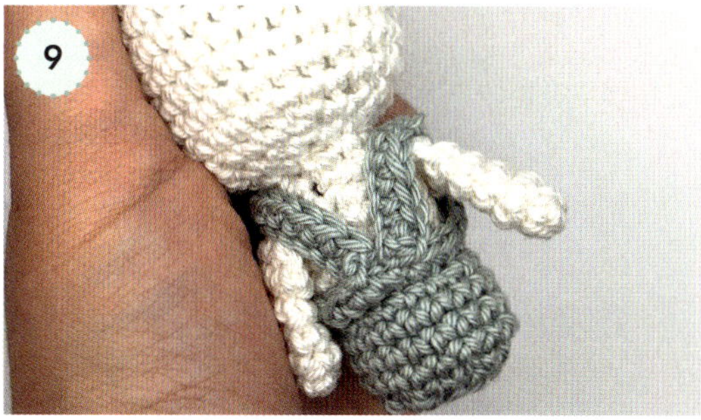

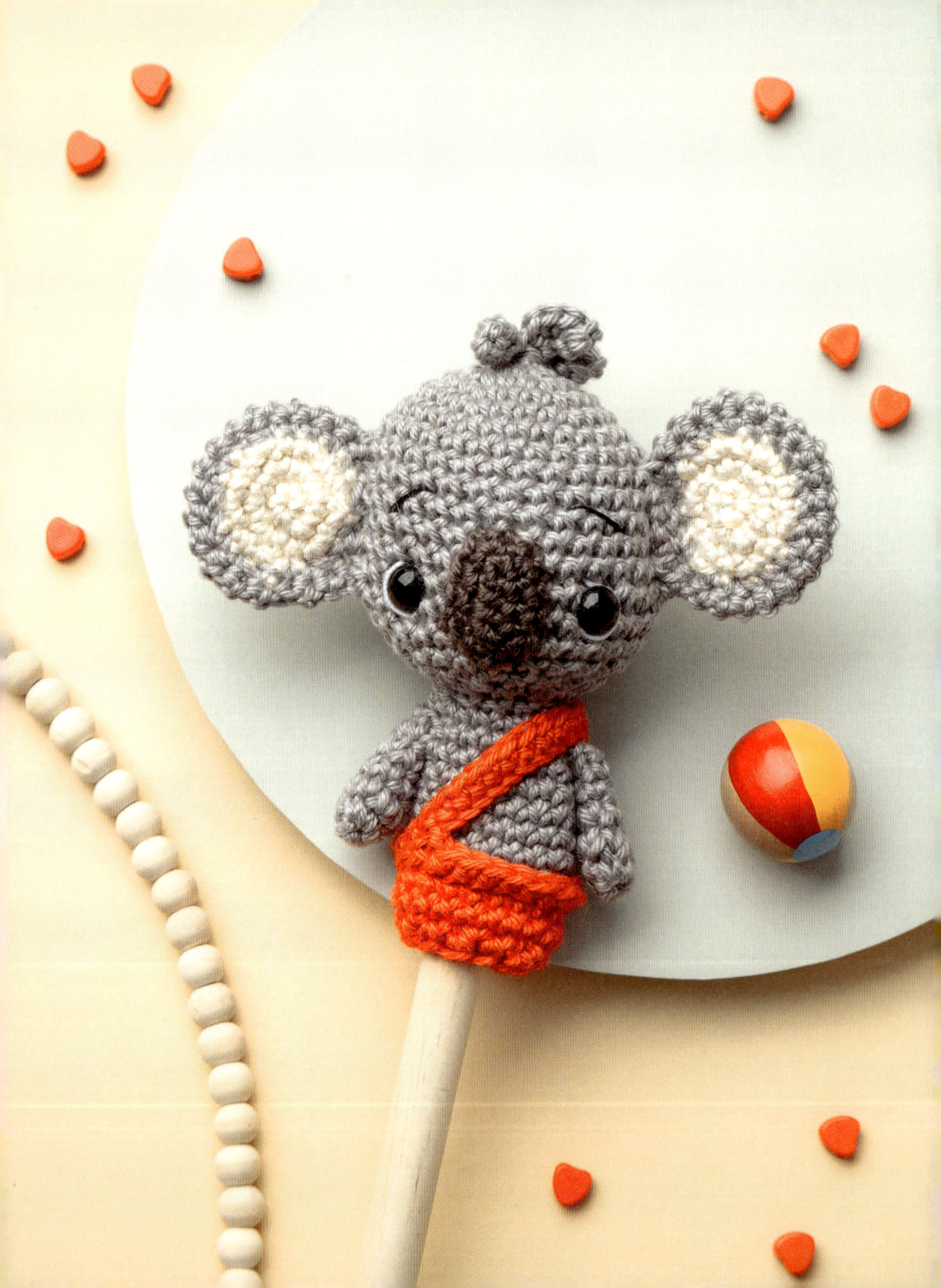

Karlo, der mutige

Koala

★★★

Größe: 11 cm

Material

- Schachenmayr Catania (100 % Baumwolle, LL 125 m/50 g) in
  - Rauchgrau (Fb 435), 14 g
  - Signalrot (Fb 115), 5 g
  - Zartbitter (Fb 415), ein Rest
  - Leinen (Fb 248), ein Rest
- 2 Sicherheitsaugen Ø 7 mm
- Häkelnadel 2,5 mm
- Filetgarn in Schwarz und Weiß
- Füllwatte
- Stopfnadel zum Vernähen
- Stecknadeln zum Fixieren
- Maschenmarkierer

Kopf (in Rauchgrau)

Häkle in Spiral-Rd. Den Kopf fortlaufend mit Füllwatte ausstopfen.

1. Rd: 6 fM in einen Fadenring häkeln. [6]
2. Rd: 6 x 1 M zun. [12]
3. Rd: *1 fM, 1 M zun*, von * bis * noch 5 x wdh. [18]
4. Rd: *2 fM, 1 M zun*, von * bis * noch 5 x wdh. [24]
5. Rd: *3 fM, 1 M zun*, von * bis * noch 5 x wdh. [30]
6.–15. Rd: 30 fM häkeln.
16. Rd: *3 fM, 1 M abn*, von * bis * noch 5 x wdh. [24]
Die Augen zwischen Rd 13 und 14 mit 6 fM Abstand befestigen.
17. Rd: *2 fM, 1 M abn*, von * bis * noch 5 x wdh. [18]
18. Rd: *1 fM, 1 M abn*, von * bis * noch 5 x wdh. [12]
19. Rd: 12 fM ihM häkeln.
20. Rd: 6 x 1 M abn. [6]
Faden abschneiden, durch alle vorderen M-Glieder fädeln, festzuziehen und vernähen.

Nase (in Zartbitter)

Häkle in Spiral-Rd. Die Nase nicht mit Füllwatte ausstopfen.
5 Lm anschlagen, in die 2. Lm von der Nd aus einstechen und wie folgt um die Lm-Kette herumhäkeln:
1. Rd: 3 fM, 3 fM in 1 M, 2 fM, 1 M zun. [10]
2. Rd: *1 M zun, 4 fM*, von * bis * noch 1 x wdh. [12]
Abketten, den Faden lang abschneiden und die Nase zwischen den Augen über Rd 11 – 15 des Kopfs festnähen (Bild 1).

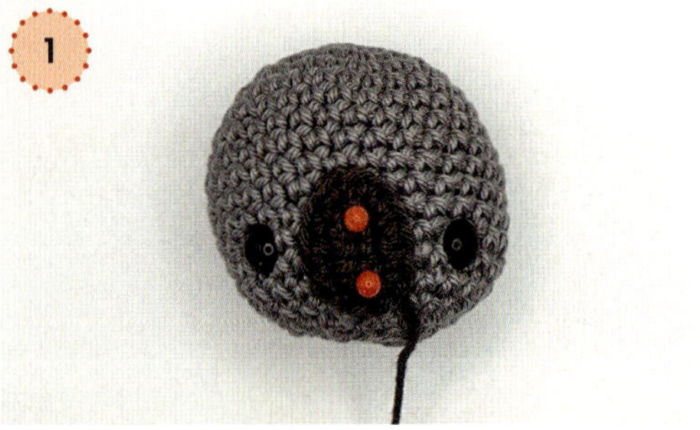

Ohren (2x in Leinen und Rauchgrau)

Häkle in Spiral-Rd. Beginne in Leinen.
1. Rd: 6 fM in einen Fadenring häkeln. [6]
2. Rd: 6 x 1 M zun. [12]
3. Rd: *1 fM, 1 M zun*, von * bis * noch 5 x wdh. [18]
Abketten, den Faden abschneiden und vernähen. Einen identischen zweiten Teil in Rauchgrau häkeln, jedoch nicht abketten. Beide Teile mit der Rückseite aufeinanderlegen, durch beide Schichten stechen (Bild 2).

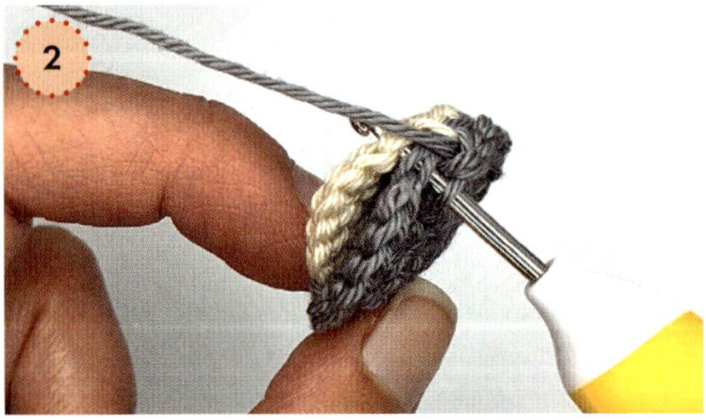

Wie folgt weiterhäkeln:
4. Rd: *2 fM, 1 M zun*, von * bis * noch 5 x wdh. [24]
5. Rd: *1 Km, 1 Lm*, von * bis * noch 23 x wdh. [48]
Ein zweites Ohr häkeln. Den Faden lang abschneiden und die Ohren über Rd 8 – 13 seitlich am Kopf festnähen (Bild 3).

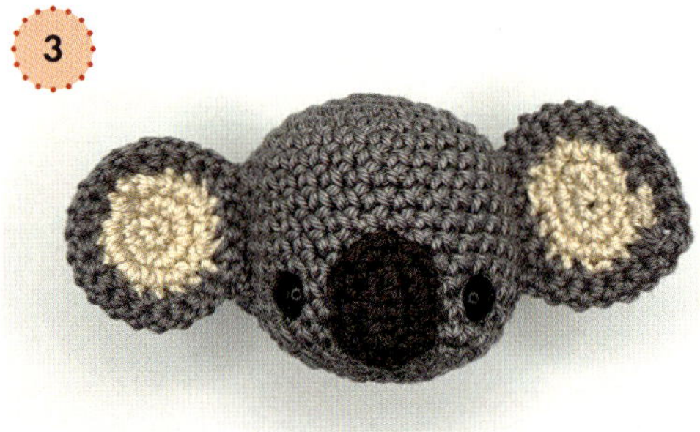

Gesicht fertigstellen

Das Augenweiß mit weißem Filetgarn direkt neben den Augen aufsticken. Die Augenbrauen mit schwarzem Filetgarn 2 Rd über den Augen über 2 fM breit und 1 Rd hoch sticken.

Locken (in Rauchgrau)

Den Faden an Rd 1 des Kopfs aufnehmen (Bild 4) und mit 1 Km fixieren. Anschließend 4 Lm häkeln, in die 2. Lm von der Nd aus einstechen und 3 x 1 M zun entlang der Lm-Kette. 1 Km in den Kopf häkeln und das Ganze noch zweimal wiederholen, um am Ende auf drei Locken zu kommen (Bild 5). Den Faden abschneiden und vernähen.

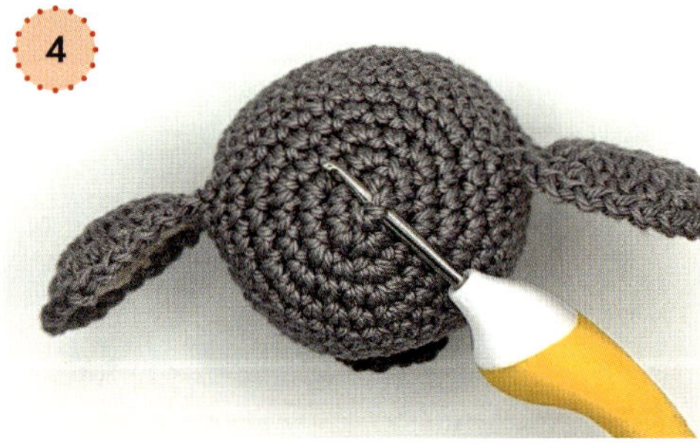

5

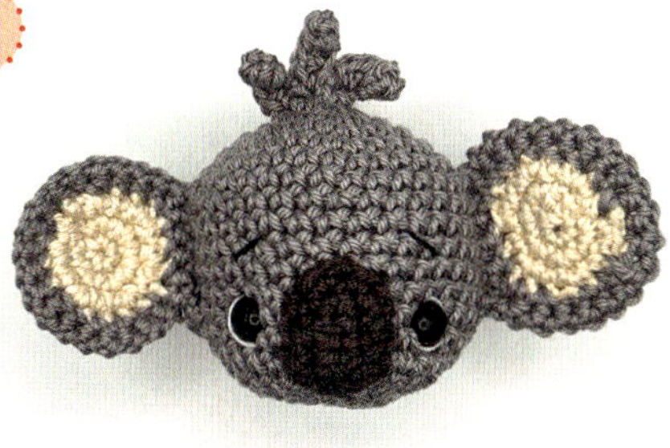

Fingerhut/Körper (in Rauchgrau und Signalrot)

Häkle in Spiral-Rd. Den Körper nicht mit Füllwatte ausstopfen. Beginne in Rauchgrau.
Den Faden mittig am Hinterkopf ivM der Rd 19 des Kopfs aufnehmen. Stich dazu von oben nach unten ein, die Locken zeigen zu dir hin.
Anschließend wie folgt weiterhäkeln:
1. Rd: 12 fM häkeln. [12]
2. Rd: *1 fM, 1 M zun*, von * bis * noch 5 x wdh. [18]
3.–8. Rd: 18 fM häkeln.
Fb-Wechsel zu Signalrot.
9. Rd: 18 fM häkeln.
10. Rd: 18 fM ihM häkeln.
11. Rd: 18 fM häkeln.
12. Rd: *1 fM, 1 M abn*, von * bis * noch 5 x wdh. [12]
Abketten, den Faden abschneiden und vernähen.

Arme (2x in Rauchgrau)

Häkle in Spiral-Rd. Die Arme nicht mit Füllwatte ausstopfen.
1. Rd: 8 fM in einen Fadenring häkeln. [8]
2.–3. Rd: 8 fM häkeln.
4. Rd: 2 fM, 2 x 1 M abn, 2 fM. [6]
5. Rd: 6 fM häkeln.
Das Ende falten und mit 3 fM zusammenhäkeln. Die Faltkante sollte dabei seitlich zu den Abnahmen aus Rd 4 liegen, ggf. noch bis zu diesem Punkt weiterhäkeln. Den Faden lang abschneiden und die Arme 1 Rd unter dem Kopf seitlich am Körper festnähen. Bei Bedarf können die Arme auch nach dem Fertigstellen der Hose festgenäht werden, um das Häkeln des Trägers zu erleichtern.

Hose fertigstellen (in Signalrot)

Den Faden ivM der Rd 10 des Körpers wieder aufnehmen. Beginne dazu hinten rechts und stich von unten nach oben ein. Der Kopf zeigt dabei von dir weg (Bild 6). Häkle 16 fM bis unter das linke Auge (Bild 7). Anschließend 21 Lm, in die 2. Lm einstechen und 20 fM entlang der Lm-Kette häkeln. 4 fM weiter entlang der vorderen M-Glieder häkeln (Bild 8). Den Faden lang abschneiden und den Träger schräg über dem Rücken festnähen.

6

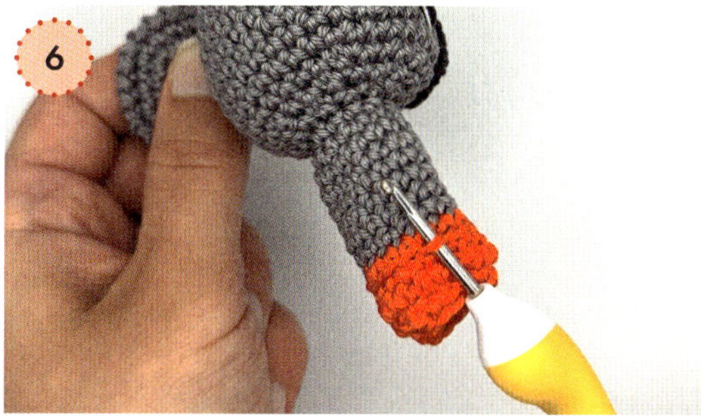

7

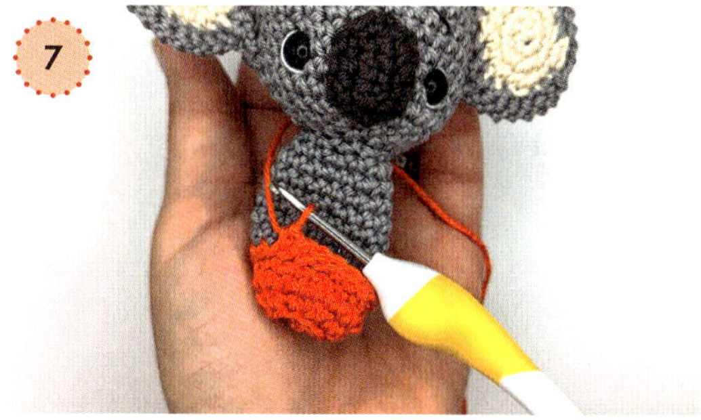

8

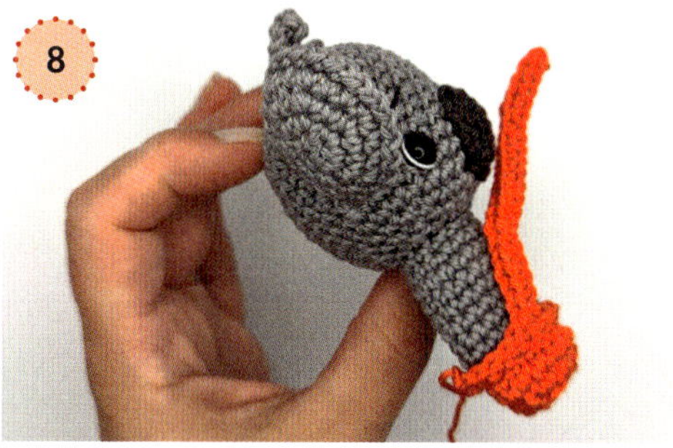

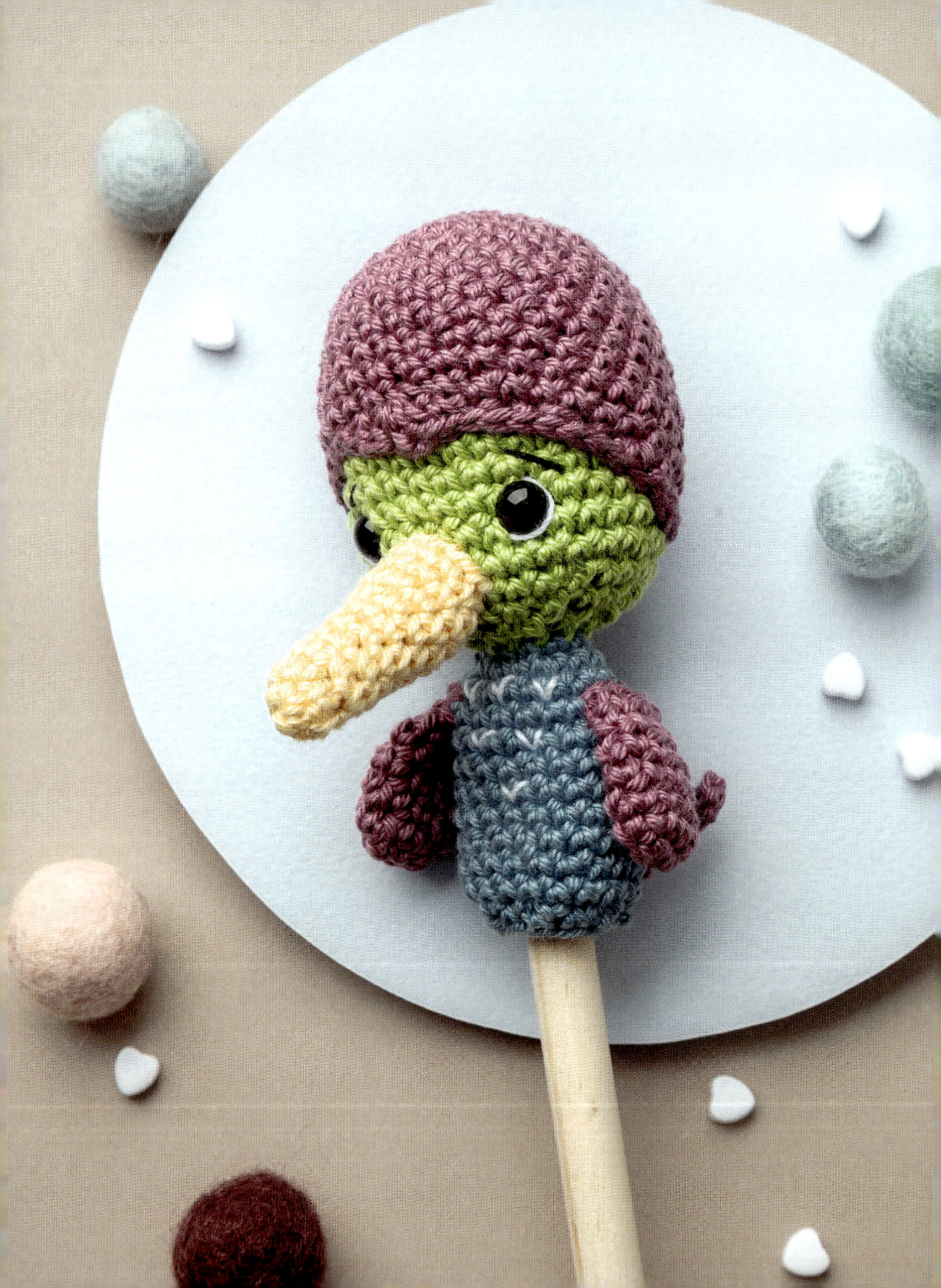

Kira, die glückliche

Kolibridame

★★★

Größe: 11 cm

Material

- Schachenmayr Catania (100 % Baumwolle, LL 125 m/50 g) in
  - Hyazinth (Fb 240), 10 g
  - Apfel (Fb 205), 8 g
  - Denim (Fb 421), 8 g
  - Honig (Fb 206), ein Rest
- 2 Sicherheitsaugen Ø 7 mm
- Häkelnadel 2,5 mm
- Filetgarn in Schwarz und Weiß
- Füllwatte
- Stopfnadel zum Vernähen
- Stecknadeln zum Fixieren
- Maschenmarkierer

Kopf (in Apfel)

Häkle in Spiral-Rd. Den Kopf fortlaufend mit Füllwatte ausstopfen.

1. Rd: 6 fM in einen Fadenring häkeln. [6]
2. Rd: 6 x 1 M zun. [12]
3. Rd: *1 fM, 1 M zun*, von * bis * noch 5 x wdh. [18]
4. Rd: *2 fM, 1 M zun*, von * bis * noch 5 x wdh. [24]
5. Rd: *3 fM, 1 M zun*, von * bis * noch 5 x wdh. [30]
6.–15. Rd: 30 fM häkeln.
16. Rd: *3 fM, 1 M abn*, von * bis * noch 5 x wdh. [24]
Die Augen zwischen Rd 13 und 14 mit 6 fM Abstand befestigen.
17. Rd: *2 fM, 1 M abn*, von * bis * noch 5 x wdh. [18]
18. Rd: *1 fM, 1 M abn*, von * bis * noch 5 x wdh. [12]
19. Rd: 12 fM ihM häkeln.
20. Rd: 6 x 1 M abn. [6]
Faden abschneiden, durch alle vorderen M-Glieder fädeln, festzuziehen und vernähen.

Haube (in Hyazinth)

Häkle in Spiral-Rd.
1. Rd: 6 fM in einen Fadenring häkeln. [6]
2. Rd: 6 x 1 M zun. [12]
3. Rd: *1 fM, 1 M zun*, von * bis * noch 5 x wdh. [18]
4. Rd: *2 fM, 1 M zun*, von * bis * noch 5 x wdh. [24]
5. Rd: *3 fM, 1 M zun*, von * bis * noch 5 x wdh. [30]
6.–14. Rd: 30 fM häkeln.
15. Rd: 8 fM, 6 Km, 1 fM, (2 hStb, 1 Lm, 2 hStb) in 1 M häkeln, 1 fM, 6 Km, 7 fM [32]
Abketten, den Faden lang abschneiden und die Haube auf dem Kopf festnähen. Die Spitze aus Rd 15 liegt dabei vorne mittig ca. 2 Rd über den Augen.

Schnabel (in Honig)

Häkle in Spiral-Rd. Den Schnabel fortlaufend mit Füllwatte ausstopfen.
1. Rd: 6 fM in einen Fadenring häkeln. [6]
2.–3. Rd: 6 fM häkeln.
4. Rd: *2 fM, 1 M zun*, von * bis * noch 1 x wdh. [8]
5.–6. Rd: 8 fM häkeln.
7. Rd: *3 fM, 1 M zun*, von * bis * noch 1 x wdh. [10]
8.–10. Rd: 10 fM häkeln.
Abketten, den Faden lang abschneiden und den Schnabel zwischen den Augen festnähen (Bild 1).

1

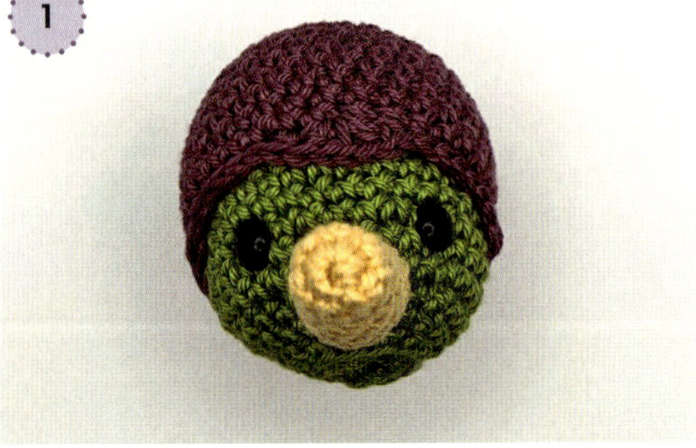

Gesicht fertigstellen

Das Augenweiß mit weißem Filetgarn direkt neben den Augen aufsticken. Die Augenbrauen mit schwarzem Filetgarn direkt über den Augen über 1 Rd hoch und 2 fM breit sticken.

Fingerhut/Körper (in Denim)

Hinweis: Eine bebilderte Anleitung zum Anhäkeln des Körpers findest du auf Seite 28 (Dino).
Häkle in Spiral-Rd. Den Körper nicht mit Füllwatte ausstopfen.
Den Faden mittig am Hinterkopf ivM der Rd 19 des Kopfs aufnehmen. Stich dazu von oben nach unten ein, die Haube zeigt zu dir. Anschließend wie folgt weiterhäkeln:
1. Rd: 12 fM häkeln. [12]
2. Rd: *1 fM, 1 M zun*, von * bis * noch 5 x wdh. [18]
3.–11. Rd: 18 fM häkeln.
12. Rd: *1 fM, 1 M abn*, von * bis * noch 5 x wdh. [12]
Abketten, den Faden abschneiden und vernähen.

Flügel (2x in Hyazinth)

Häkle in Spiral-Rd. Die Flügel nicht mit Füllwatte ausstopfen.
5 Lm anschlagen, in die 2. Lm von der Nd aus einstechen und wie folgt um die Lm-Kette herumhäkeln:
1. Rd: 3 fM, 3 fM in 1 M, 2 fM, 1 M zun. [10]
2.–5. Rd: 10 fM häkeln.
6. Rd: *3 fM, 1 M abn*, von * bis * noch 1 x wdh. [8]
Das Ende falten und mit 4 fM zusammenhäkeln. Den Faden lang abschneiden und die Flügel je 2 Rd unter dem Kopf seitlich am Körper festnähen (Bild 2–3).
Anschließend die Details für die Brust mit weißem Filetgarn aufsticken (Bild 4).

2

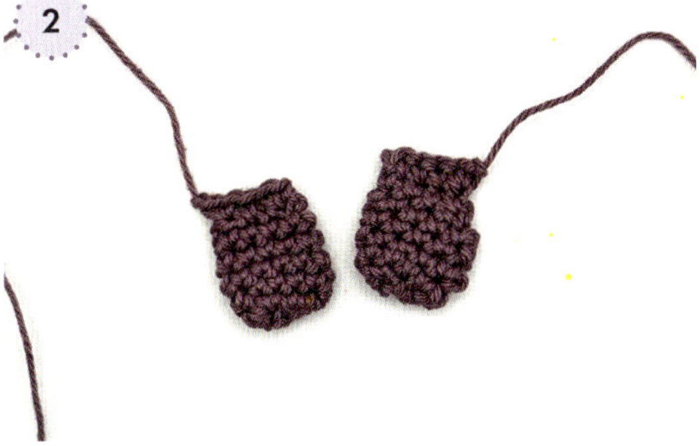

Schwanzfedern
(in Hyazinth)

Schlage 7 Lm an, stich in die 2. Lm von der Nd aus ein und häkle 6 fM entlang der Lm-Kette. Das Ganze noch zweimal wiederholen, ohne dabei abzuketten. So kommst du am Ende auf drei Schwanzfedern (Bild 5). Den Faden lang abschneiden und das Ende mit ein paar Stichen zusammennähen. Die Schwanzfedern am unteren Rücken festnähen (Bild 6).

3

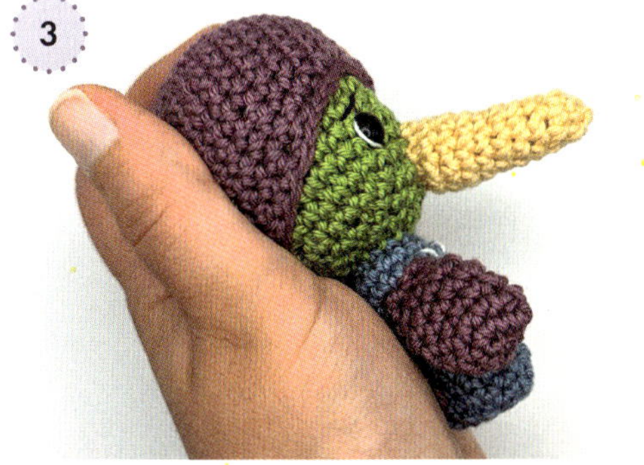

5

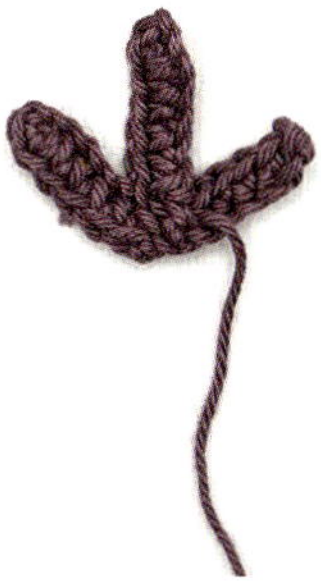

4

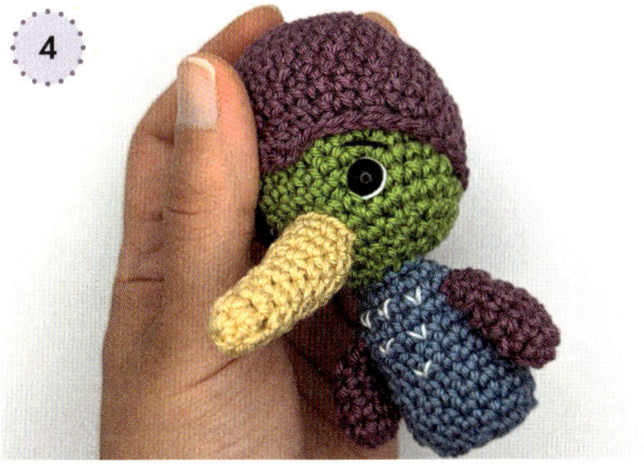

6

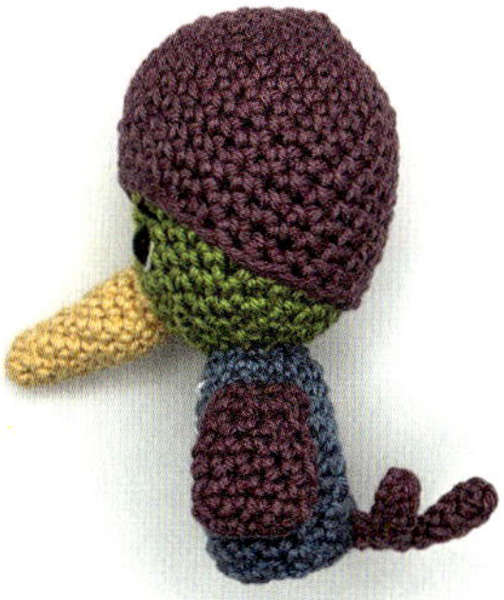

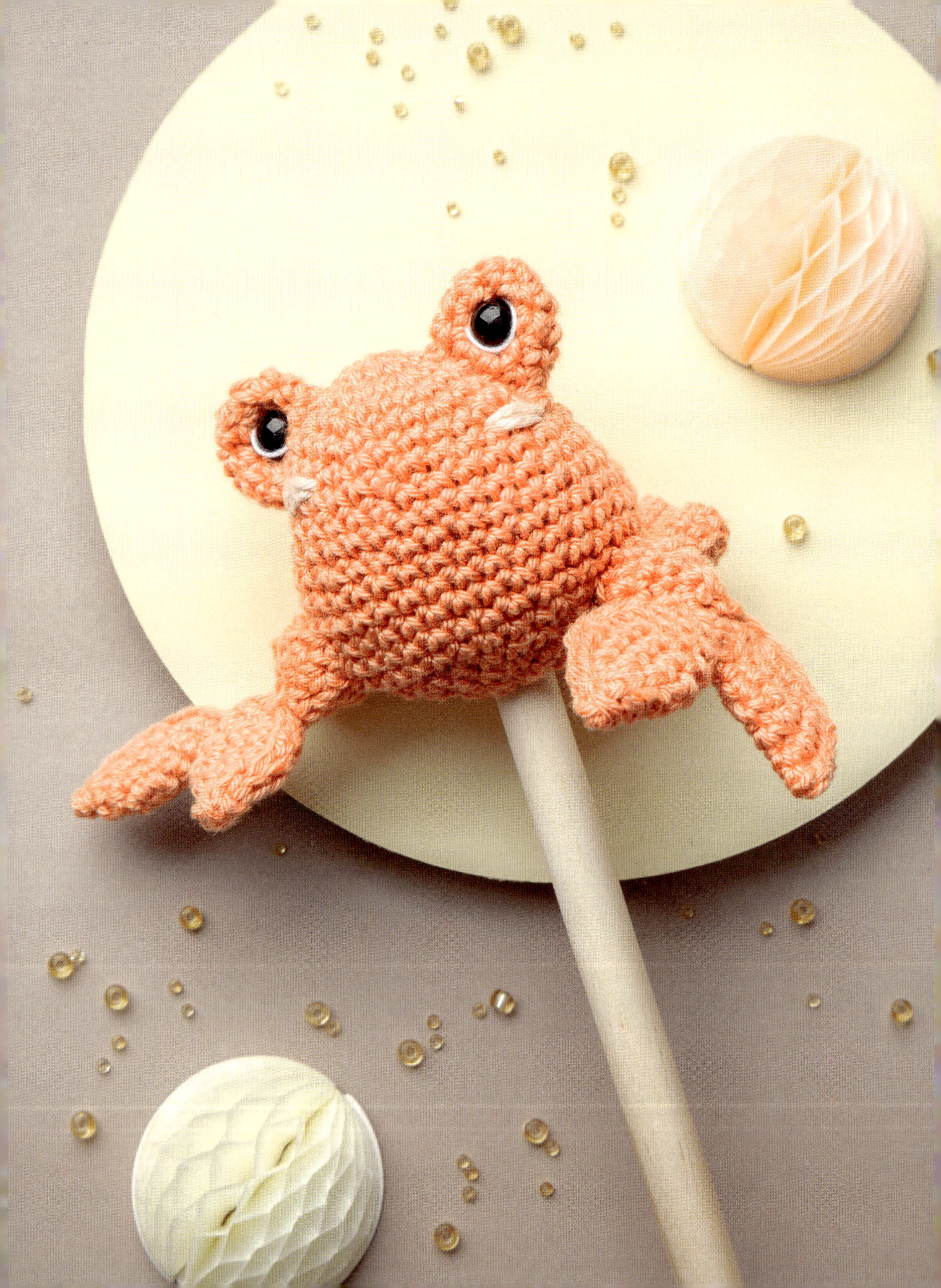

Kai, der liebevolle

Krebs

Größe: 8 cm

Material

- Schachenmayr Catania (100 % Baumwolle, LL 125 m/50 g) in
  - Scampi (Fb 427), 18 g
- 2 Sicherheitsaugen Ø 7 mm
- Häkelnadel 2,5 mm
- Filetgarn in Weiß
- Reste in Rosa
- Füllwatte
- Stopfnadel zum Vernähen
- Stecknadeln zum Fixieren
- Maschenmarkierer

Hinweis: Der Fingerhut wird am Ende fest nach innen gestülpt. Achte darauf, dass der Körper nur sehr locker mit Füllwatte ausgestopft ist, bevor du mit dem Fingerhut beginnst.

Körper (in Scampi)

Häkle in Spiral-Rd. Den Körper fortlaufend mit Füllwatte ausstopfen, in der Mitte jedoch nur wenig stopfen, da hier später der Fingerhut platziert wird.

1. Rd: 6 fM in einen Fadenring häkeln. [6]
2. Rd: 6 x 1 M zun. [12]
3. Rd: *1 fM, 1 M zun*, von * bis * noch 5 x wdh. [18]
4. Rd: *2 fM, 1 M zun*, von * bis * noch 5 x wdh. [24]
5. Rd: *3 fM, 1 M zun*, von * bis * noch 5 x wdh. [30]
6.–9. Rd: 30 fM häkeln.
10. Rd: *14 fM, 1 M zun*, von * bis * noch 1 x wdh. [32]
11.–14. Rd: 32 fM häkeln.
15. Rd: *14 fM, 1 M abn*, von * bis * noch 1 x wdh. [30]
16. Rd: *3 fM, 1 M abn*, von * bis * noch 5 x wdh. [24]
17. Rd: *2 fM, 1 M abn*, von * bis * noch 5 x wdh. [18]
18. Rd: *1 fM, 1 M abn*, von * bis * noch 5 x wdh. [12]
Den Faden abschneiden und vernähen.

Fingerhut/Körper (in Scampi)

Häkle in Spiral-Rd. Den Fingerhut nicht mit Füllwatte ausstopfen, dieser wird später in den Körper gestülpt. Den Faden an der letzten Rd des Körpers aufnehmen und wie folgt weiterhäkeln:

1.–2. Rd: 12 fM häkeln.
3. Rd: *1 fM, 1 M zun*, von * bis * noch 5 x wdh. [18]
4.–6. Rd: 18 fM häkeln.
7. Rd: *1 fM, 1 M abn*, von * bis * noch 5 x wdh. [12]
8. Rd: 6 x 1 M abn. [6]
Den Faden abschneiden, durch die vorderen M-Glieder der letzten Rd fädeln, festzuziehen und vernähen. Den Fingerhut anschließend nach innen in den Körper stülpen (Bild 1–4).

1

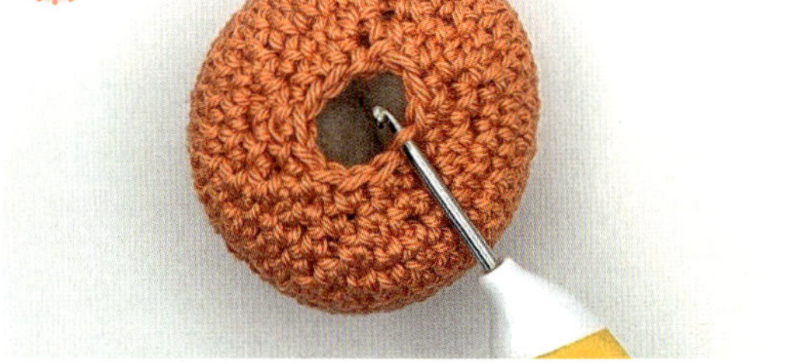

2

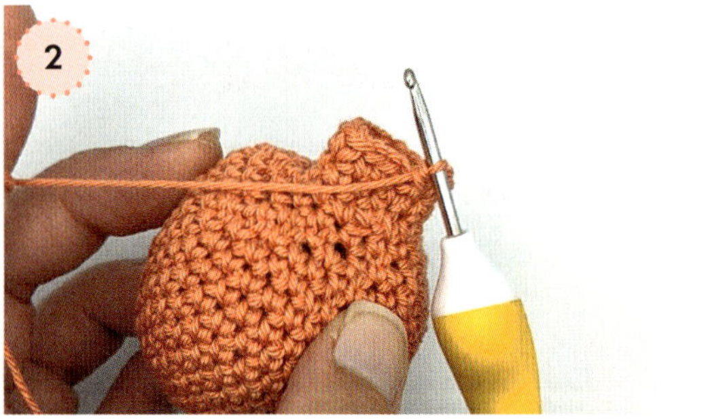

3

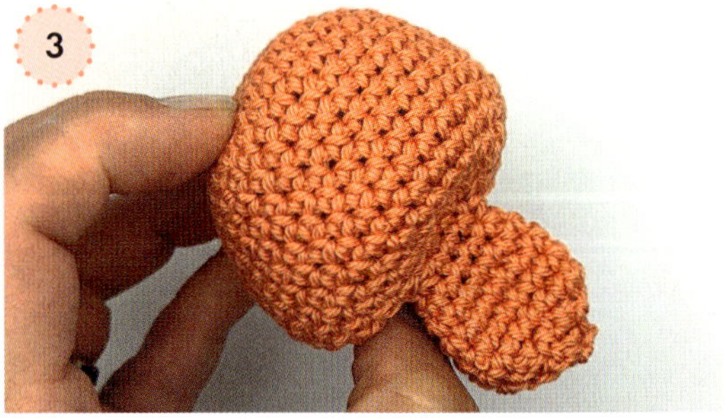

4

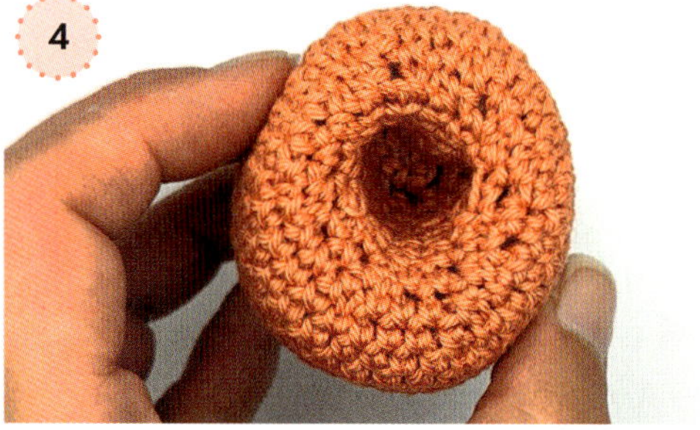

Augen (2x in Scampi)

Häkle in Spiral-Rd. Die Augen nicht mit Füllwatte ausstopfen.

1. Rd: 5 fM in einen Fadenring häkeln. [5]
2. Rd: 5 x 1 M zun. [10]
3.–5. Rd: 10 fM häkeln.
Die Sicherheitsaugen zwischen Rd 3 und 4 befestigen. Den Faden lang abschneiden und die Augen am Körper über Rd 3–7 festnähen (Bild 5).

5

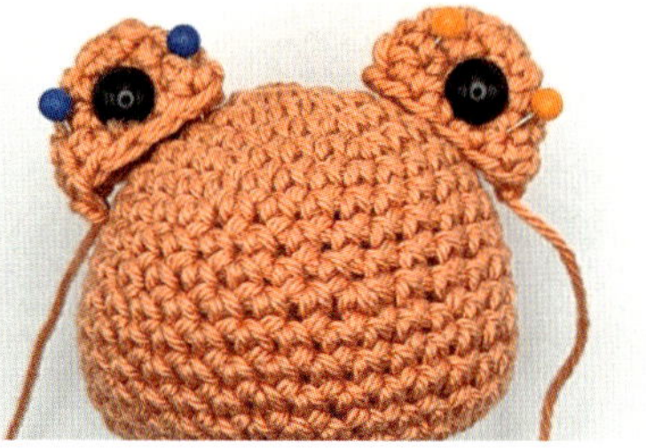

Gesicht fertigstellen

Das Augenweiß mit weißem Filetgarn direkt neben den Augen aufsticken. Die Wangen in Rosa über 3 fM breit unter den Augen aufsticken, dazu ca. 5 x einstechen.

Scheren (2x in Scampi)

Häkle in Spiral-Rd. Die Scheren nicht mit Füllwatte ausstopfen.

1. Rd: 6 fM in einen Fadenring häkeln. [6]
2. Rd: 6 x 1 M zun. [12]
3. Rd: *1 fM, 1 M zun*, von * bis * noch 5 x wdh. [18]

4. Rd: *2 fM, 1 M zun*, von * bis * noch 5 x wdh. [24]
Das Häkelstück mittig falten, in die gegenüberliegenden M einstechen und beide Seiten mit 12 Km zusammenhäkeln (Bild 6–7). Den Faden lang abschneiden. Einen identischen zweiten Teil häkeln, dann beide Teile nebeneinanderlegen und die Kanten mit ein paar Stichen zusammennähen. Die runde Seite liegt dabei jeweils außen (Bild 8). Eine zweite Schere häkeln.

6

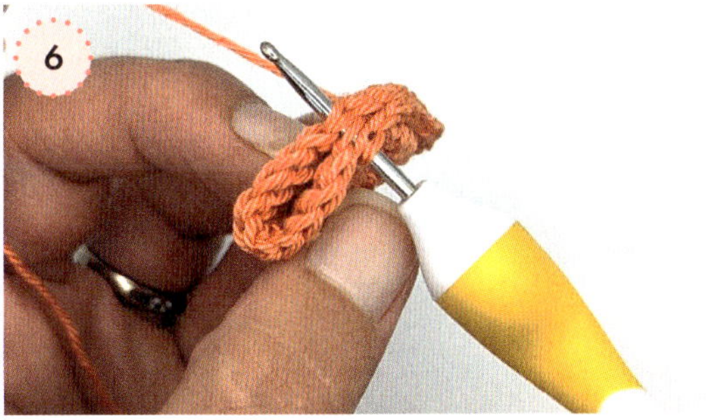

7

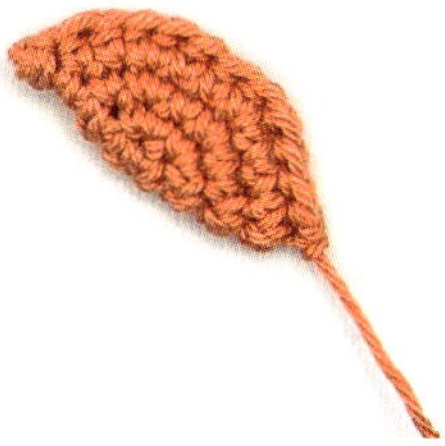

8

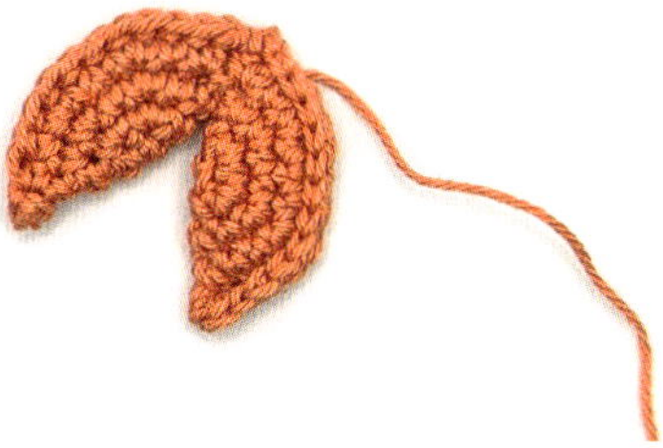

Arme (2x in Scampi)

Häkle in Spiral-Rd. Die Arme nicht mit Füllwatte ausstopfen.
1. Rd: 10 fM in einen Fadenring häkeln. [10]
2.–4. Rd: 10 fM häkeln.
Den Faden lang abschneiden und die Scheren an Rd 1 der Arme festnähen. Einen zweiten Arm fertigstellen. Anschließend die Arme seitlich am Körper ca. 3 Rd über der Öffnung des Fingerhuts festnähen.

Beine (4x in Scampi)

Häkle in Spiral-Rd. Die Beine nicht mit Füllwatte ausstopfen.
1. Rd: 6 fM in einen Fadenring häkeln. [6]
2.–5. Rd: 6 fM häkeln.
Den Faden lang abschneiden und je zwei Beine direkt hinter den Armen festnähen (Bild 9–10).

9

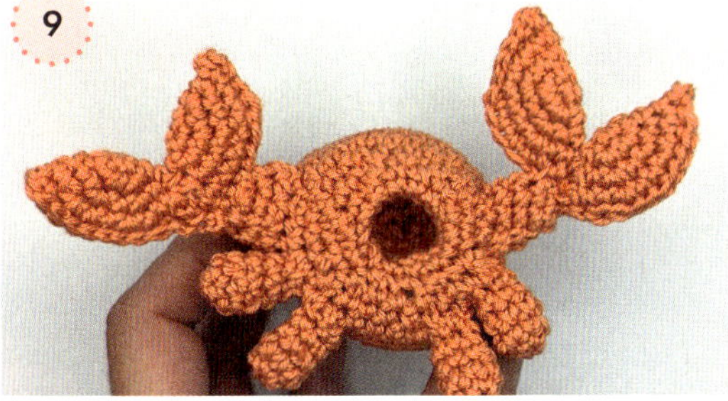

10

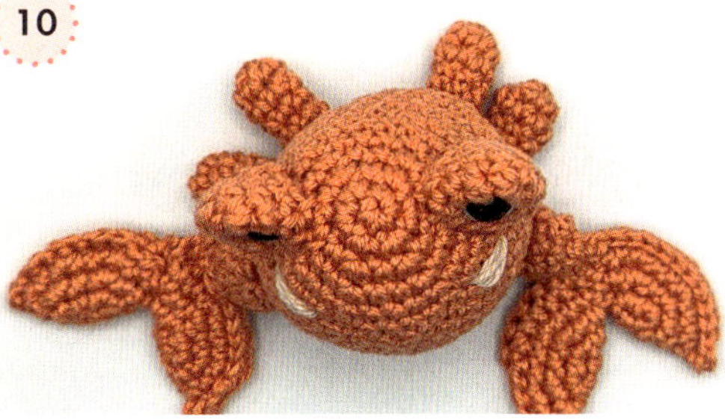

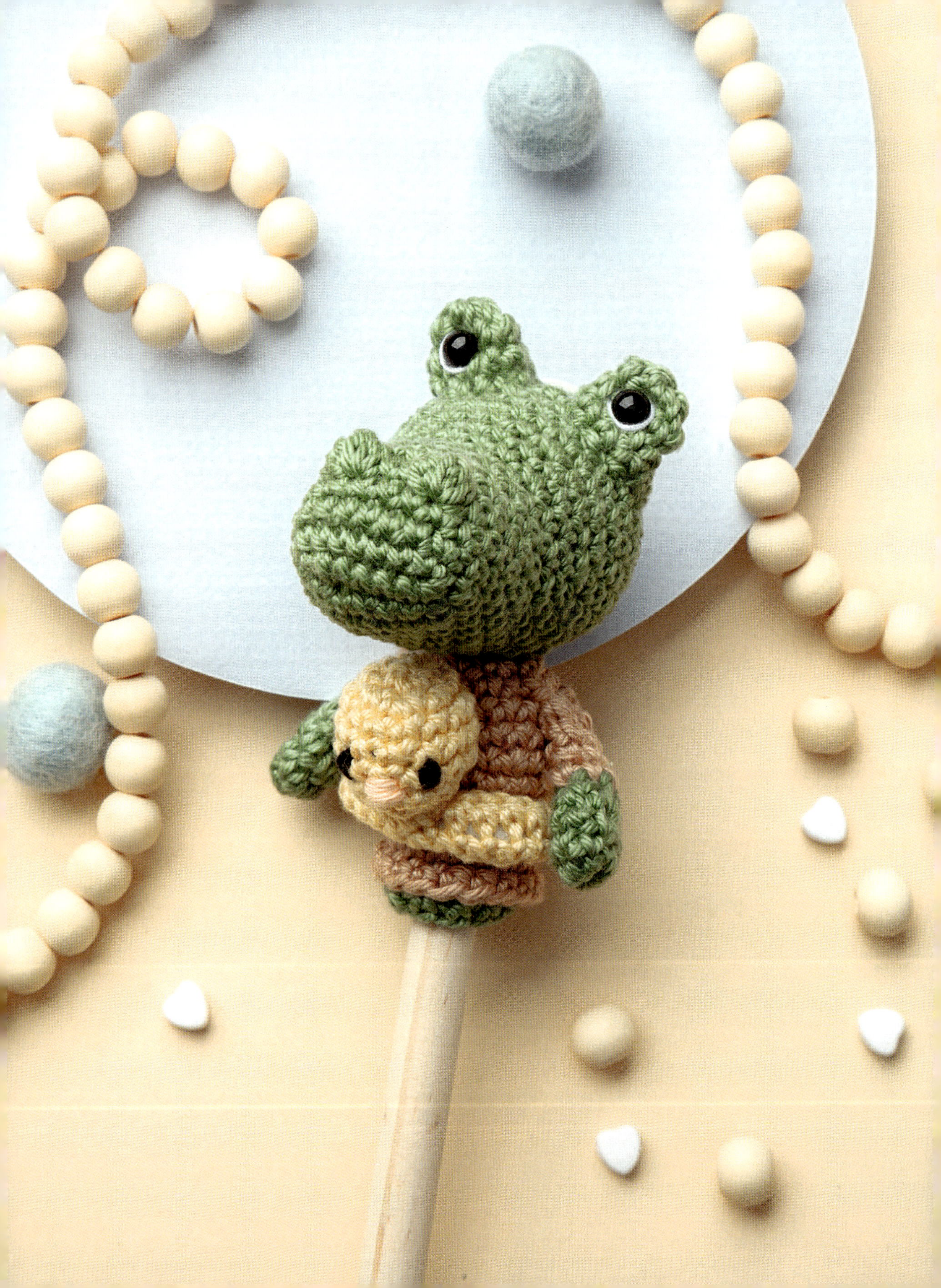

Kaja, das sportliche

Krodokil

★★☆

Größe: 10 cm

Material

- Schachenmayr Catania (100 % Baumwolle, LL 125 m/50 g) in
  - Khaki (Fb 212), 12 g
  - Sun-kissed (Fb 437), 5 g
  - Honig (Fb 206), ein Rest
  - Aprikose (Fb 401), ein Rest
- 2 Sicherheitsaugen Ø 6 mm
- Häkelnadel 2,5 mm
- Filetgarn in Schwarz und Weiß
- Füllwatte
- Stopfnadel zum Vernähen
- Stecknadeln zum Fixieren
- Maschenmarkierer

Kopf (in Khaki)

Häkle in Spiral-Rd. Den Kopf fortlaufend mit Füllwatte ausstopfen.
8 Lm anschlagen, in die 2. Lm von der Nd aus einstechen und wie folgt um die Lm-Kette herumhäkeln:
1. Rd: 6 fM, 3 fM in 1 M, 5 fM, 1 M zun. [16]
2. Rd: *1 M zun, 7 fM*, von * bis * noch 1 x wdh. [18]
3. Rd: 18 fM häkeln.
4. Rd: 3 fM, 1 N aus 3 Stb, 2 fM, 1 N aus 3 Stb, 11 fM. [18]
5.–9. Rd: 18 fM häkeln.
10. Rd: *2 fM, 1 M zun*, von * bis * noch 5 x wdh. [24]
11. Rd: 24 fM häkeln.
12. Rd: *3 fM, 1 M zun*, von * bis * noch 5 x wdh. [30]
13.–16. Rd: 30 fM häkeln.
17. Rd: *3 fM, 1 M abn*, von * bis * noch 5 x wdh. [24]
18. Rd: 24 fM häkeln.
19. Rd: *2 fM, 1 M abn*, von * bis * noch 5 x wdh. [18]
20. Rd: *1 fM, 1 M abn*, von * bis * noch 5 x wdh. [12]
21. Rd: 6 x 1 M abn. [6]
Faden abschneiden, durch alle vorderen M-Glieder fädeln, festzuziehen und vernähen.

Augen (2x in Khaki)

Häkle in Spiral-Rd. Die Augen nicht mit Füllwatte ausstopfen.
1. Rd: 8 fM in einen Fadenring häkeln. [8]
2.–4. Rd: 8 fM häkeln.
Abketten, den Faden lang abschneiden und die Sicherheitsaugen zwischen Rd 2 und 3 befestigen. Ein zweites Auge häkeln. Beide Augen anschließend über Rd 15–18 auf dem Kopf mit 3 fM Abstand dazwischen festnähen (Bild 1).

1

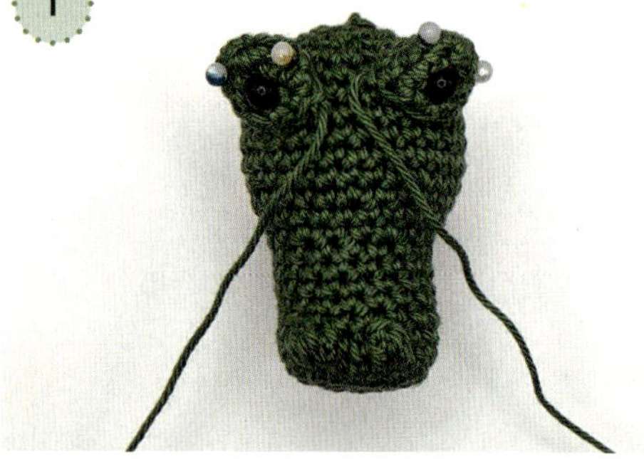

Mit weißem Filetgarn das Augenweiß direkt neben den Augen aufsticken (Bild 2–3).

2

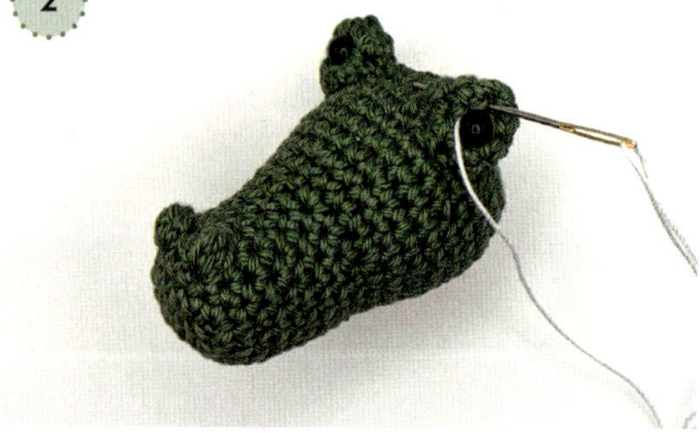

3

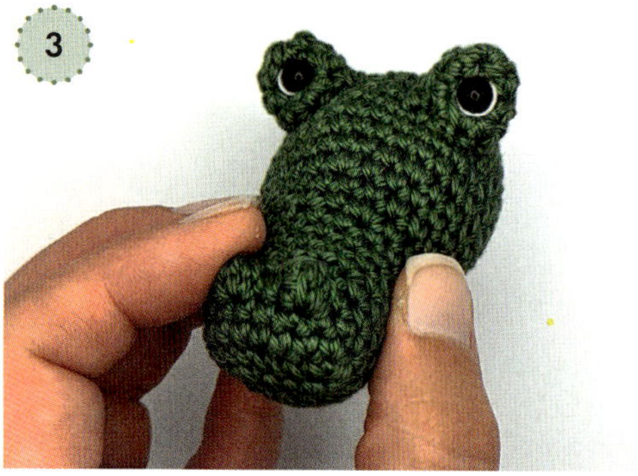

Fingerhut/Körper (in Khaki und Sun-kissed)

Häkle in Spiral-Rd. Den Körper nicht mit Füllwatte ausstopfen. Beginne in Khaki.
Zum späteren Annähen einen langen Anfangsfaden hängen lassen.
1. Rd: 6 fM in einen Fadenring häkeln. [6]
2. Rd: 6 x 1 M zun. [12]
Fb-Wechsel zu Sun-kissed.
3. Rd: *1 fM ihM, 1 M zun ihM*, von * bis * noch 5 x wdh. [18]
4.–11. Rd: 18 fM häkeln.
Fb-Wechsel zu Khaki.
12. Rd: 18 fM ihM häkeln.
13. Rd: *1 fM, 1 M abn*, von * bis * noch 5 x wdh. [12]
Abketten, den Faden abschneiden und vernähen. Den Faden in Sun-kissed ihM der Rd 12 wieder aufnehmen. Dazu von oben nach unten einstechen, Rd 1 des Körpers zeigt zu dir hin. Anschließend rundherum 18 fM häkeln. Den Faden abschneiden und vernähen. Den Kopf mithilfe des Anfangsfadens am Körper festnähen (Bild 4–5).

4

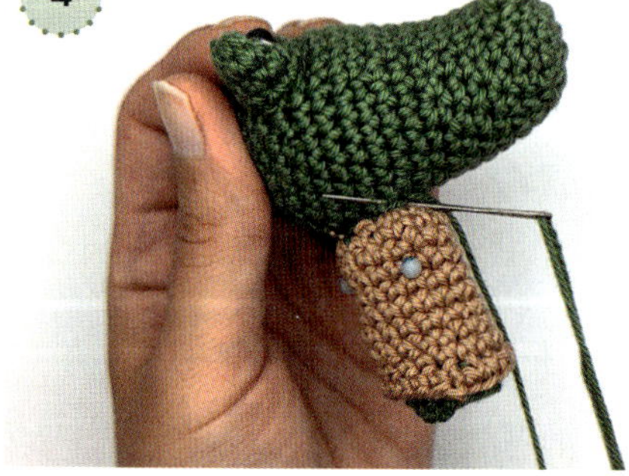

5

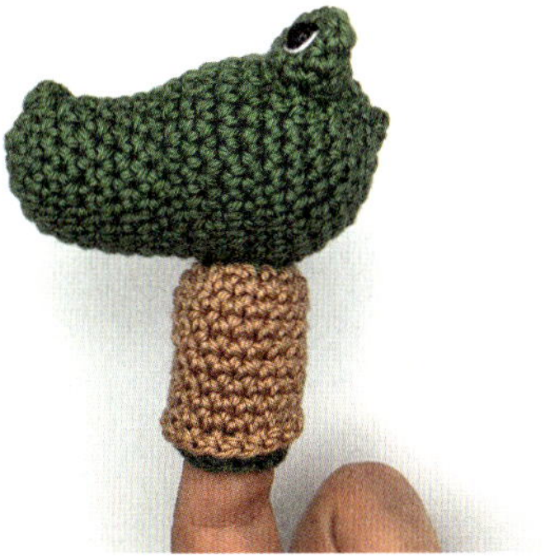

6

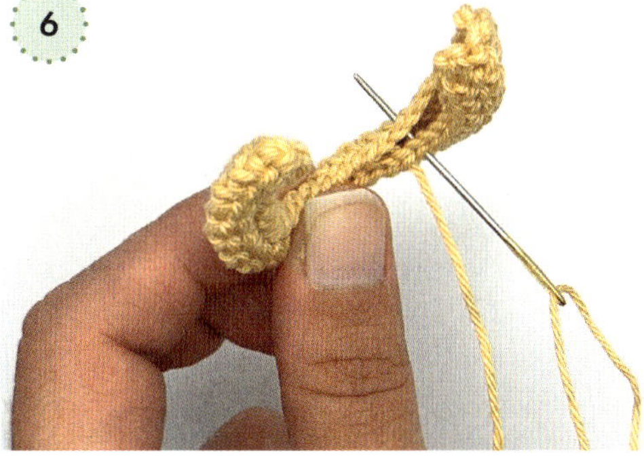

Arme (2x in Khaki und Sun-kissed)

Häkle in Spiral-Rd. Die Arme nicht mit Füllwatte ausstopfen. Beginne in Khaki.
1. Rd: 8 fM in einen Fadenring häkeln. [8]
2.–3. Rd: 8 fM häkeln.
4. Rd: *2 fM, 1 M abn*, von * bis * noch 1 x wdh. [6]
Fb-Wechsel zu Sun-kissed.
5.–7. Rd: 6 fM häkeln.
Das Ende falten und mit 3 fM zusammenhäkeln. Den Faden lang abschneiden und die Arme 2 Rd unter dem Kopf seitlich am Körper festnähen.

Schwimmring (in Honig)

26 Lm anschlagen, in die 2. Lm von der Nd aus einstechen und wie folgt in R weiterhäkeln:
1.–4. Rd: 25 fM, 1 Lm und wenden. [25]
Den Faden lang abschneiden. Das Häkelstück längs falten und die erste und letzte R zusammennähen. Dabei den Ring fortlaufend mit Füllwatte ausstopfen (Bild 6–7).

7

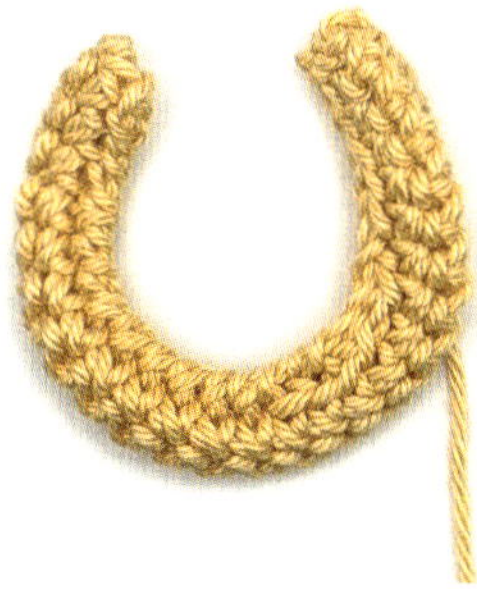

Anschließend die Enden zusammennähen und so den Ring fertigstellen (Bild 8).

8

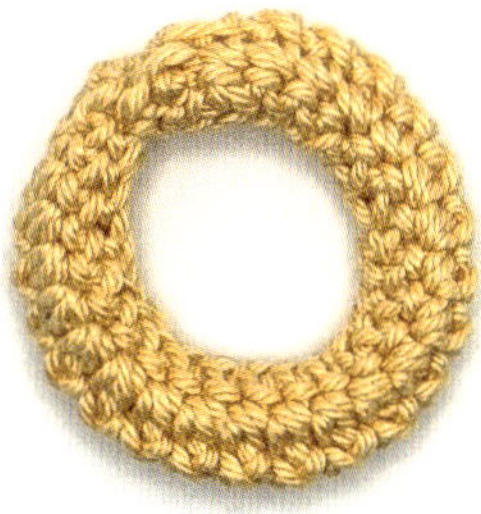

Kükenkopf (in Honig)

Häkle in Spiral-Rd. Den Kopf fortlaufend mit Füllwatte ausstopfen.

1. Rd: 6 fM in einen Fadenring häkeln. [6]
2. Rd: 6 x 1 M zun. [12]
3.–6. Rd: 12 fM häkeln.
7. Rd: 6 x 1 M abn. [6]

Faden abschneiden, durch alle vorderen M-Glieder fädeln, festzuziehen und den Faden lang hängen lassen.

Gesicht fertigstellen

Die Augen mit schwarzem Filetgarn über Rd 5 mit 1 fM Höhe und 3 fM Abstand dazwischen aufsticken, dazu ca. 5 x einstechen. Den Schnabel in Aprikose unter den Augen über 1 fM breit aufsticken, dazu ca. 8 x einstechen. Den Kopf auf dem Ring festnähen und ihn anschließend um die Hütte des Krokodils legen (Bild 9–12).

9

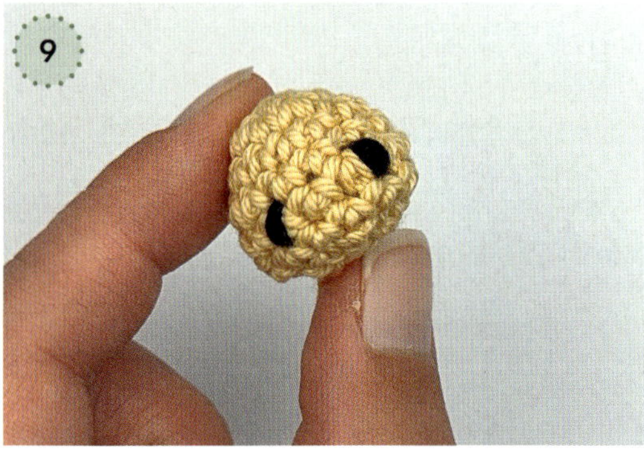

10

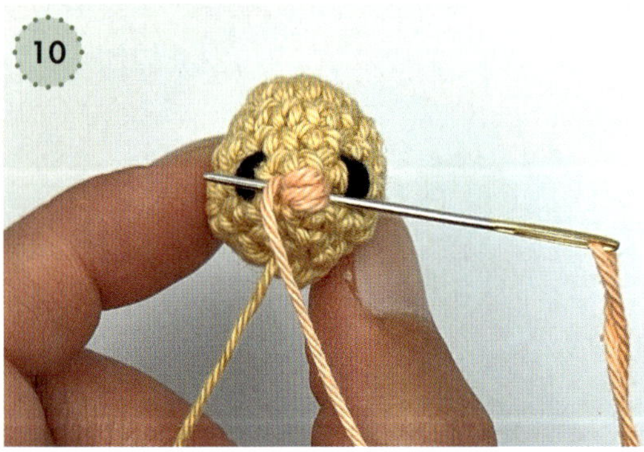

11

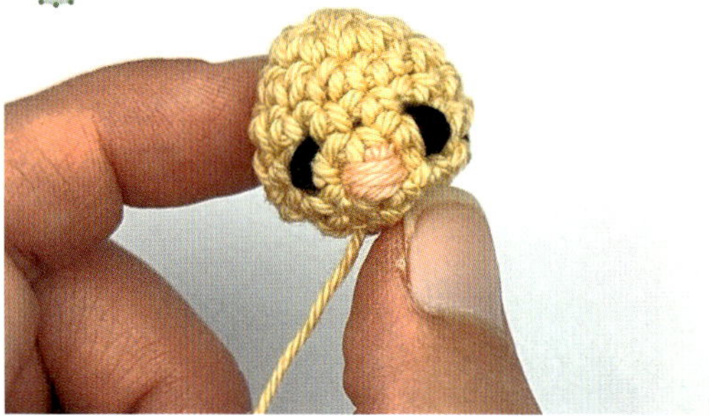

12

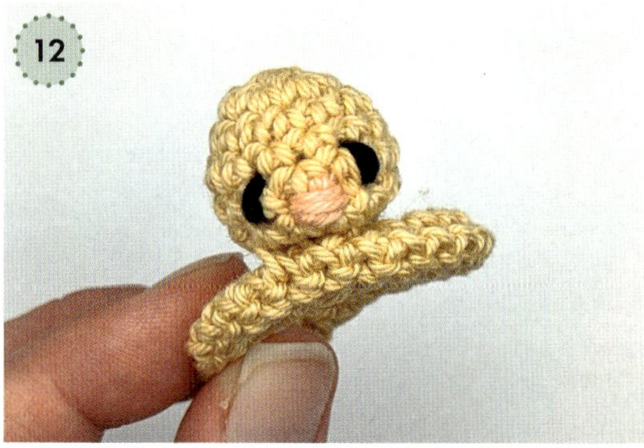

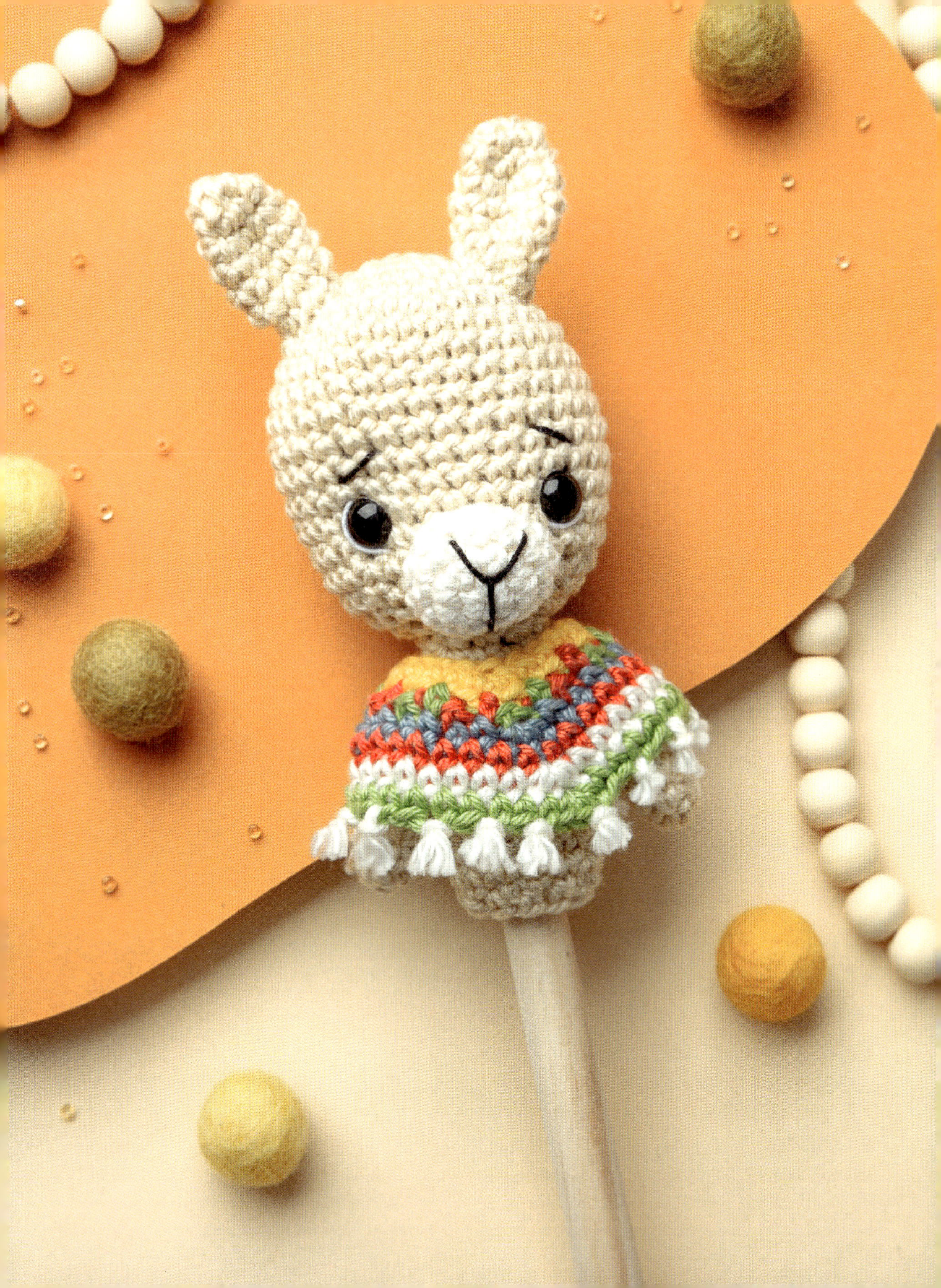

Lasse, das pfiffige

Lama

★★★

Größe: 11 cm

Material

- Schachenmayr Catania (100 % Baumwolle, LL 125 m/50 g) in
  - Sand (Fb 404), 14 g
  - Crème (Fb 130), 7 g
  - Kirsche (Fb 424), ein Rest
  - Apfel (Fb 205), ein Rest
  - Denim (Fb 421), ein Rest
  - Sonne (Fb 208), ein Rest
- 2 Sicherheitsaugen Ø 7 mm
- Häkelnadel 2,5mm
- Filetgarn in Schwarz und Weiß
- Füllwatte
- Stopfnadel zum Vernähen
- Stecknadeln zum Fixieren
- Maschenmarkierer

Kopf (in Sand)

Häkle in Spiral-Rd. Den Kopf fortlaufend mit Füllwatte ausstopfen.

1. Rd: 6 fM in einen Fadenring häkeln. [6]
2. Rd: 6 x 1 M zun. [12]
3. Rd: *1 fM, 1 M zun*, von * bis * noch 5 x wdh. [18]
4. Rd: *2 fM, 1 M zun*, von * bis * noch 5 x wdh. [24]
5. Rd: *3 fM, 1 M zun*, von * bis * noch 5 x wdh. [30]
6.–15. Rd: 30 fM häkeln.
16. Rd: *3 fM, 1 M abn*, von * bis * noch 5 x wdh. [24]
Die Augen zwischen Rd 13 und 14 mit 6 fM Abstand befestigen.
17. Rd: *2 fM, 1 M abn*, von * bis * noch 5 x wdh. [18]
18. Rd: *1 fM, 1 M abn*, von * bis * noch 5 x wdh. [12]
19. Rd: 12 fM ihM häkeln.
20. Rd: 6 x 1 M abn. [6]
Faden abschneiden, durch alle vorderen M-Glieder fädeln, festzuziehen und vernähen.

Schnauze (in Crème)

Häkle in Spiral-Rd. Die Schnauze fortlaufend mit Füllwatte ausstopfen.
1. Rd: 6 fM in einen Fadenring häkeln. [6]
2. Rd: 6 x M zun. [12]
3.–4. Rd: 12 fM häkeln.
Abketten, den Faden lang abschneiden und die Schnauze zwischen den Augen festnähen.

Ohren (2x in Sand)

Häkle in Spiral-Rd. Die Ohren nicht mit Füllwatte ausstopfen.
1. Rd: 6 fM in einen Fadenring häkeln. [6]
2. Rd: 6 fM häkeln.
3. Rd: *1 fM, 1 M zun*, von * bis * noch 2 x wdh. [9]
4.–6. Rd: 9 fM häkeln.
Abketten und den Faden lang abschneiden. Das Ohr falten und die gegenüberliegenden Kanten mit ein paar Stichen zusammennähen. Die Ohren über Rd 4–5 auf dem Kopf festnähen.

Gesicht fertigstellen

Das Augenweiß mit weißem Filetgarn direkt neben den Augen aufsticken. Die Nase mit schwarzem Filetgarn über Rd 2–3 der Schnauze in Form eines Dreiecks aufsticken. Die Breite beträgt dabei oben 3 fM. Anschließend unter der Nase noch 4 fM nach unten sticken, um die Schnauze fertigzustellen. Die Augenbrauen ebenso in Schwarz 1 Rd über den Augen über 1 Rd hoch und 2 fM breit sticken.

Fingerhut/Körper (in Sand)

Hinweis: Eine bebilderte Anleitung zum Anhäkeln des Körpers findest du auf Seite 28 (Dino).
Häkle in Spiral-Rd. Den Körper nicht mit Füllwatte ausstopfen.
Den Faden mittig am Hinterkopf ivM der Rd 19 des Kopfs aufnehmen. Stich dazu von oben nach unten ein, die Ohren zeigen zu dir hin. Anschließend wie folgt weiterhäkeln:
1. Rd: 12 fM häkeln. [12]
2. Rd: *1 fM, 1 M zun*, von * bis * noch 5 x wdh. [18]
3.–11. Rd: 18 fM häkeln.
12. Rd: *1 fM, 1 M abn*, von * bis * noch 5 x wdh. [12]
Abketten, den Faden abschneiden und vernähen.

Arme (2x in Sand)

Häkle in Spiral-Rd. Die Arme nicht mit Füllwatte ausstopfen.
1. Rd: 6 fM in einen Fadenring häkeln. [6]
2. Rd: *2 fM, 1 M zun*, von * bis * noch 1 x wdh. [8]
3. Rd: 8 fM häkeln.
4. Rd: *2 fM, 1 M abn*, von * bis * noch 1 x wdh. [6]
5.–7. Rd: 6 fM häkeln.
Das Ende falten und mit 3 fM zusammenhäkeln, den Faden lang abschneiden und die Arme 2 Rd unter dem Kopf seitlich am Körper festnähen.

Poncho (in Sonne, Apfel, Kirsche, Denim und Crème)

Häkle in Spiral-Rd. Beginne in Sonne.
22 Lm anschlagen, in die 1. Lm einstechen, um die Lm-Kette so zu einem Ring zu schließen (Bild 1).

1

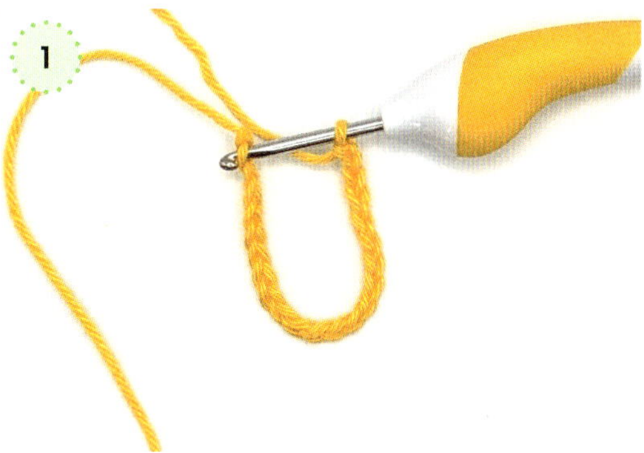

Wie folgt weiterhäkeln:
1. Rd: *10 fM, 3 fM in 1 M*, von * bis * noch 1 x wdh. [26]
2. Rd: *2 fM in Apfel, 2 fM in Kirsche *, von * bis * noch 5 x wdh, 2 fM. [26] (Bild 2)

2

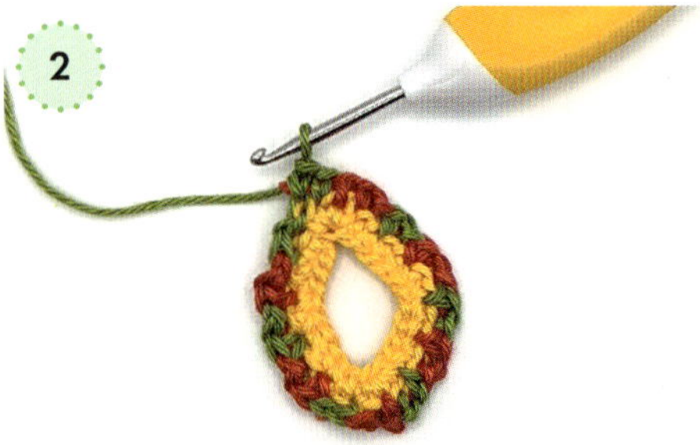

Fb-Wechsel zu Denim.
3. Rd: *12 fM, 3 fM in 1 M*, von * bis * noch 1 x wdh. [30]
Fb-Wechsel zu Kirsche.
4. Rd: 30 fM häkeln.
Fb-Wechsel zu Crème.
5. Rd: *14 fM, 3 fM in 1 M *, von * bis * noch 1 x wdh. [34]
Fb-Wechsel zu Apfel.
6. Rd: *16 fM, 3 fM in 1 M *, von * bis * noch 1 x wdh. [38] (Bild 3–5)

3

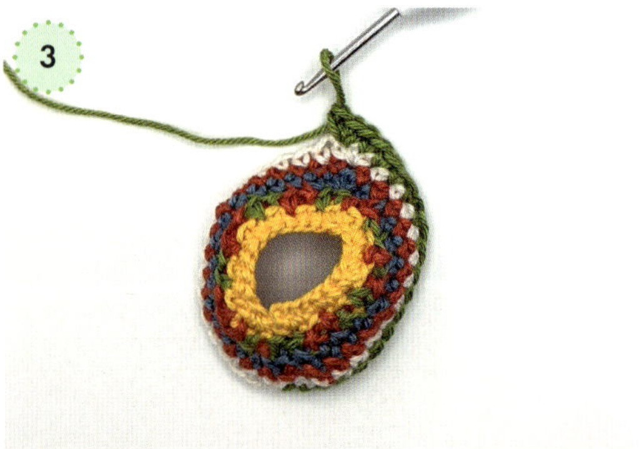

4

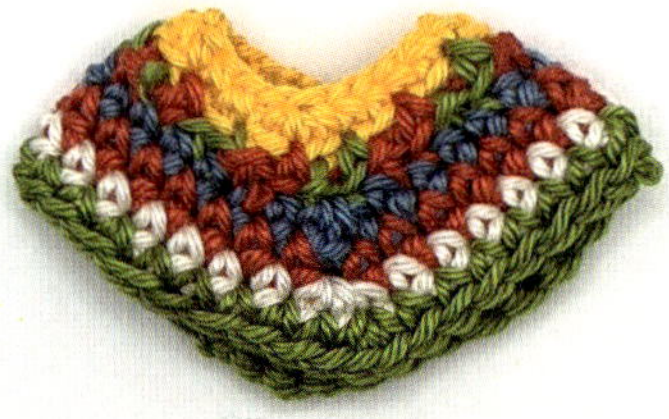

5

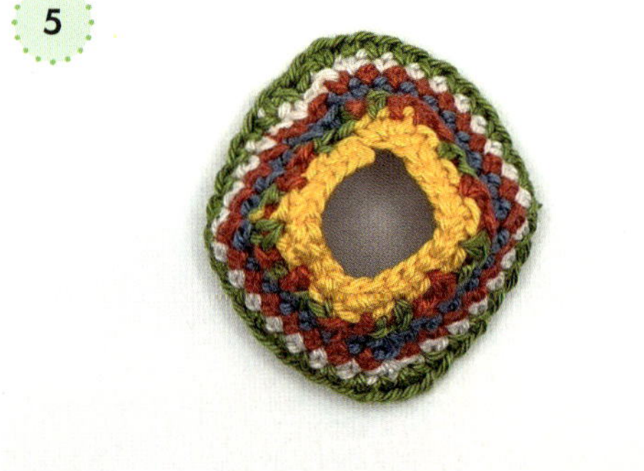

Abketten, den Faden abschneiden und vernähen. Anschließend ein paar Fransen in Crème anknüpfen und zurechtschneiden (Bild 6–9). Den Poncho von unten über den Körper ziehen.

6

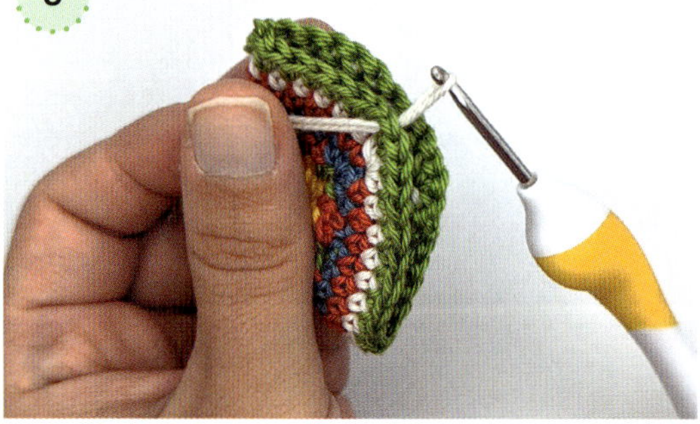

7

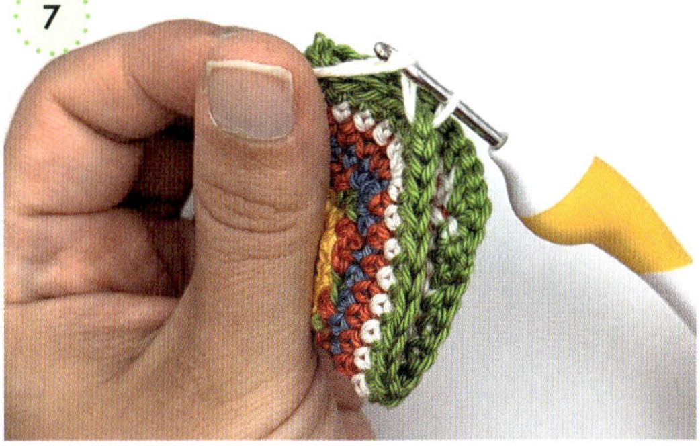

8

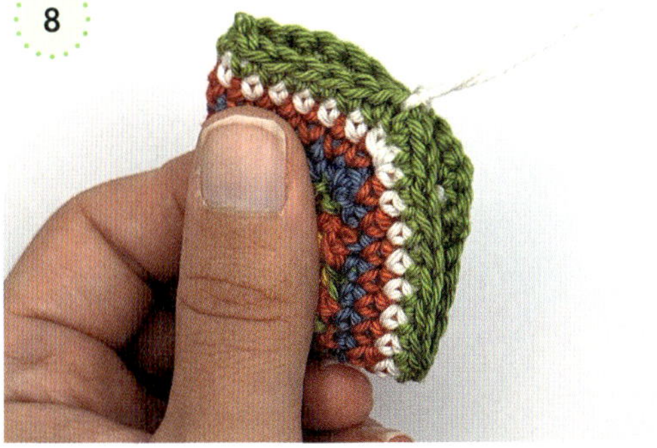

9

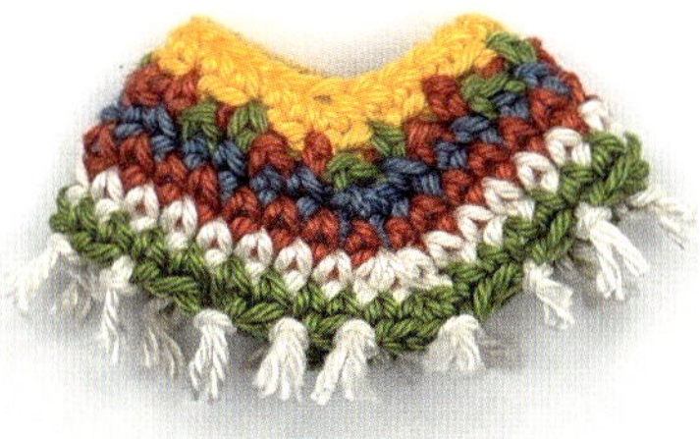

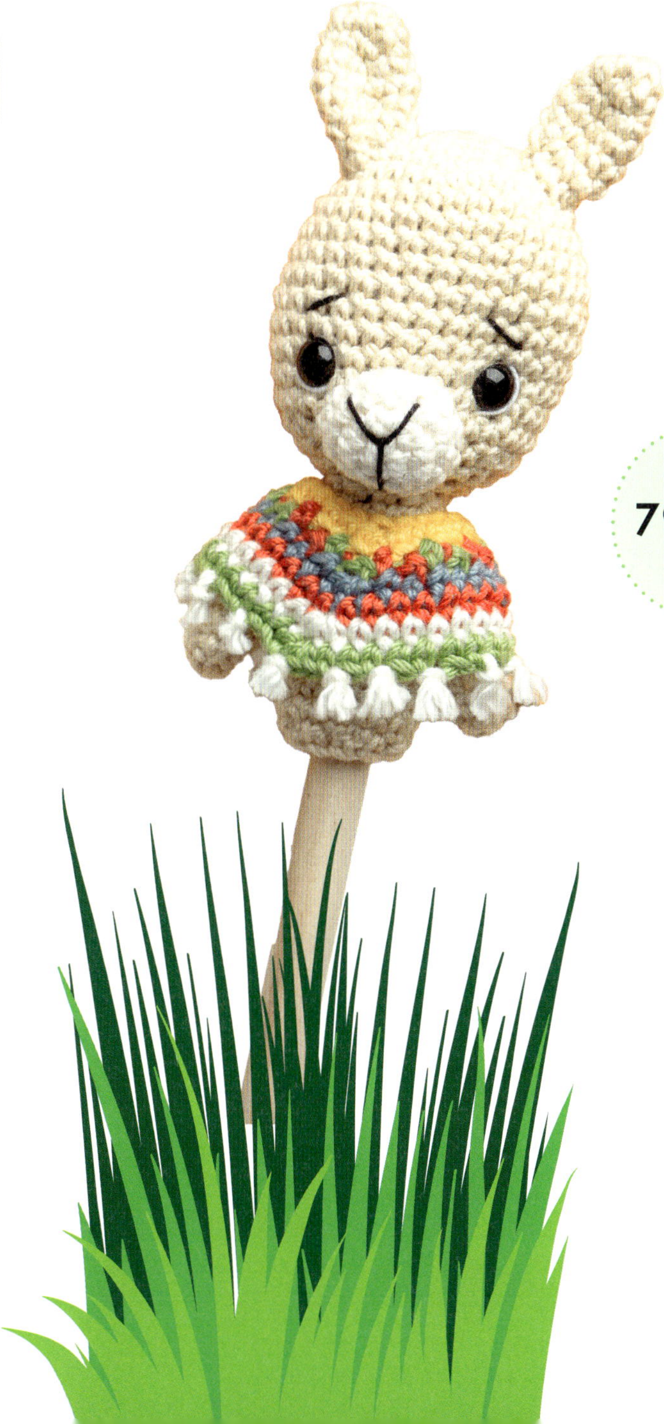

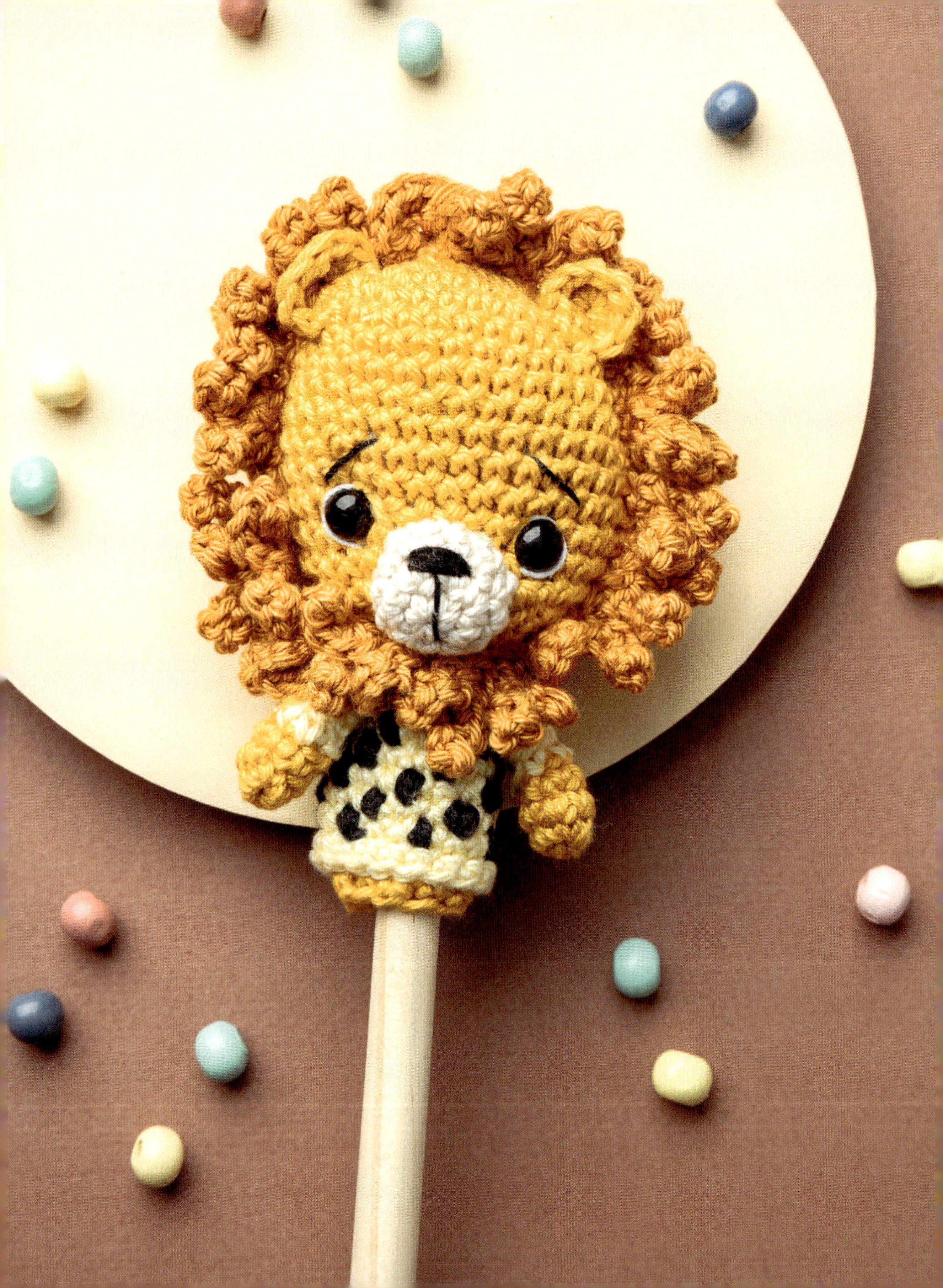

Lino, der wilde

Löwe

★★★

Größe: 11 cm

Material

- Scheepjes Catona (100 % Baumwolle, LL 125 m/50 g) in
  - Ginger Gold (Fb 383), 18 g
  - Saffron (Fb 249), 15 g
  - English Tea (Fb 404), 3 g
  - Jet Black (Fb 110), ein Rest
  - Lemonade (Fb 403), ein Rest
- 2 Sicherheitsaugen Ø 7 mm
- Häkelnadel 2,5 mm
- Filetgarn in Schwarz und Weiß
- Füllwatte
- Stopfnadel zum Vernähen
- Stecknadeln zum Fixieren
- Maschenmarkierer

Kopf (in Saffron)

Häkle in Spiral-Rd. Den Kopf fortlaufend mit Füllwatte ausstopfen.

1. Rd: 6 fM in einen Fadenring häkeln. [6]
2. Rd: 6 x 1 M zun. [12]
3. Rd: *1 fM, 1 M zun*, von * bis * noch 5 x wdh. [18]
4. Rd: *2 fM, 1 M zun*, von * bis * noch 5 x wdh. [24]
5. Rd: *3 fM, 1 M zun*, von * bis * noch 5 x wdh. [30]
6.–15. Rd: 30 fM häkeln.
16. Rd: *3 fM, 1 M abn*, von * bis * noch 5 x wdh. [24]
Die Augen zwischen Rd 13 und 14 mit 6 fM Abstand befestigen.
17. Rd: *2 fM, 1 M abn*, von * bis * noch 5 x wdh. [18]
18. Rd: *1 fM, 1 M abn*, von * bis * noch 5 x wdh. [12]
19. Rd: 12 fM ihM häkeln.
20. Rd: 6 x 1 M abn. [6]
Faden abschneiden, durch alle vorderen M-Glieder fädeln, festzuziehen und vernähen.

Schnauze (in English Tea)

Häkle in Spiral-Rd. Die Schnauze nur leicht mit Füllwatte ausstopfen.

1. Rd: 6 fM in einen Fadenring häkeln. [6]
2. Rd: 6 x 1 M zun. [12]

3.–4. Rd: 12 fM häkeln.
Den Faden lang abschneiden und die Schnauze zwischen den Augen festnähen.

Ohren (2x in Saffron)

Häkle in Spiral-Rd.
1. Rd: 8 fM in einen Fadenring häkeln. [8]
2. Rd: 8 fM häkeln.
Eine Km in die erste M häkeln, den Faden lang abschneiden und die Ohren über Rd 5–6 des Kopfs ca. 6 Rd oberhalb der Augen festnähen.

Gesicht fertigstellen

Das Augenweiß mit weißem Filetgarn direkt neben den Augen aufsticken. Die Augenbrauen mit schwarzem Filetgarn direkt über den Augen über 2 Rd hoch und 2 fM breit sticken. Die Nase mit schwarzem Filetgarn zwischen Rd 2 und 3 der Schnauze über 2 fM breit sticken, dazu ca. 8 x einstechen. Anschließend unter der Nase 3 fM nach unten sticken, um die Schnauze fertigzustellen (Bild 1–6).

1

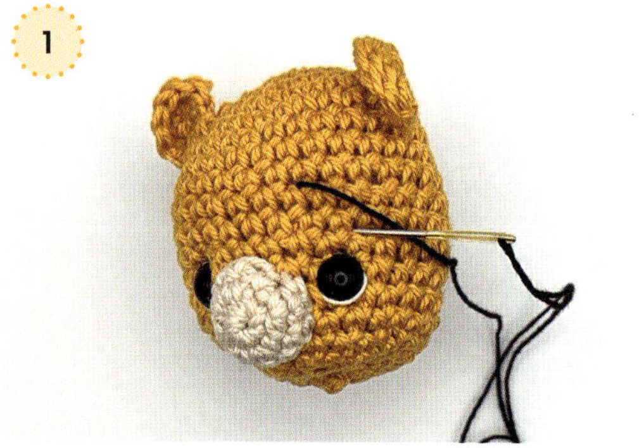

2

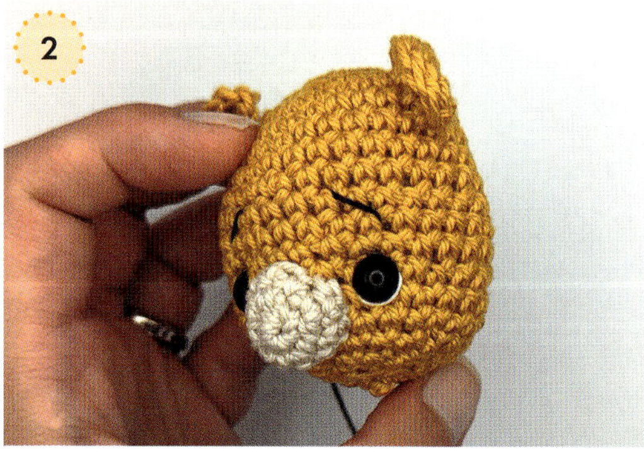

3

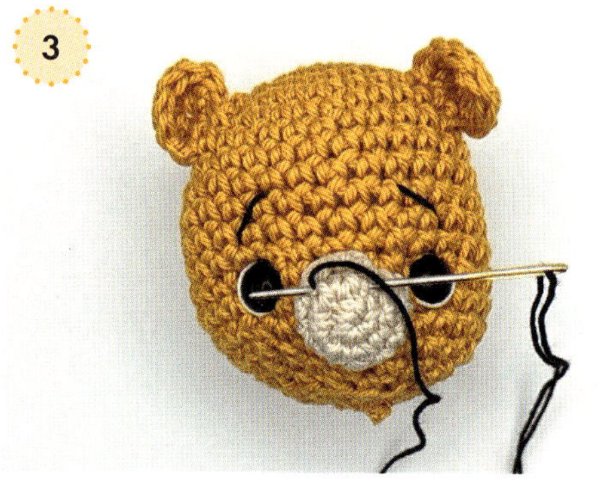

4

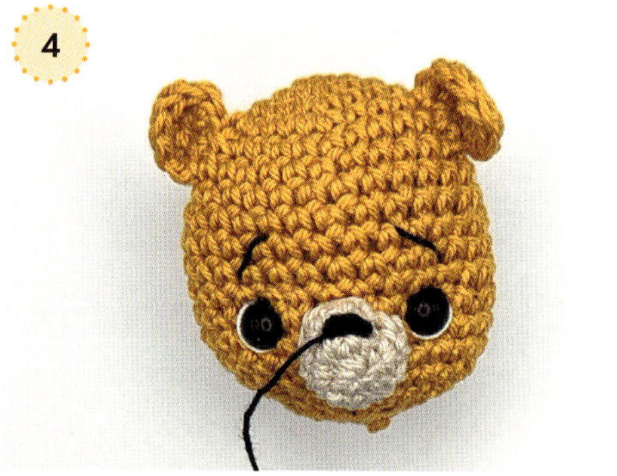

5

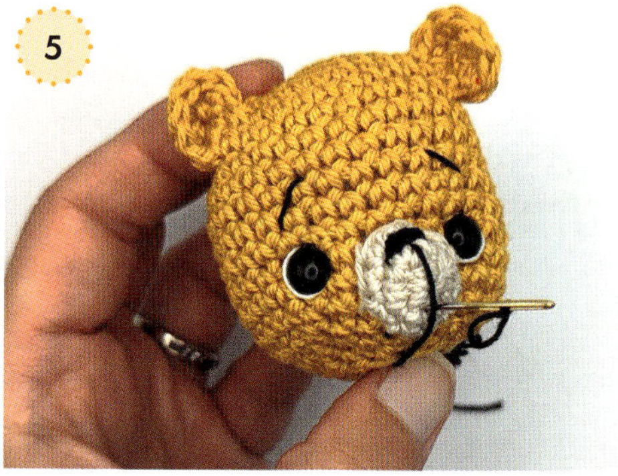

6

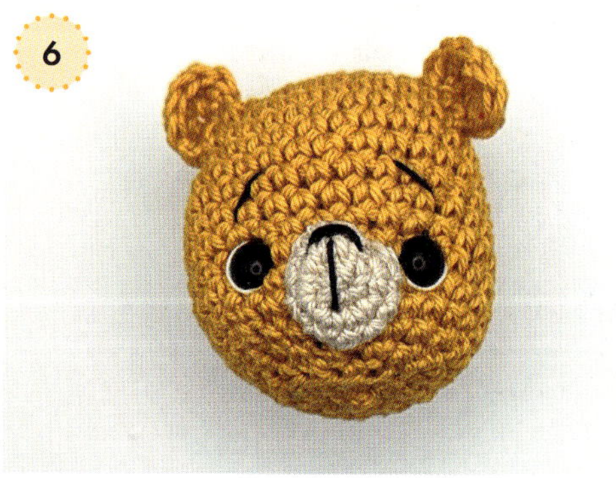

Fingerhut/Körper (in Saffron, Lemonade und Jet Black)

Hinweis: Eine bebilderte Anleitung zum Anhäkeln des Körpers findest du auf Seite 28 (Dino).
Häkle in Spiral-Rd. Den Körper nicht mit Füllwatte ausstopfen. Beginne in Saffron.
Den Faden mittig am Hinterkopf ivM der Rd 19 des Kopfs aufnehmen. Stich dazu von oben nach unten ein, die Ohren zeigen zu dir hin. Anschließend wie folgt weiterhäkeln:
1. Rd: 12 fM häkeln. [12]
Fb-Wechsel zu Lemonade.
2. Rd: *1 fM, 1 M zun*, von * bis * noch 5 x wdh. [18]
3.–8. Rd: 18 fM häkeln.
Fb-Wechsel zu Saffron.
9. Rd: 18 fM ihM häkeln.
10. Rd: 18 fM häkeln.
11. Rd: *1 fM, 1 M abn*, von * bis * noch 5 x wdh. [12]
Abketten, den Faden abschneiden und vernähen. Danach ihM der Rd 9 des Körpers den Faden in Lemonade aufnehmen, von oben nach unten einstechen und 18 fM rundherum häkeln. Den Faden abschneiden und vernähen. Die Flecken auf dem Pullover in Jet Black über je 1 fM aufsticken. Stich pro Fleck ca. 6 x ein und nutze dazu den Rückstich. Der Abstand zwischen den einzelnen Flecken beträgt 2 fM.

Arme (2x in Saffron und Lemonade)

Häkle in Spiral-Rd. Die Arme nicht mit Füllwatte ausstopfen. Beginne in Saffron.
1. Rd: 8 fM in einen Fadenring häkeln. [8]
2.–3. Rd: 8 fM häkeln.
Fb-Wechsel zu Lemonade.
4. Rd: 8 fM häkeln.
5. Rd: *2 fM, 1 M abn*, von * bis * noch 1 x wdh. [6]
6.–7. Rd: 6 fM häkeln.
Das Ende falten und mit 3 fM zusammenhäkeln. Den Faden lang abschneiden und die Arme seitlich am Körper festnähen.

Mähne (in Ginger Gold)

50 Lm anschlagen, in die 1. Lm einstechen und so die Lm-Kette zu einem Ring schließen. Anschließend wie folgt weiterhäkeln:
1. Rd: *1 fM, 4 Lm, in die 2. Lm von der Nd aus einstechen und 3 x 1 M zun entlang der LM-Kette, 1 Km in die nächste Lm*, von * bis * noch 49 x wdh. (Bild 7–9)
Abketten, den Faden lang abschneiden und die Mähne um den Kopf herum festnähen.

7
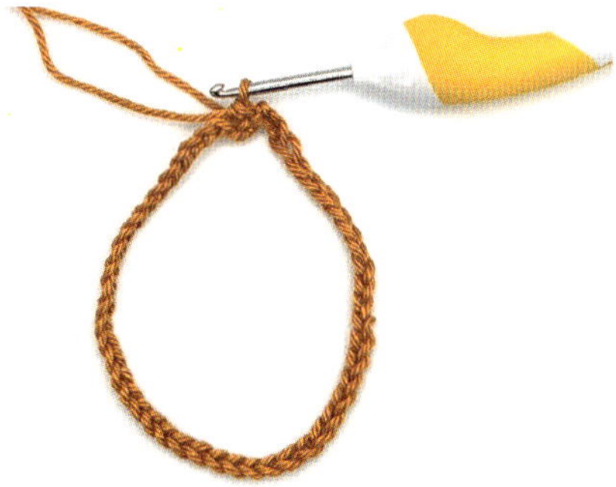

8
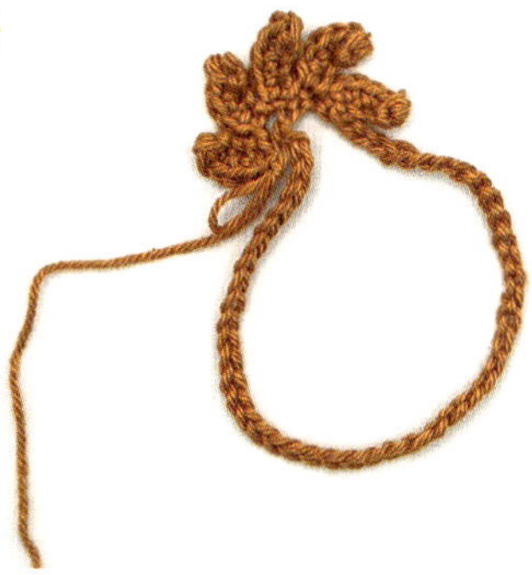

9
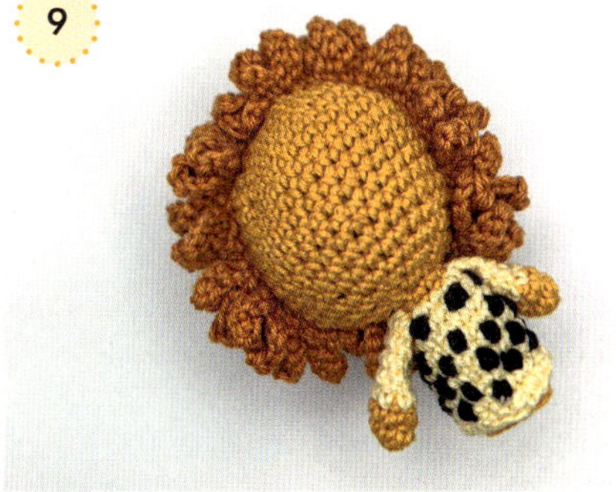

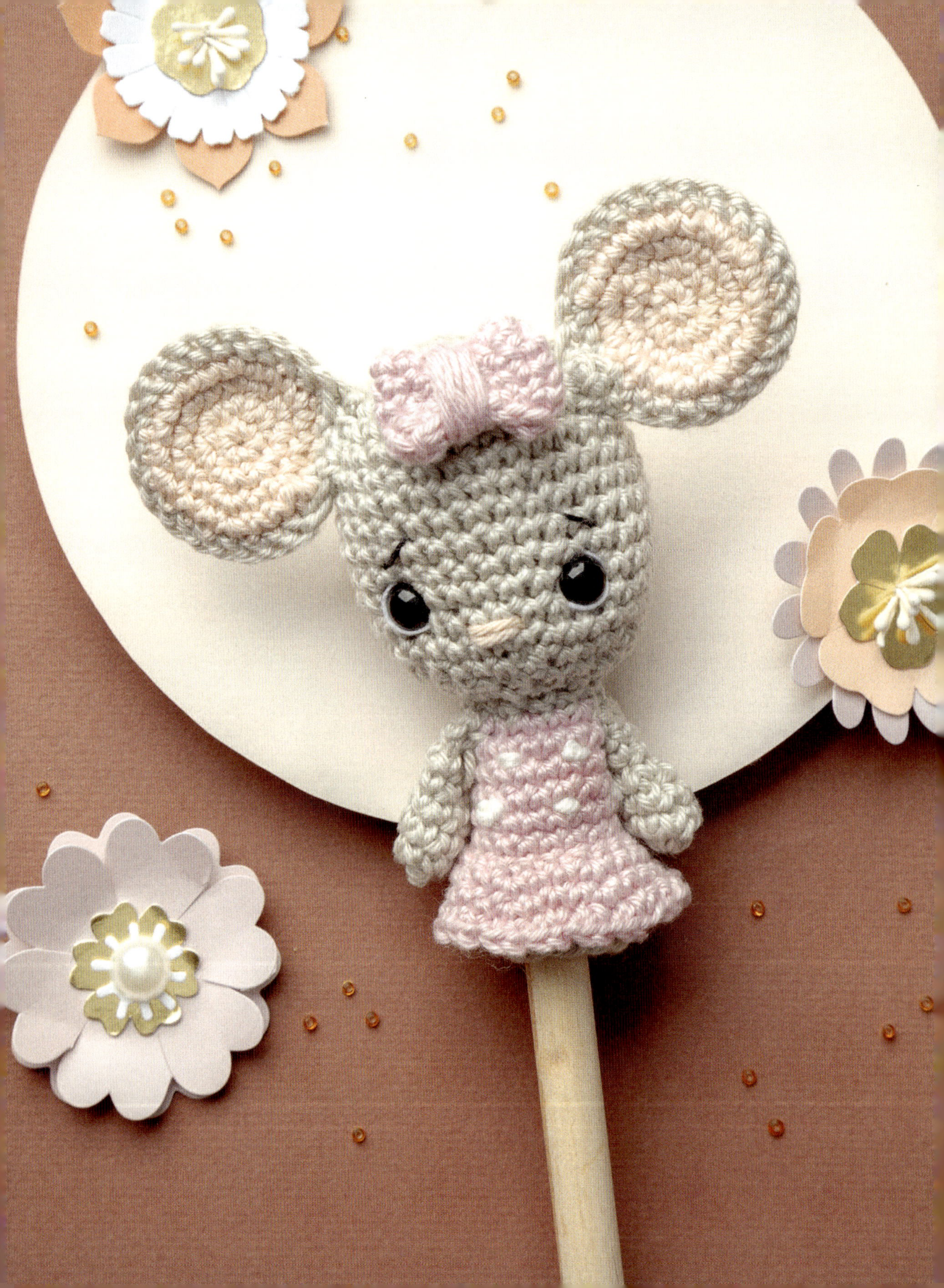

Maja, die herzige Maus

★☆☆

Größe: 11 cm

Material

- Schachenmayr Catania (100% Baumwolle, LL 125 m/50 g) in
  - Leinen (Fb 248), 10 g
  - Rosa (Fb 246), 5 g
  - Rosé Gold (Fb 433), ein Rest
- 2 Sicherheitsaugen Ø 7 mm
- Häkelnadel 2,5 mm
- Filetgarn in Schwarz und Weiß
- Restgarn in Weiß
- Füllwatte
- Stopfnadel zum Vernähen
- Stecknadeln zum Fixieren
- Maschenmarkierer

Kopf (in Leinen)

Häkle in Spiral-Rd. Den Kopf fortlaufend mit Füllwatte ausstopfen.
1. Rd: 6 fM in einen Fadenring häkeln. [6]
2. Rd: 6 x 1 M zun. [12]
3. Rd: *1 fM, 1 M zun*, von * bis * noch 5 x wdh. [18]
4. Rd: *2 fM, 1 M zun*, von * bis * noch 5 x wdh. [24]
5. Rd: *3 fM, 1 M zun*, von * bis * noch 5 x wdh. [30]
6.–15. Rd: 30 fM häkeln.
16. Rd: *3 fM, 1 M abn*, von * bis * noch 5 x wdh. [24]
Die Augen zwischen Rd 13 und 14 mit 6 fM Abstand befestigen.
17. Rd: *2 fM, 1 M abn*, von * bis * noch 5 x wdh. [18]
18. Rd: *1 fM, 1 M abn*, von * bis * noch 5 x wdh. [12]
19. Rd: 12 fM ihM häkeln.
20. Rd: 6 x 1 M abn. [6]
Faden abschneiden, durch alle vorderen M-Glieder fädeln, festzuziehen und vernähen.

Ohren (2x in Rosé Gold und Leinen)

Häkle in Spiral-Rd. Beginne in Rosé Gold.
1. Rd: 6 fM in einen Fadenring häkeln. [6]
2. Rd: 6 x 1 M zun. [12]

3. Rd: *1 fM, 1 M zun*, von * bis * noch 5 x wdh. [18]
4. Rd: *2 fM, 1 M zun*, von * bis * noch 5 x wdh. [24]
Den Faden abschneiden und vernähen. Ein zweites Ohr in Leinen häkeln, jedoch nicht abketten. Beide Teile mit der Rückseite aufeinanderlegen, durch beide Schichten stechen und mit 24 fM zusammenhäkeln. Das Ohr falten und die gegenüberliegenden Kanten mit ein paar Stichen zusammennähen (Bild 1–2). Den Faden lang abschneiden und die Ohren zwischen Rd 6 und 7 am Kopf festnähen.

1

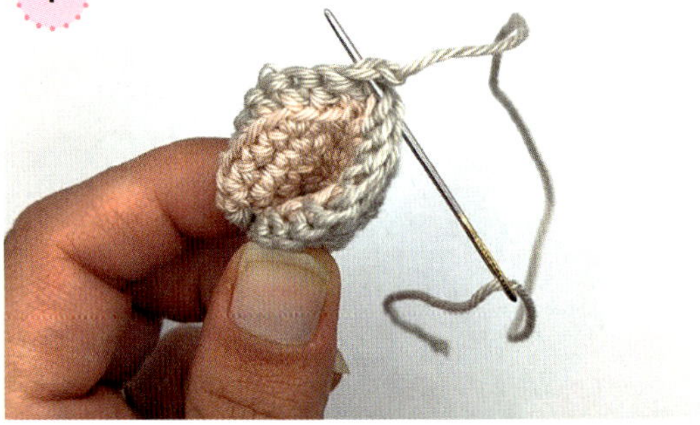

2

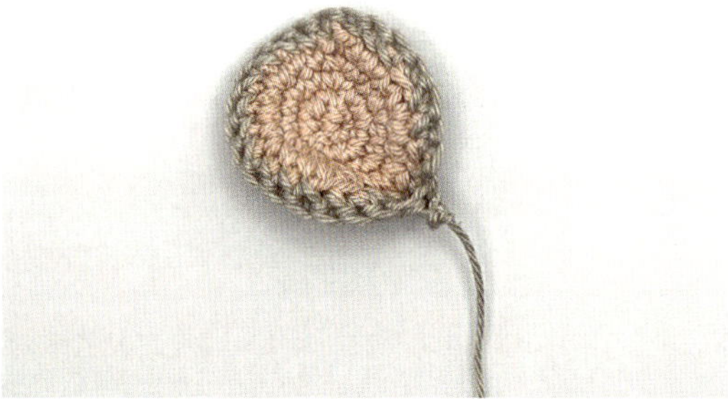

Gesicht fertigstellen

Das Augenweiß mit weißem Filetgarn direkt neben den Augen aufsticken. Die Augenbrauen mit schwarzem Filetgarn 1 Rd über den Augen über 2 fM breit und 1 Rd hoch sticken. Die Nase in Rosé Gold zwischen Rd 14 und 15 über 2 fM breit aufsticken, dazu ca. 3 x einstechen.

Fingerhut/Körper (in Leinen und Rosa)

Hinweis: Eine bebilderte Anleitung zum Anhäkeln des Körpers findest du auf Seite 28 (Dino).
Häkle in Spiral-Rd. Den Körper nicht mit Füllwatte ausstopfen. Beginne in Leinen.
Den Faden mittig am Hinterkopf ivM der Rd 19 des Kopfs aufnehmen. Stich dazu von oben nach unten ein, die Ohren zeigen zu dir hin. Anschließend wie folgt weiterhäkeln:
1. Rd: 12 fM häkeln. [12]
Fb-Wechsel zu Rosa.
2. Rd: *1 fM, 1 M zun*, von * bis * noch 5 x wdh. [18]
3.–7. Rd: 18 fM häkeln.
8. Rd: 18 fM ihM häkeln.
Fb-Wechsel zu Leinen.
9.–10. Rd: 18 fM häkeln.
11. Rd: *1 fM, 1 M abn*, von * bis * noch 5 x wdh. [12]
Abketten, den Faden abschneiden und vernähen.

Kleid fertigstellen (in Rosa)

Den Faden ihM der Rd 8 des Körpers aufnehmen, von oben nach unten einstechen. Die Ohren zeigen dabei zu dir hin. Anschließend wie folgt weiterhäkeln:
1. Rd: 18 fM häkeln. [18]
2. Rd: *2 fM, 1 M zun*, von * bis * noch 5 x wdh. [24]
3. Rd: *3 fM, 1 M zun*, von * bis * noch 5 x wdh. [30]
4. Rd: *1 fM, 1 Lm, 1 Km*, von * bis * noch 15 x wdh. [30]
Den Faden abschneiden und vernähen (Bild 3–6).

3

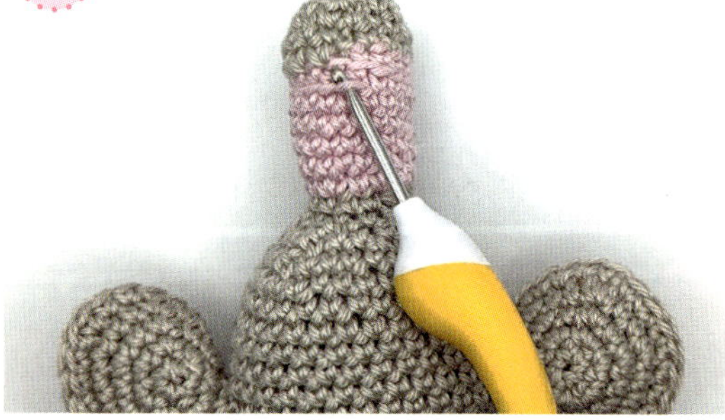

4

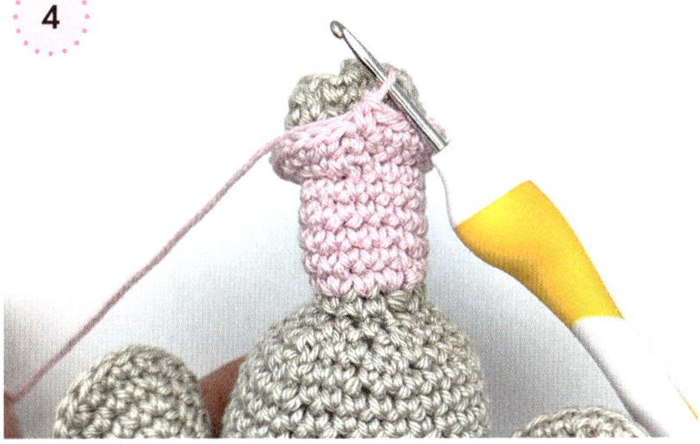

5

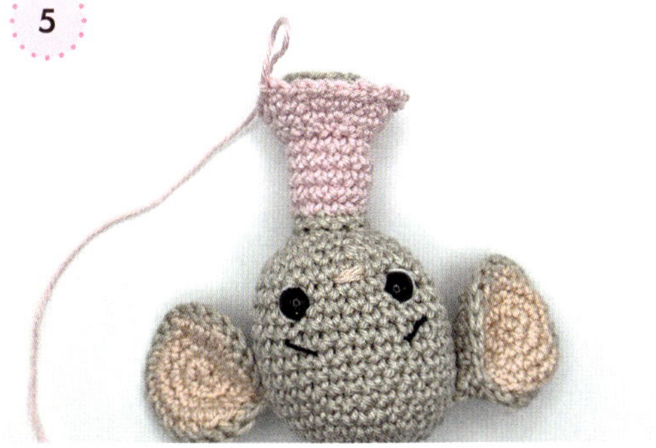

6

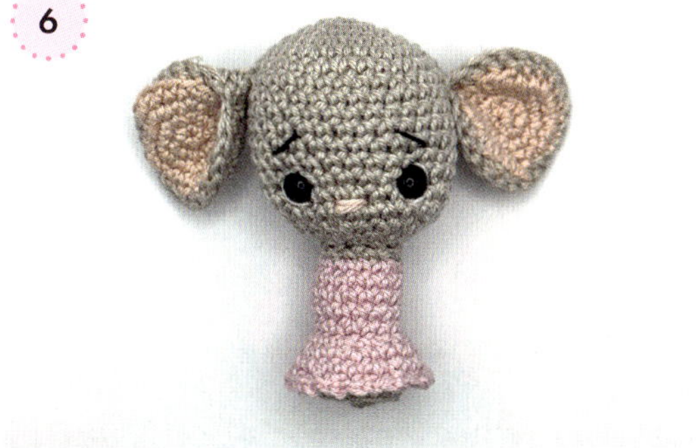

Die Punkte in Weiß mithilfe des Knötchenstichs auf dem Oberteil aufsticken.

Arme (2x in Leinen)

Häkle in Spiral-Rd. Die Arme nicht mit Füllwatte ausstopfen.
1. Rd: 8 fM in einen Fadenring häkeln. [8]
2.–3. Rd: 8 fM häkeln.
4. Rd: *2 fM, 1 M abn*, von * bis * noch 1 x wdh. [6]
5.–6. Rd: 6 fM häkeln.
Das Ende falten und mit 3 fM zusammenhäkeln. Den Faden lang abschneiden und die Arme 1 Rd unter dem Kopf seitlich am Körper festnähen.

Schleife (in Rosa)

Häkle in Spiral-Rd. Schlage 12 Lm an, stich in die erste Lm ein und schließe die Lm-Kette so zu einem Ring. Anschließend wie folgt weiterhäkeln:
1.–4. Rd: 12 fM häkeln.
Abketten, den Faden lang abschneiden und anschließend zur Mitte des Häkelstücks fädeln. Den Faden mehrmals um die Mitte wickeln und mit ein paar Stichen fixieren (Bild 7–8). Die Schleife auf dem Kopf festnähen.

7

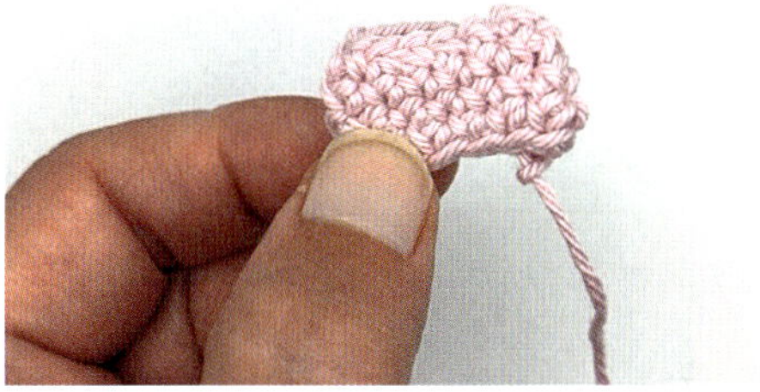

8

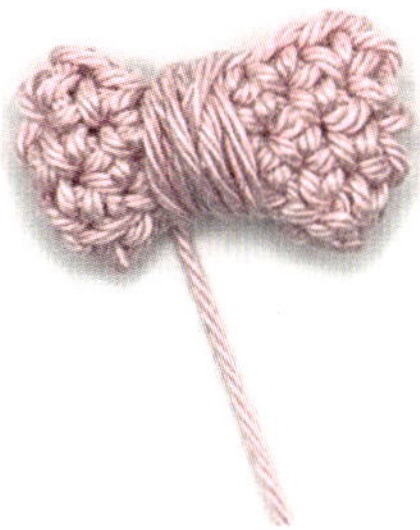

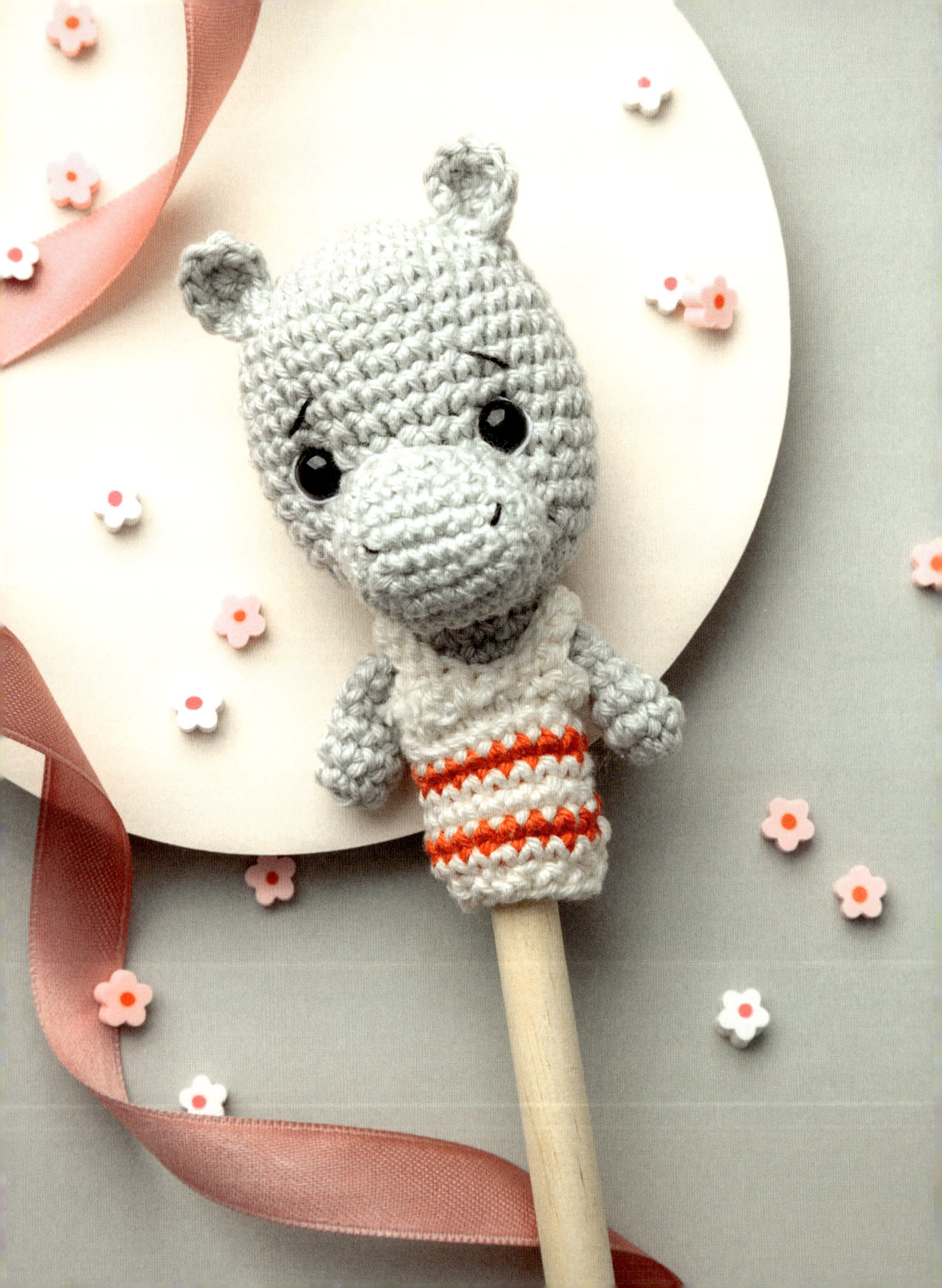

Nino, das gütige

Nilpferd

Größe: 11 cm

Material

- Scheepjes Catona (100% Baumwolle, LL 125 m/50 g) in
  - Light Silver (Fb 172), 14 g
  - Poppy Rose (Fb 390), 5 g
  - Old Lace (Fb 13), 5 g
- 2 Sicherheitsaugen Ø 7 mm
- Häkelnadel 2,5 mm
- Filetgarn in Schwarz und Weiß
- Füllwatte
- Stopfnadel zum Vernähen
- Stecknadeln zum Fixieren
- Maschenmarkierer

Kopf (in Light Silver)

Häkle in Spiral-Rd. Den Kopf fortlaufend mit Füllwatte ausstopfen.

1. Rd: 6 fM in einen Fadenring häkeln. [6]
2. Rd: 6 x 1 M zun. [12]
3. Rd: *1 fM, 1 M zun*, von * bis * noch 5 x wdh. [18]
4. Rd: *2 fM, 1 M zun*, von * bis * noch 5 x wdh. [24]
5. Rd: *3 fM, 1 M zun*, von * bis * noch 5 x wdh. [30]
6.–15. Rd: 30 fM häkeln.
16. Rd: *3 fM, 1 M abn*, von * bis * noch 5 x wdh. [24]
Die Augen zwischen Rd 12 und 13 mit 6 fM Abstand befestigen.
17. Rd: *2 fM, 1 M abn*, von * bis * noch 5 x wdh. [18]
18. Rd: *1 fM, 1 M abn*, von * bis * noch 5 x wdh. [12]
19. Rd: 12 fM ihM häkeln.
20. Rd: 6 x 1 M abn. [6]
Faden abschneiden, durch alle vorderen M-Glieder fädeln, festzuziehen und vernähen.

Schnauze (in Light Silver)

Häkle in Spiral-Rd. Die Schnauze fortlaufend mit Füllwatte ausstopfen.

7 Lm anschlagen, in die 2. Lm von der Nd aus einstechen und wie folgt um die Lm-Kette herumhäkeln:
1. Rd: 5 fM, 3 fM in 1 M, 4 fM, 1 M zun. [14]
2. Rd: *1 M zun, 6 fM*, von * bis * noch 1 x wdh. [16]
3. Rd: *1 M zun, 7 fM*, von * bis * noch 1 x wdh. [18]
4.–5. Rd: 18 fM häkeln.
Abketten, den Faden lang abschneiden und die Schnauze zwischen den Augen festnähen. (Bild 1).

1

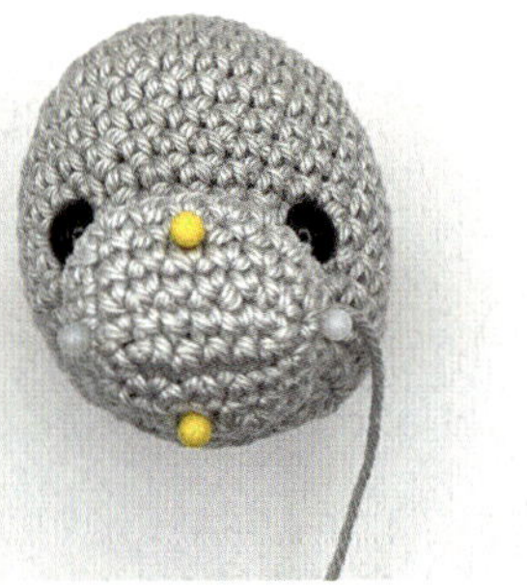

Ohren (2x in Light Silver) Häkle in Spiral-Rd.

1. Rd: 6 fM in einen Fadenring häkeln. [6]
2. Rd: *1 fM, 1 M zun*, von * bis * noch 2 x wdh. [9]
Den Faden lang abschneiden, das Ohr falten und die gegenüberliegenden Kanten mit zwei Stichen zusammennähen. Die Ohren zwischen Rd 4 und 5 am Kopf festnähen (Bild 2).

2

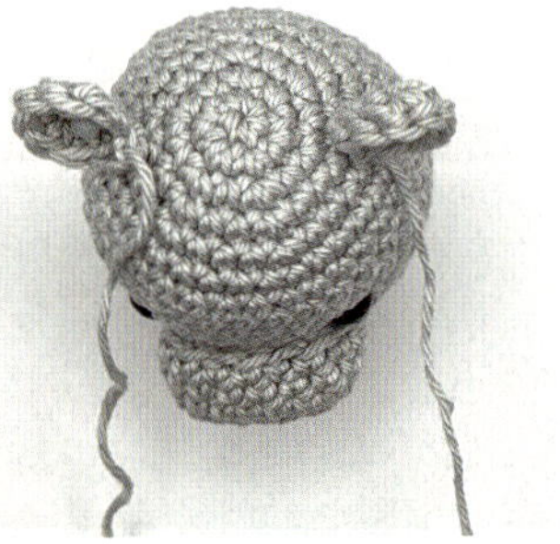

Gesicht fertigstellen

Das Augenweiß mit weißem Filetgarn direkt neben den Augen aufsticken. Die Augenbrauen mit schwarzem Filetgarn 1 Rd über den Augen über 2 fM breit und 1 Rd hoch sticken. Die Nasenlöcher ebenso in Schwarz über Rd 2 der Schnauze über 1 fM hoch und mit 4 fM Abstand dazwischen aufsticken.

Fingerhut/Körper (in Light Silver, Poppy Rose und Old Lace)

Hinweis: Eine bebilderte Anleitung zum Anhäkeln des Körpers findest du auf Seite 28 (Dino).
Häkle in Spiral-Rd. Den Körper nicht mit Füllwatte ausstopfen. Beginne in Light Silver.
Den Faden mittig am Hinterkopf ivM der Rd 19 des Kopfs aufnehmen. Stich dazu von oben nach unten ein, die Ohren zeigen zu dir hin. Anschließend wie folgt weiterhäkeln:
1. Rd: 12 fM häkeln. [12]
2. Rd: *1 fM, 1 M zun*, von * bis * noch 5 x wdh. [18]
3.–4. Rd: 18 fM häkeln.
Fb-Wechsel zu Old Lace.
5. Rd: 18 fM häkeln.
6. Rd: 18 fM ihM häkeln.
Fb-Wechsel zu Poppy Rose.
7. Rd: 18 fM häkeln.
Fb-Wechsel zu Old Lace.
8.–9. Rd: 18 fM häkeln.
Fb-Wechsel zu Poppy Rose.
10. Rd: 18 fM häkeln.
Fb-Wechsel zu Old Rose.
11. Rd: 18 fM häkeln.
12. Rd: *1 fM, 1 M abn*, von * bis * noch 5 x wdh. [12]
Abketten, den Faden abschneiden und vernähen.

Oberteil fertigstellen

Den Faden hinten mittig ivM der Rd 6 des Körpers in Old Lace aufnehmen. Dazu von oben nach unten einstechen (Bild 3). Anschließend 9 fM bis unterhalb des rechten

Teils der Schnauze häkeln (Bild 4), 10 Lm anschlagen, in die 2. Lm von der Nd aus einstechen und 9 fM entlang der Lm-Kette häkeln. Danach 2 fM in den Hosenbund und wieder 10 Lm anschlagen, 9 fM entlang der Lm-Kette und 7 fM entlang des Hosenbunds (Bild 5). Die Träger am Rücken festnähen.

3

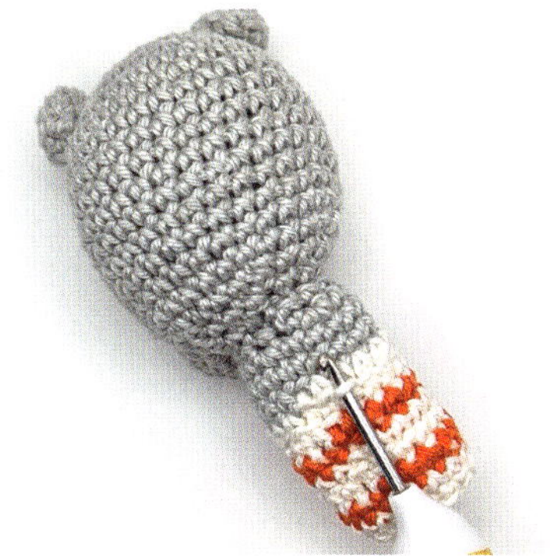

4

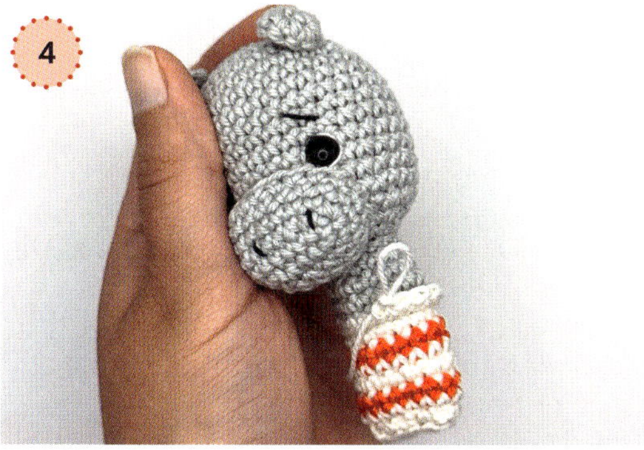

5

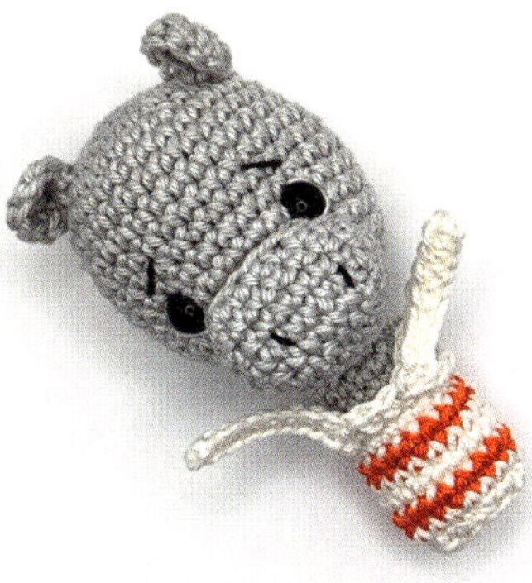

Arme (2x in Light Silver)

Häkle in Spiral-Rd. Die Arme nicht mit Füllwatte ausstopfen.

1. Rd: 8 fM in einen Fadenring häkeln. [8]
2.–3. Rd: 8 fM häkeln.
4. Rd: *2 fM, 1 M abn*, von * bis * noch 1 x wdh. [6]
5.–6. Rd: 6 fM häkeln.
Das Ende falten und mit 3 fM zusammenhäkeln. Den Faden lang abschneiden und die Arme 1 Rd unter dem Kopf seitlich am Körper festnähen.

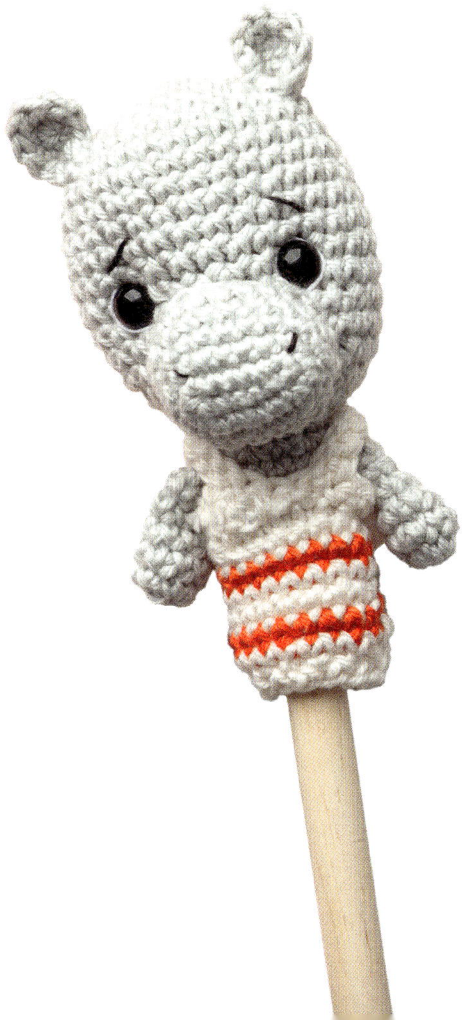

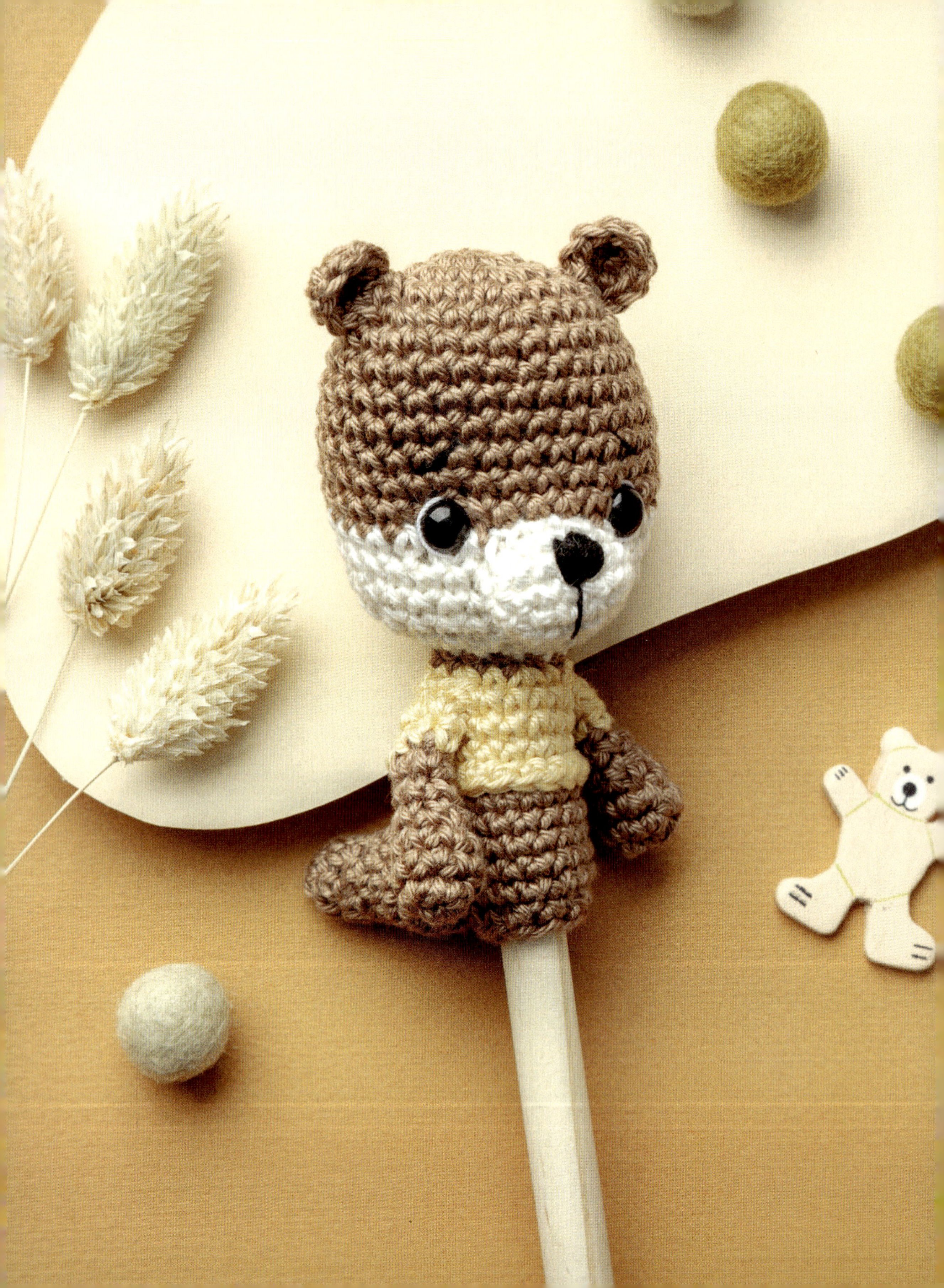

Oliver, der gewiefte Otter

Größe: 11 cm

Material

- Schachenmayr Catania (100 % Baumwolle, LL 125 m/50 g) in
  - Deep Amber (Fb 438), 12 g
  - Crème (Fb 130), 5 g
  - Honig (Fb 206), 5 g
  - Stein (Fb 242), 5 g
- 2 Sicherheitsaugen Ø 8 mm
- Häkelnadel 2,5 mm
- Filetgarn in Schwarz und Weiß
- Füllwatte
- Stopfnadel zum Vernähen
- Stecknadeln zum Fixieren
- Maschenmarkierer

Kopf (in Deep Amber und Crème)

Häkle in Spiral-Rd. Den Kopf fortlaufend mit Füllwatte ausstopfen. Beginne in Deep Amber.

1. Rd: 6 fM in einen Fadenring häkeln. [6]
2. Rd: 6 x 1 M zun. [12]
3. Rd: *1 fM, 1 M zun*, von * bis * noch 5 x wdh. [18]
4. Rd: *2 fM, 1 M zun*, von * bis * noch 5 x wdh. [24]
5. Rd: *3 fM, 1 M zun*, von * bis * noch 5 x wdh. [30]
6.–12. Rd: 30 fM häkeln.

Fb-Wechsel zu Crème.

13.–15. Rd: 30 fM häkeln.

Die Augen zwischen Rd 12 und 13 mit 6 fM Abstand befestigen.

16. Rd: *3 fM, 1 M abn*, von * bis * noch 5 x wdh. [24]
17. Rd: *2 fM, 1 M abn*, von * bis * noch 5 x wdh. [18]
18. Rd: *1 fM, 1 M abn*, von * bis * noch 5 x wdh. [12]
19. Rd: 12 fM ihM häkeln.
20. Rd: 6 x 1 M abn. [6]

Faden abschneiden, durch alle vorderen M-Glieder fädeln, festzuziehen und vernähen.

Schnauze (in Crème)

Die Schnauze fortlaufend mit Füllwatte ausstopfen.

6 Lm anschlagen, in die 2. Lm von der Nd aus einstechen und wie folgt um die Lm-Kette herumhäkeln:
1. Rd: 4 fM, 3 fM in 1 M, 3 fM, 1 M zun. [12]
2.–3. Rd: 12 fM häkeln.
Abketten, den Faden lang abschneiden und die Schnauze zwischen den Augen festnähen (Bild 1).

1

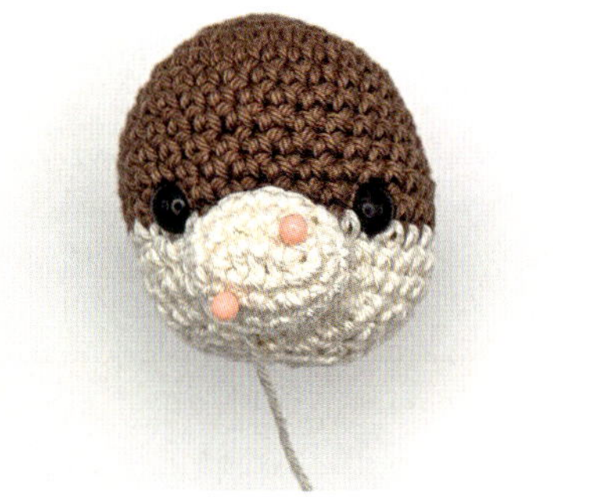

Gesicht fertigstellen

Das Augenweiß mit weißem Filetgarn direkt neben den Augen aufsticken. Die Nase mit schwarzem Filetgarn über Rd 2 der Schnauze über 1 fM Umfang sticken. Dazu so lange einstechen, bis die gewünschte Größe der Nase erreicht ist (Bild 2–4). Darunter 4 fM nach unten stechen, um die Schnauze fertigzustellen. Die Augenbrauen mit schwarzem Filetgarn 1 Rd über den Augen über 1 Rd hoch und 2 fM breit aufsticken.

2

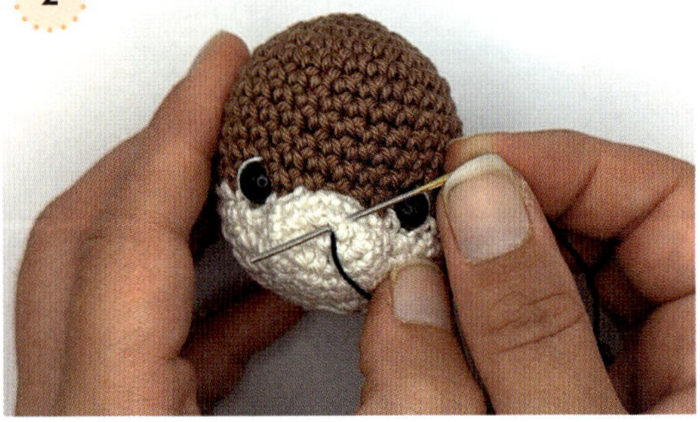

3

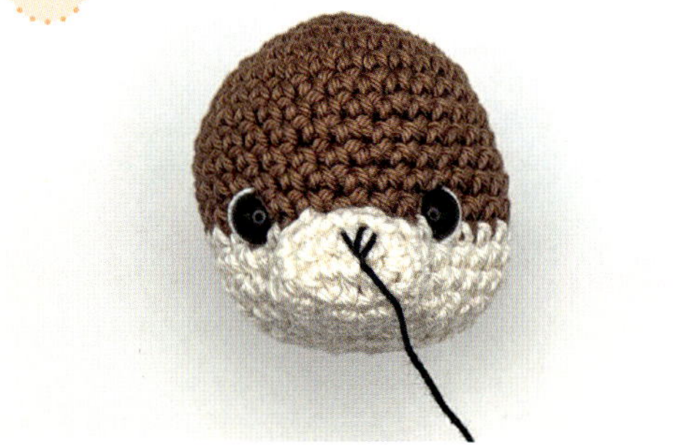

4

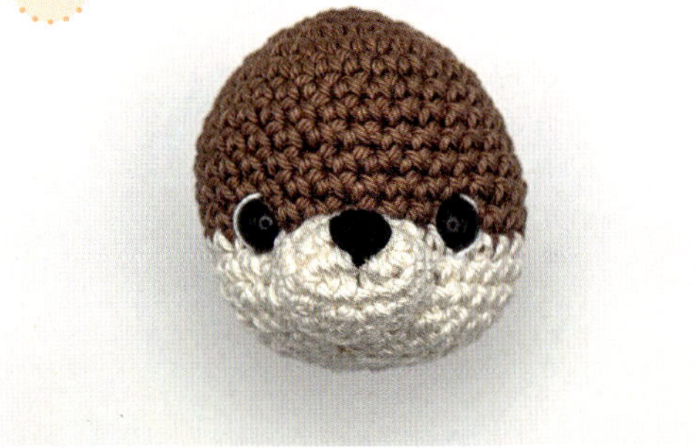

Ohren (2x in Deep Amber)

Häkle in Spiral-Rd.
1. Rd: 6 fM in einen Fadenring häkeln. [6]
2. Rd: *2 fM, 1 M zun*, von * bis * noch 1 x wdh. [8]
Abketten, den Faden lang abschneiden und die Ohren über Rd 4–5 des Kopfs festnähen (Bild 5).

5

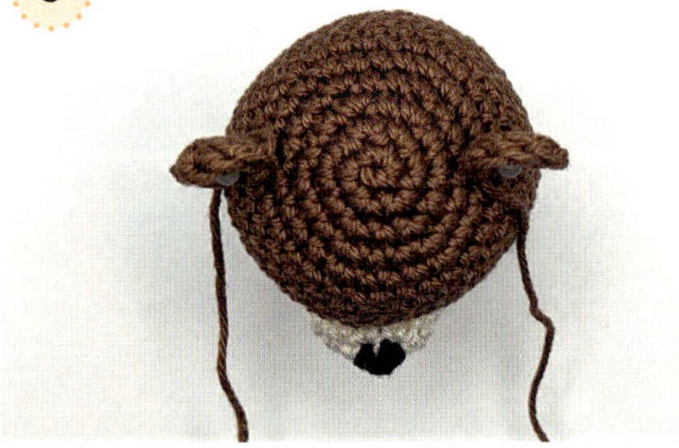

Fingerhut/Körper (in Deep Amber und Honig)

Häkle in Spiral-Rd. Den Körper nicht mit Füllwatte ausstopfen. Beginne in Deep Amber.
Den Faden mittig am Hinterkopf ivM der Rd 19 des Kopfs aufnehmen. Stich dazu von oben nach unten ein, die Ohren zeigen zu dir hin. Anschließend wie folgt weiterhäkeln:
1. Rd: 12 fM häkeln. [12]
Fb-Wechsel zu Honig.
2. Rd: *1 fM, 1 M zun*, von * bis * noch 5 x wdh. [18]
3.–5. Rd: 18 fM häkeln.
Fb-Wechsel zu Deep Amber.
6. Rd: 18 fM ihM häkeln.
7.–11. Rd: 18 fM häkeln.
12. Rd: *1 fM, 1 M abn*, von * bis * noch 5 x wdh. [12]
Abketten, den Faden abschneiden und vernähen.

Shirt fertigstellen

Den Faden in Honig ihM der Rd 6 des Körpers aufnehmen, von oben nach unten einstechen, die Ohren zeigen zu dir hin. 18 fM rundherum häkeln. Anschließend den Faden abschneiden und vernähen.

Arme (2x in Deep Amber und Honig)

Häkle in Spiral-Rd. Die Arme nicht mit Füllwatte ausstopfen. Beginne in Deep Amber.
1. Rd: 6 fM in einen Fadenring häkeln. [6]
2. Rd: *2 fM, 1 M zun*, von * bis * noch 1 x wdh. [8]
3.–4. Rd: 8 fM häkeln.
5. Rd: *2 fM, 1 M abn*, von * bis * noch 1 x wdh. [6]
6.–7. Rd: 6 fM häkeln.
Fb-Wechsel zu Honig.
8.–9. Rd: 6 fM häkeln.
Das Ende falten und mit 3 fM zusammenhäkeln. Den Faden lang abschneiden und die Arme 2 Rd unter dem Kopf seitlich am Körper festnähen.

Schwanz (in Deep Amber)

Häkle in Spiral-Rd. Den Schwanz fortlaufend mit Füllwatte ausstopfen.
1. Rd: 6 fM in einen Fadenring häkeln. [6]
2.–3. Rd: 6 fM häkeln.
4. Rd: *2 fM, 1 M zun*, von * bis * noch 1 x wdh. [8]
5. Rd: *3 fM, 1 M zun*, von * bis * noch 1 x wdh. [10]
6. Rd: *4 fM, 1 M zun*, von * bis * noch 1 x wdh. [12]
7.–8. Rd: 12 fM häkeln.
Abketten, den Faden lang abschneiden und den Schwanz am Rücken festnähen.

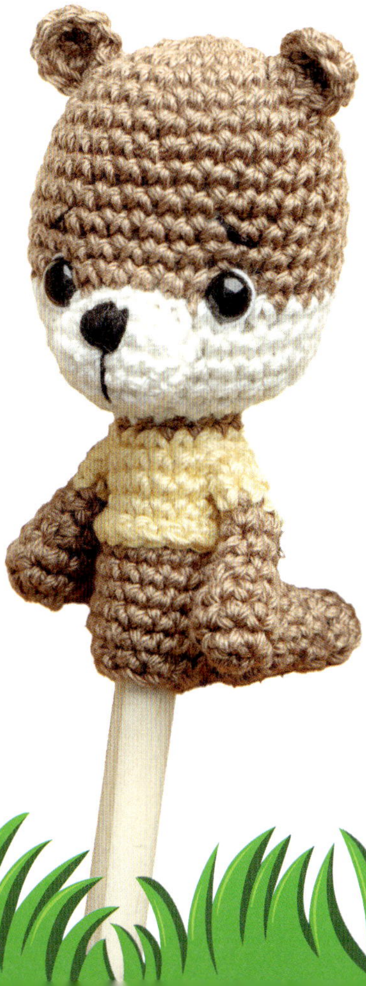

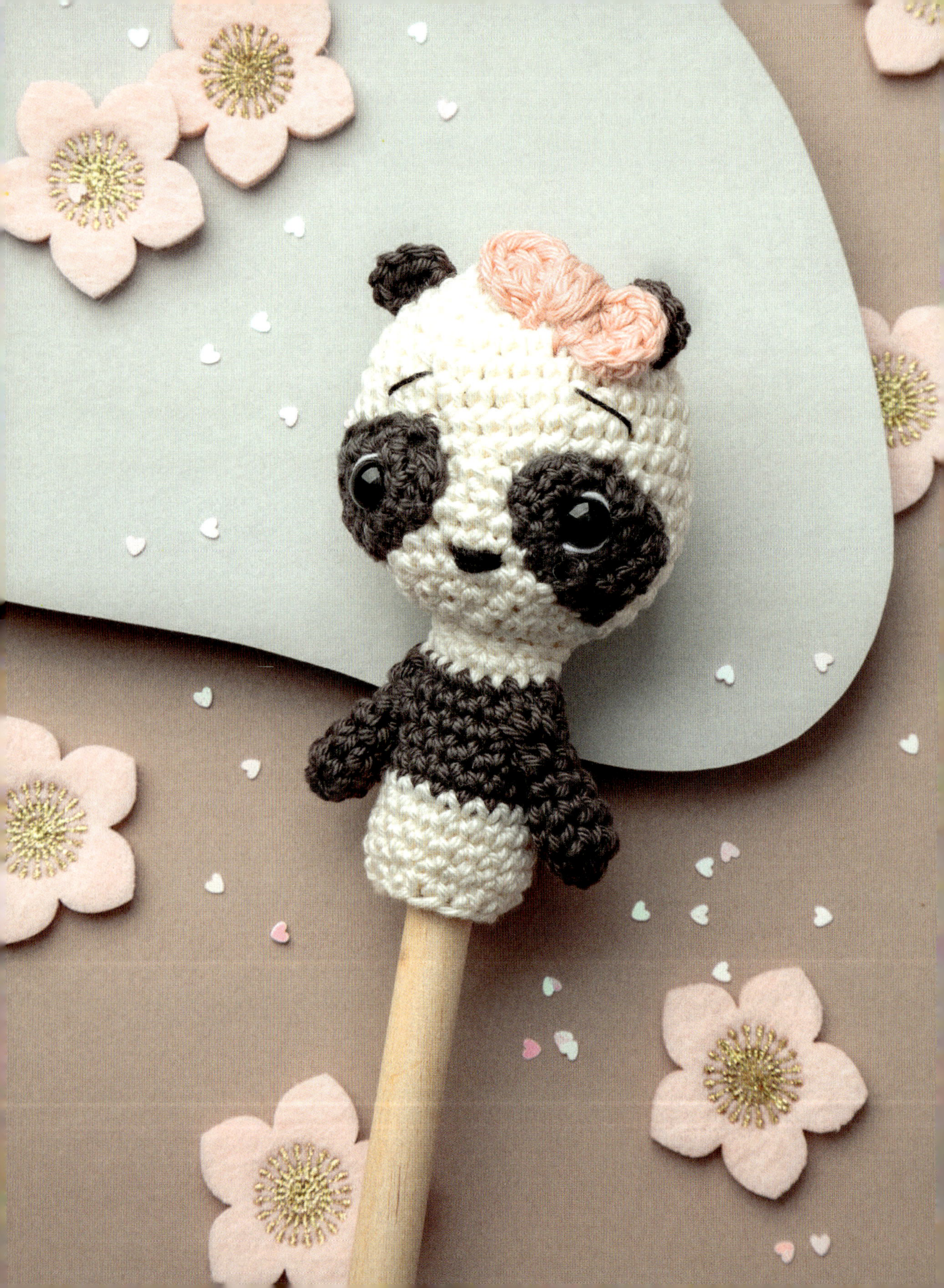

Pia, die geduldige

Pandadame

★★★

Größe: 11 cm

Material

- Schachenmayr Catania (100 % Baumwolle, LL 125 m/50 g) in
  - Crème (Fb 130), 15 g
  - Zartbitter (Fb 415), 10 g
  - Altrosa (Fb 408), ein Rest

- 2 Sicherheitsaugen Ø 7 mm
- Häkelnadel 2,5 mm
- Filetgarn in Schwarz und Weiß
- Füllwatte
- Stopfnadel zum Vernähen
- Stecknadeln zum Fixieren
- Maschenmarkierer

Augenpatches (2x in Zartbitter)

Beginne in Spiral-Rd. Später wird in R weitergehäkelt.
1. Rd: 6 fM in einen Fadenring häkeln. [6]
Weiter in R.
2.–5. R: 3 fM, 1 Lm und wenden.
Häkle zum Abschluss noch 14 fM rund um das Häkelstück. Dazu 3 fM an der Unterseite, je 4 fM in den R-Enden und 3 fM oberhalb von Rd 1 häkeln. Den Faden lang abschneiden. Die Augen feststecken, aber noch nicht verschließen. Die Augenpatches zur Seite legen.

Kopf (in Crème)

Häkle in Spiral-Rd. Den Kopf fortlaufend mit Füllwatte ausstopfen.
1. Rd: 6 fM in einen Fadenring häkeln. [6]
2. Rd: 6 x 1 M zun. [12]
3. Rd: *1 fM, 1 M zun*, von * bis * noch 5 x wdh. [18]
4. Rd: *2 fM, 1 M zun*, von * bis * noch 5 x wdh. [24]
5. Rd: *3 fM, 1 M zun*, von * bis * noch 5 x wdh. [30]
6.–15. Rd: 30 fM häkeln.
16. Rd: *3 fM, 1 M abn*, von * bis * noch 5 x wdh. [24]
Die Augen zwischen Rd 12 und 13 mit 3 fM Abstand befestigen, jedoch noch nicht festnähen.

17. Rd: *2 fM, 1 M abn*, von * bis * noch 5 x wdh. [18]
18. Rd: *1 fM, 1 M abn*, von * bis * noch 5 x wdh. [12]
19. Rd: 12 fM ihM häkeln.
20. Rd: 6 x 1 M abn. [6]
Faden abschneiden, durch alle vorderen M-Glieder fädeln, festzuziehen und vernähen. Anschließend die Augenpatches festnähen (Bild 1).

1

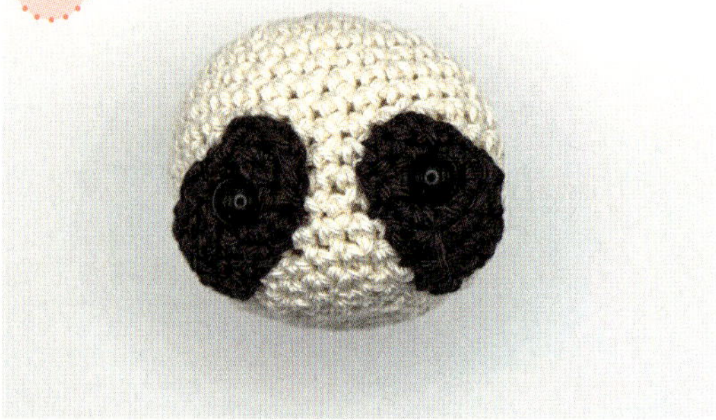

Gesicht fertigstellen

Das Augenweiß mit weißem Filetgarn direkt neben den Augen aufsticken. Die Augenbrauen mit schwarzem Filetgarn 1 Rd über den Augenpatches über 2 Rd hoch und 3 fM breit sticken. Die Nase in Schwarz zwischen Rd 14 und 15 über 2 fM Breite aufsticken, dazu ca. 8 x einstechen (Bild 2–4).

2

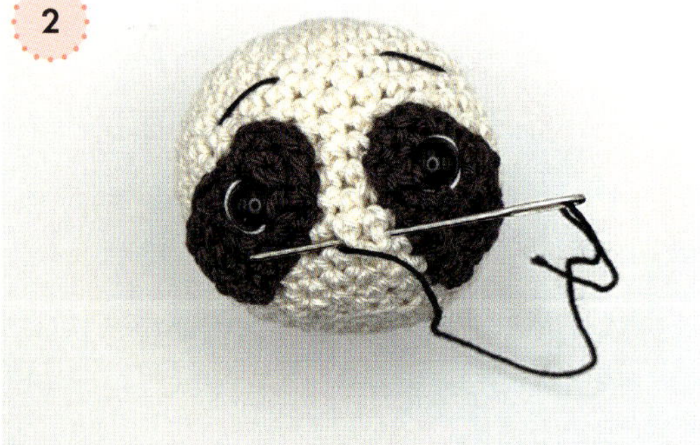

3

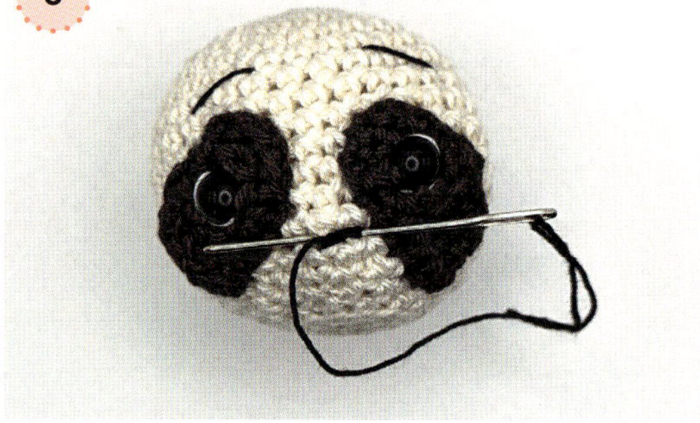

4

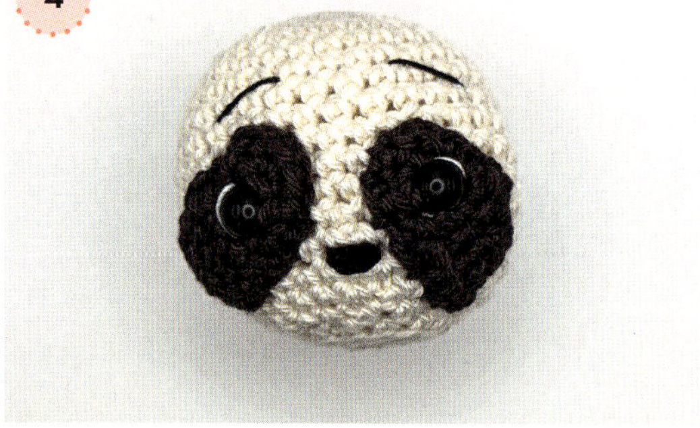

Ohren (2x in Zartbitter)

1. Rd: 8 fM in einen Fadenring häkeln. [8]
Mit 1 Km in die erste M beenden. Den Faden lang abschneiden und die Ohren je über Rd 4–5 auf dem Kopf festnähen.

Fingerhut/Körper (in Crème und Zartbitter)

Häkle in Spiral-Rd. Den Körper nicht mit Füllwatte ausstopfen. Beginne in Crème.
Den Faden mittig am Hinterkopf ivM der Rd 19 des Kopfs aufnehmen. Stich dazu von oben nach unten ein, die Ohren zeigen zu dir hin (Bild 5). Anschließend wie folgt weiterhäkeln:
1. Rd: 12 fM häkeln. [12]
2. Rd: *1 fM, 1 M zun*, von * bis * noch 5 x wdh. [18]
Fb-Wechsel zu Zartbitter.
3.–7. Rd: 18 fM häkeln.
Fb-Wechsel zu Crème.

5

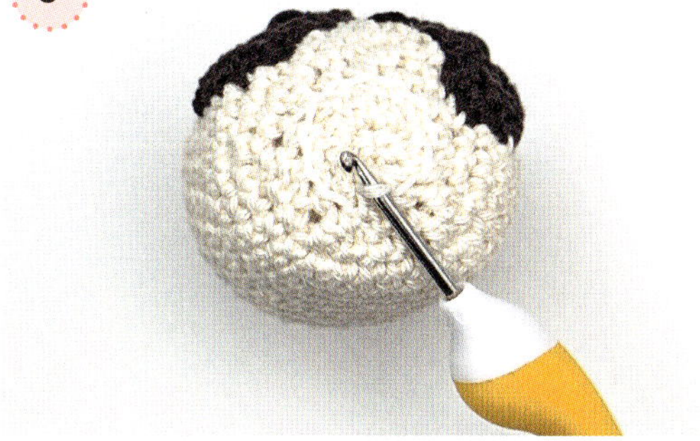

8.–11. Rd: 18 fM häkeln.
12. Rd: *1 fM, 1 M abn*, von * bis * noch 5 x wdh. [12]
Abketten, den Faden abschneiden und vernähen.

Arme (2x in Zartbitter)

Häkle in Spiral-Rd. Die Arme nicht mit Füllwatte ausstopfen.
1. Rd: 8 fM in einen Fadenring häkeln. [8]
2.–3. Rd: 8 fM häkeln.
4. Rd: 2 fM, 2 x 1 M abn, 2 fM [6]
5. Rd: 6 fM häkeln.
Das Ende falten und mit 3 fM zusammenhäkeln. Die Faltkante sollte seitlich zu den Abn aus Rd 4 liegen, ggf. bis zu diesem Punkt weiterhäkeln. Den Faden lang abschneiden und die Arme auf Höhe der Brust festnähen.

Schleife (in Altrosa)

Häkle in Spiral-Rd. Die Schleife wird in zwei Teilen gehäkelt.

Teil 1 Schleife

1. Rd: 8 hStb in einen Fadenring häkeln. [8]
Ohne abzuketten, wie folgt weiterhäkeln.
2 Lm in die 2. Lm von der Nd aus einstechen und 1 fM häkeln, 1 fM in das erste hStb aus Rd 1. Faden abschneiden und vernähen. Weiter mit dem zweiten Teil.

Teil 2 Schleife

1. Rd: 8 hStb in einen Fadenring häkeln. [8]
Ohne abzuketten, wie folgt weiterhäkeln.

1 Km in das erste hStb, den Faden lang abschneiden und beide Teile nebeneinanderlegen. Beide Teile an der mittleren Stelle von Teil 1 (dort wo die fM liegen) zusammennähen (Bild 6). Den Faden lang lassen und mehrfach um die Mitte der Schleife wickeln. Anschließend den Faden fixieren (Bild 7). Die Schleife auf dem Kopf festnähen.

6

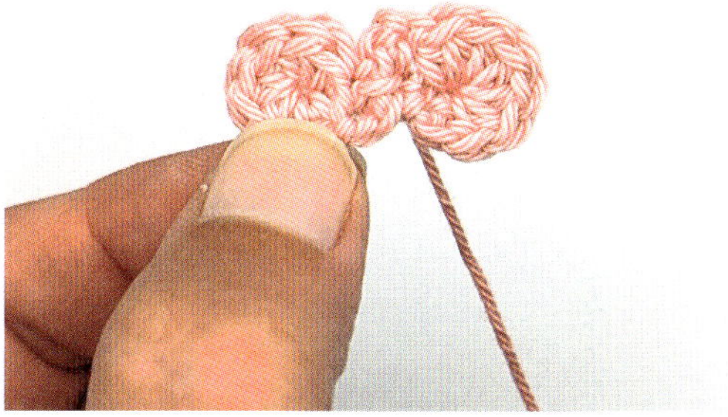

7

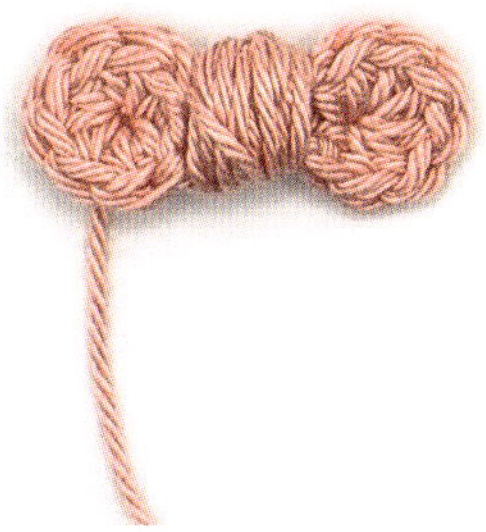

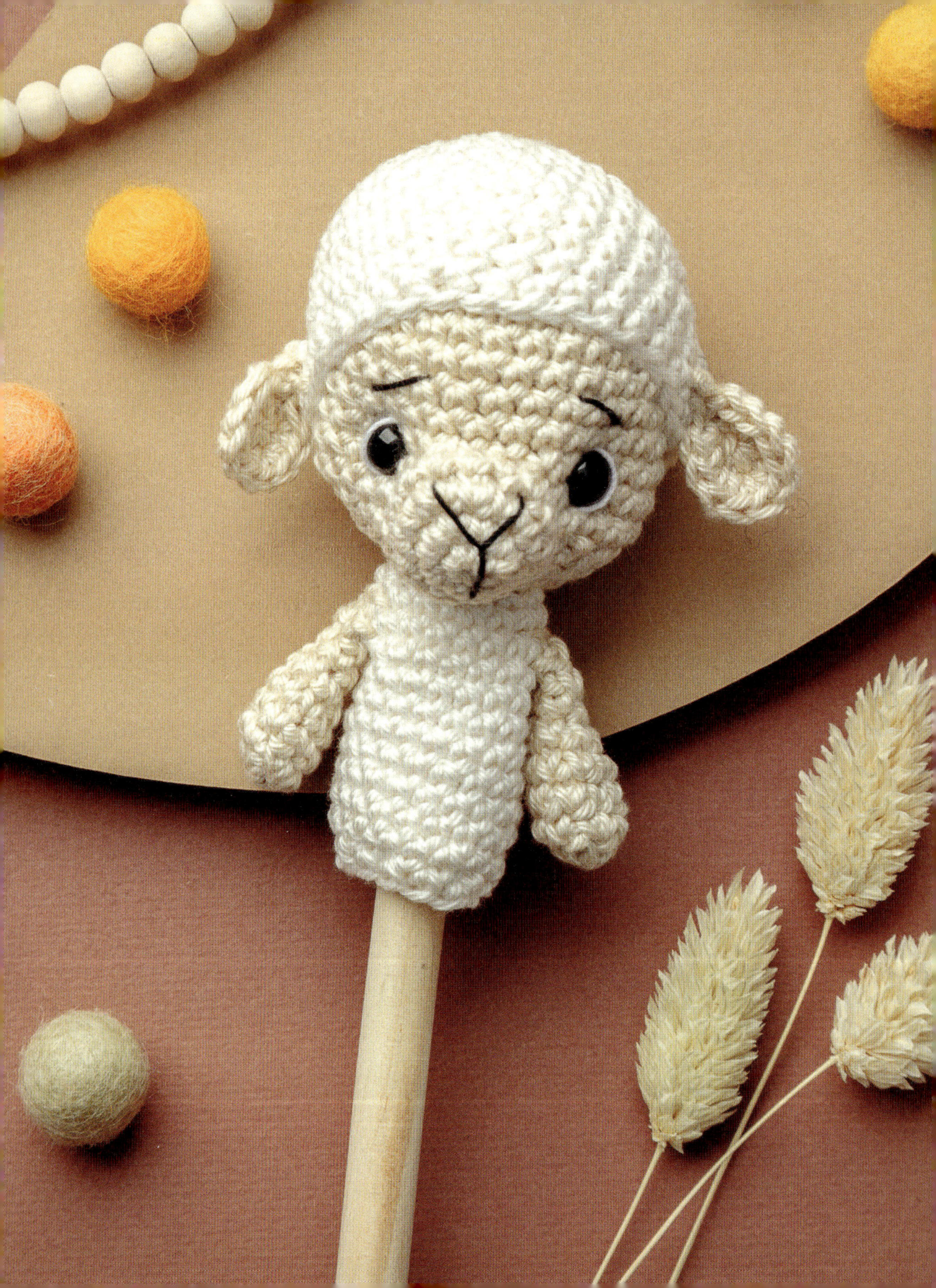

Sammy, das kuschelige Schaf

★★★

Größe: 11 cm

Material

- Scheepjes Catona (100 % Baumwolle, LL 125 m/50 g) in
  - Old Lace (Fb 130), 12 g
  - English Tea (Fb 404), 12 g
- 2 Sicherheitsaugen Ø 7 mm
- Häkelnadel 2,5 mm
- Filetgarn in Schwarz und Weiß
- Füllwatte
- Stopfnadel zum Vernähen
- Stecknadeln zum Fixieren
- Maschenmarkierer

Kopf (in English Tea)

Häkle in Spiral-Rd. Den Kopf fortlaufend mit Füllwatte ausstopfen.
1. Rd: 6 fM in einen Fadenring häkeln. [6]
2. Rd: 6 x 1 M zun. [12]
3. Rd: *1 fM, 1 M zun*, von * bis * noch 5 x wdh. [18]
4. Rd: *2 fM, 1 M zun*, von * bis * noch 5 x wdh. [24]
5. Rd: *3 fM, 1 M zun*, von * bis * noch 5 x wdh. [30]
6.–15. Rd: 30 fM häkeln.
16. Rd: *3 fM, 1 M abn*, von * bis * noch 5 x wdh. [24]
Die Augen zwischen Rd 13 und 14 mit 6 fM Abstand befestigen.
17. Rd: *2 fM, 1 M abn*, von * bis * noch 5 x wdh. [18]
18. Rd: *1 fM, 1 M abn*, von * bis * noch 5 x wdh. [12]
19. Rd: 12 fM ihM häkeln.
20. Rd: 6 x 1 M abn. [6]
Faden abschneiden, durch alle vorderen M-Glieder fädeln, festzuziehen und vernähen.

Haube (in English Tea)

Häkle in Spiral-Rd.
1. Rd: 6 fM in einen Fadenring häkeln. [6]
2. Rd: 6 x 1 M zun. [12]
3. Rd: *1 fM, 1 M zun*, von * bis * noch 5 x wdh. [18]
4. Rd: *2 fM, 1 M zun*, von * bis * noch 5 x wdh. [24]

5. Rd: *3 fM, 1 M zun*, von * bis * noch 5 x wdh. [30]
6.–13. Rd: 30 fM häkeln.
Abketten, den Faden lang abschneiden und die Haube ca. 4 Rd über den Augen auf dem Kopf festnähen (Bild 1–2).

1

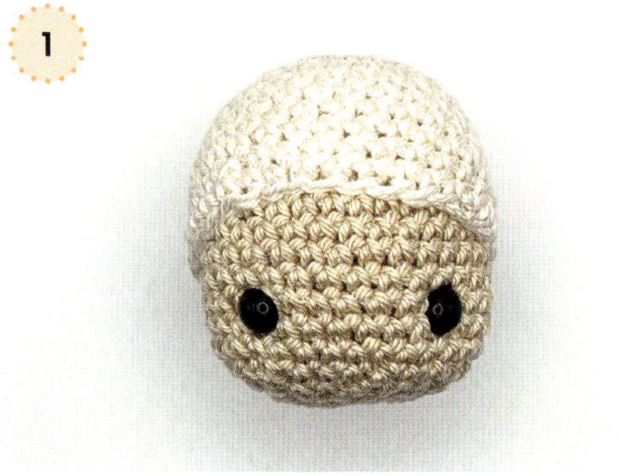

2

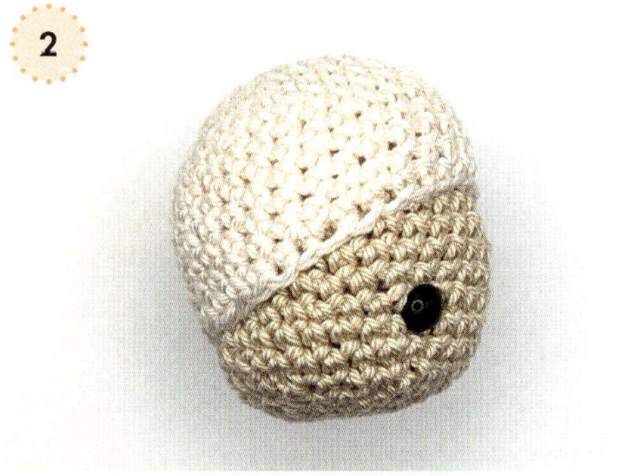

Ohren (2x in English Tea)

Häkle in Spiral-Rd.
1. Rd: 6 fM in einen Fadenring häkeln. [6]
2. Rd: 6 x 1 M zun. [12]
Das Ende falten und zwei der gegenüberliegenden M mit 1 fM zusammenhäkeln. Den Faden lang abschneiden und die Ohren seitlich am Kopf zwischen Rd 12 und 13 der Haube festnähen (Bild 3).

3

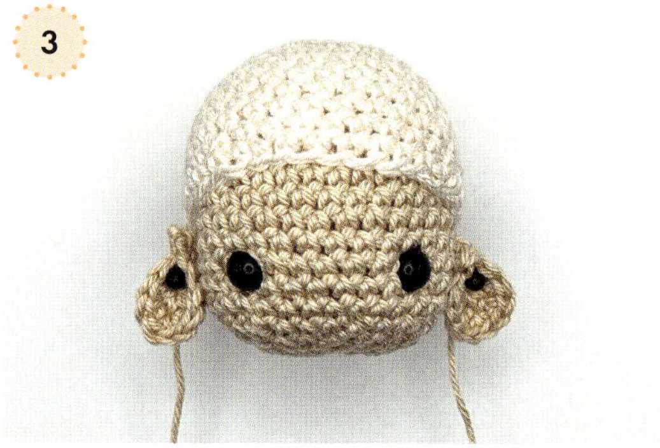

Schnauze (in English Tea)

Häkle in Spiral-Rd. Die Schnauze fortlaufend mit Füllwatte ausstopfen.
1. Rd: 6 fM in einen Fadenring häkeln. [6]
2. Rd: 6 x 1 M zun. [12]
3. Rd: *5 fM, 1 M zun*, von * bis * noch 1 x wdh. [14]
Abketten, den Faden lang abschneiden und die Schnauze zwischen den Augen festnähen.

Gesicht fertigstellen

Das Augenweiß mit weißem Filetgarn direkt neben den Augen aufsticken. Die Nase mit schwarzem Filetgarn über Rd 2–3 der Schnauze sticken. Die Breite beträgt am oberen Teil der Nase 3 fM (Bild 4–6). Darunter noch 3 fM nach unten stechen, um die Schnauze fertigzustellen (Bild 7–8). Die Augenbrauen mit schwarzem Filetgarn 1 Rd über den Augen über 1 Rd hoch und 2 fM breit sticken (Bild 9).

4

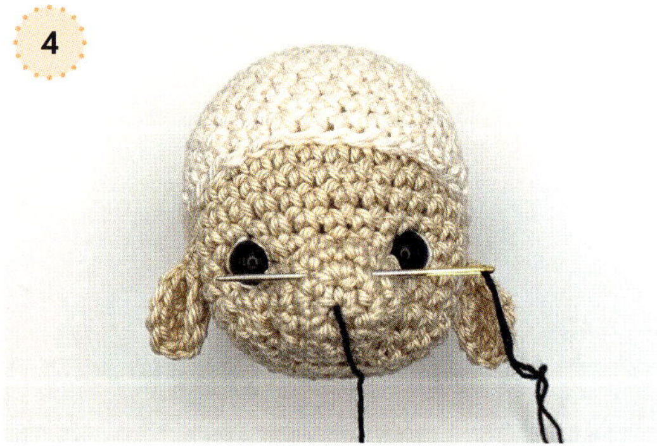

5

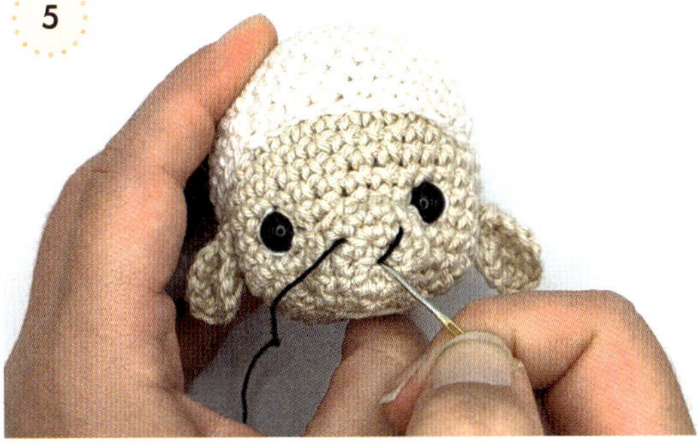

6

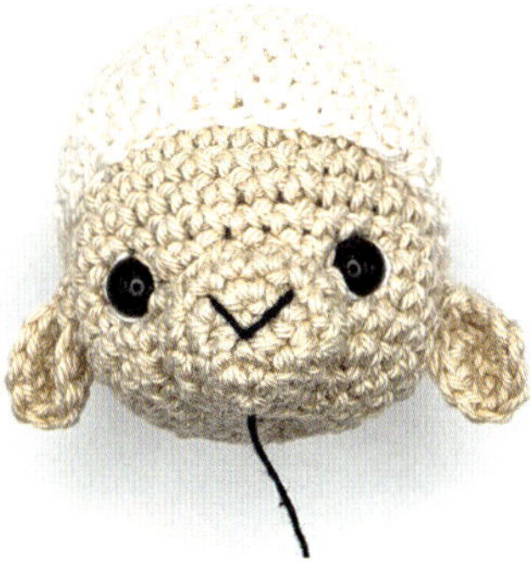

7

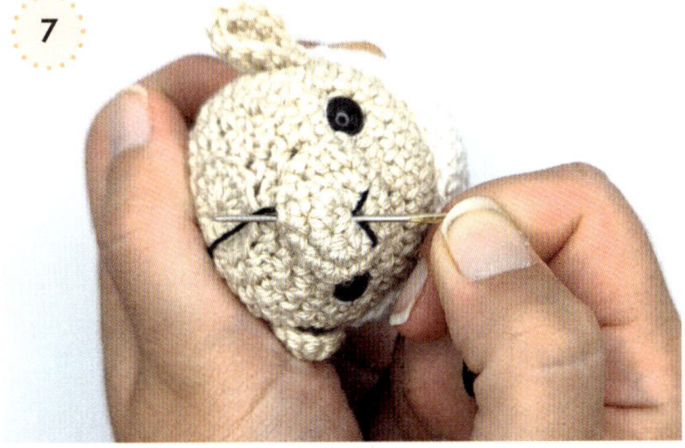

8

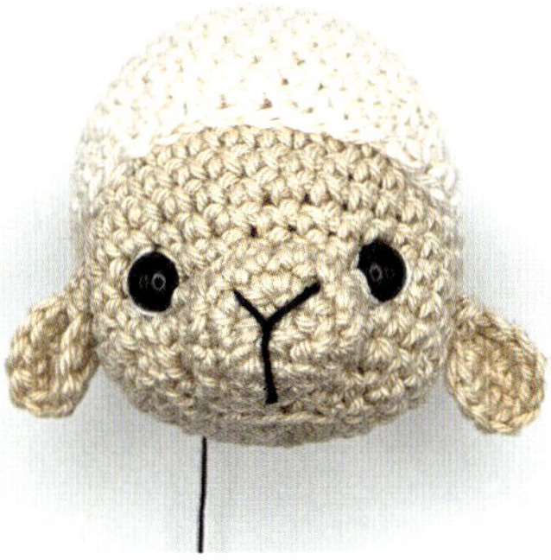

9

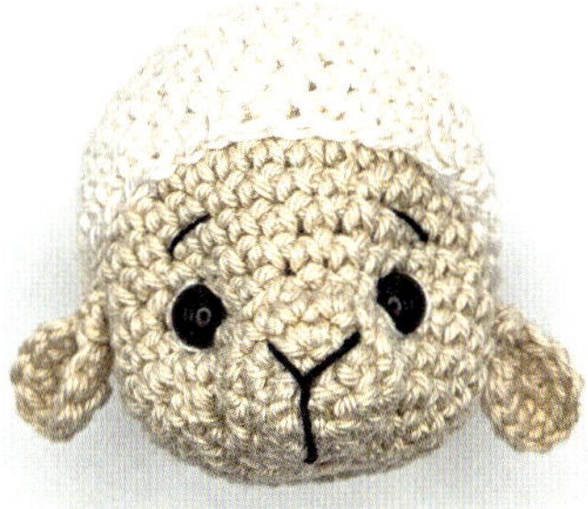

Fingerhut/Körper (in Old Lace)

Hinweis: Eine bebilderte Anleitung zum Anhäkeln des Körpers findest du auf Seite 28 (Dino).
Häkle in Spiral-Rd. Den Körper nicht mit Füllwatte ausstopfen.
Den Faden mittig am Hinterkopf ivM der Rd 19 des Kopfs aufnehmen. Stich dazu von oben nach unten ein, die Haube zeigt zu dir hin. Anschließend wie folgt weiterhäkeln:
1. Rd: 12 fM häkeln. [12]
2. Rd: *1 fM, 1 M zun*, von * bis * noch 5 x wdh. [18]
3.–11. Rd: 18 fM häkeln.
12. Rd: *1 fM, 1 M abn*, von * bis * noch 5 x wdh. [12]
Abketten, den Faden abschneiden und vernähen.

Arme (2x in English Tea)

Häkle in Spiral-Rd. Die Arme nicht mit Füllwatte ausstopfen.
1. Rd: 6 fM in einen Fadenring häkeln. [6]
2. Rd: *2 fM, 1 M zun*, von * bis * noch 1 x wdh. [8]
3.–4. Rd: 8 fM häkeln.
5. Rd: *2 fM, 1 M abn*, von * bis * noch 1 x wdh. [6]
6.–7. Rd: 6 fM häkeln.
Das Ende falten und mit 3 fM zusammenhäkeln. Den Faden lang abschneiden und die Arme 2 Rd unter dem Kopf seitlich am Körper festnähen.

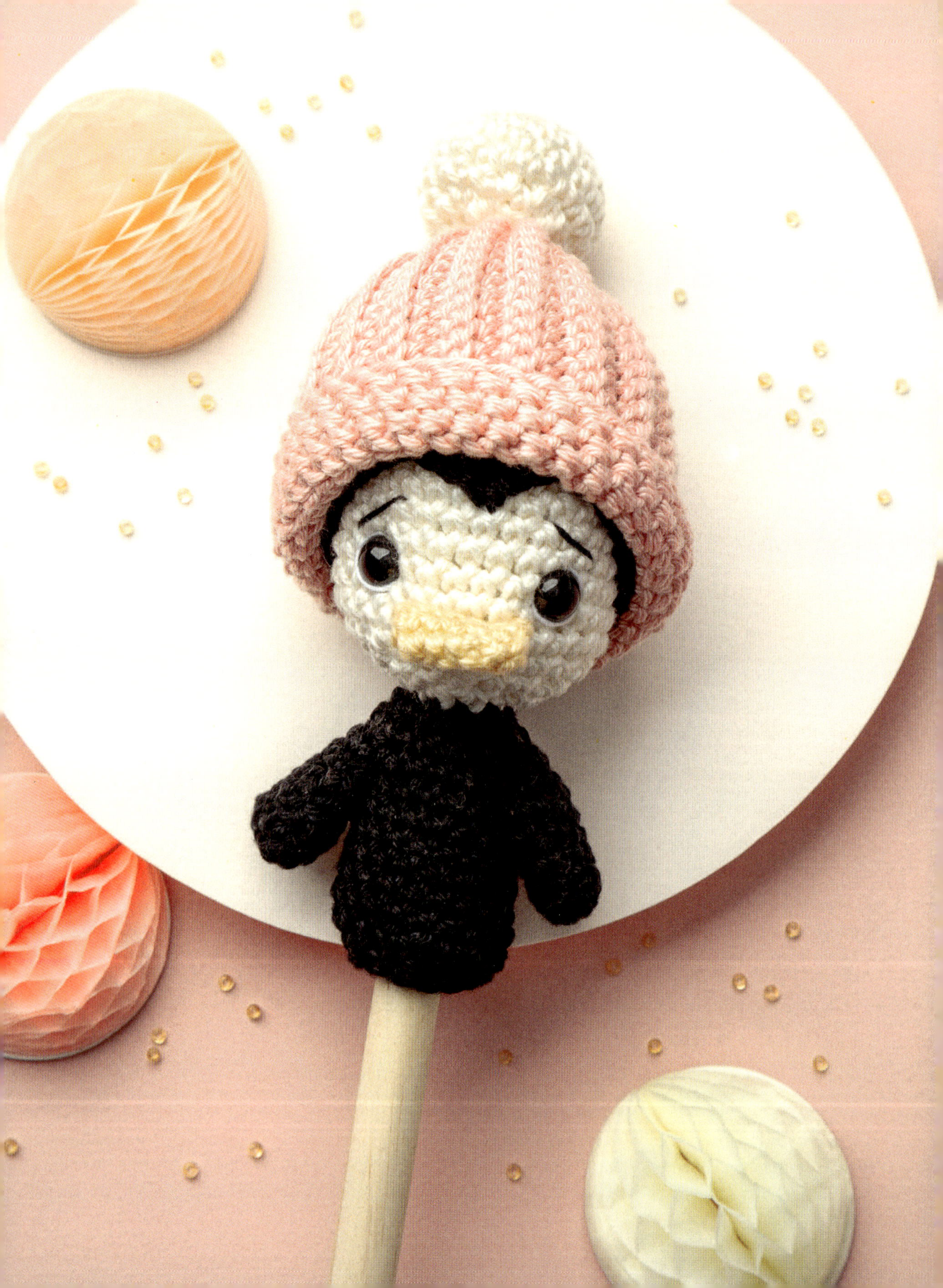

Paulina, die freche Pinguindame

★★☆

Größe: 11 cm

Material

- Schachenmayr Catania (100 % Baumwolle, LL 125 m/50 g) in
  - Crème (Fb 130), 15 g
  - Altrosa (Fb 408), 15 g
  - Jet Black (Fb 110), 12 g
  - Honig (Fb 206), ein Rest
- 2 Sicherheitsaugen Ø 7 mm
- Häkelnadel 2,5 mm
- Filetgarn in Schwarz und Weiß
- Füllwatte
- Stopfnadel zum Vernähen
- Stecknadeln zum Fixieren
- Maschenmarkierer

Kopf (in Crème)

Häkle in Spiral-Rd. Den Kopf fortlaufend mit Füllwatte ausstopfen.
1. Rd: 6 fM in einen Fadenring häkeln. [6]
2. Rd: 6 x 1 M zun. [12]
3. Rd: *1 fM, 1 M zun*, von * bis * noch 5 x wdh. [18]
4. Rd: *2 fM, 1 M zun*, von * bis * noch 5 x wdh. [24]
5. Rd: *3 fM, 1 M zun*, von * bis * noch 5 x wdh. [30]
6.–15. Rd: 30 fM häkeln.
16. Rd: *3 fM, 1 M abn*, von * bis * noch 5 x wdh. [24]
Die Augen zwischen Rd 13 und 14 mit 6 fM Abstand befestigen.
17. Rd: *2 fM, 1 M abn*, von * bis * noch 5 x wdh. [18]
18. Rd: *1 fM, 1 M abn*, von * bis * noch 5 x wdh. [12]
19. Rd: 12 fM ihM häkeln.
20. Rd: 6 x 1 M abn. [6]
Faden abschneiden, durch alle vorderen M-Glieder fädeln, festzuziehen und vernähen.

Haube (in Jet Black)

Häkle in Spiral-Rd.
1. Rd: 6 fM in einen Fadenring häkeln. [6]
2. Rd: 6 x 1 M zun. [12]
3. Rd: *1 fM, 1 M zun*, von * bis * noch 5 x wdh. [18]

4. Rd: *2 fM, 1 M zun*, von * bis * noch 5 x wdh. [24]
5. Rd: *3 fM, 1 M zun*, von * bis * noch 5 x wdh. [30]
6.–14. Rd: 30 fM häkeln.
15. Rd: 8 fM, 6 Km, 1 fM, (2 hStb, 1 Lm, 2 hStb in 1 M), 1 fM, 6 Km, 7 fM. [33]
Abketten, den Faden lang abschneiden und die Haube auf dem Kopf festnähen. Die Spitze aus Rd 15 liegt dabei vorne mittig ca. 2 Rd über den Augen.

Schnabel (in Honig)

Häkle in Spiral-Rd. Den Schnabel nicht mit Füllwatte ausstopfen.
5 Lm anschlagen, in die 2. Lm von der Nd aus einstechen und wie folgt um die Lm-Kette herumhäkeln:
1. Rd: 3 fM, 3 fM in 1 M, 2 fM, 1 M zun [10]
2. Rd: 10 fM häkeln.
Das Ende falten und mit 5 fM zusammenhäkeln. Den Faden lang abschneiden und den Schnabel zwischen Rd 14 und 15 des Kopfs zwischen den Augen festnähen.

Gesicht fertigstellen

Das Augenweiß mit weißem Filetgarn direkt neben den Augen aufsticken. Die Augenbrauen mit schwarzem Filetgarn direkt über den Augen über 2 Rd hoch und 2 fM breit sticken.

Fingerhut/Körper (in Jet Black)

Hinweis: Eine bebilderte Anleitung zum Anhäkeln des Körpers findest du auf Seite 28 (Dino).
Häkle in Spiral-Rd. Den Körper nicht mit Füllwatte ausstopfen.
Den Faden mittig am Hinterkopf ivM der Rd 19 des Kopfs aufnehmen. Stich dazu von oben nach unten ein, die Haube zeigt zu dir hin. Anschließend wie folgt weiterhäkeln:
1. Rd: 12 fM häkeln. [12]
2. Rd: *1 fM, 1 M zun*, von * bis * noch 5 x wdh. [18]
3.–11. Rd: 18 fM häkeln.
12. Rd: *1 fM, 1 M abn*, von * bis * noch 5 x wdh. [12]
Abketten, den Faden abschneiden und vernähen.

Flügel (2x in Jet Black)

Häkle in Spiral-Rd. Die Flügel nicht mit Füllwatte ausstopfen.
5 Lm anschlagen, in die 2. Lm von der Nd aus einstechen und wie folgt um die Lm-Kette herumhäkeln:
1. Rd: 3 fM, 3 fM in 1 M, 2 fM, 1 M zun. [10]
2.–5. Rd: 10 fM häkeln.
6. Rd: *3 fM, 1 M abn*, von * bis * noch 1 x wdh. [8]
Das Ende falten und mit 4 fM zusammenhäkeln. Den Faden lang abschneiden und die Flügel je 1 Rd unter dem Kopf seitlich am Körper festnähen.

Mütze (in Altrosa)

16 Lm anschlagen, in die 2. Lm von der Nd aus einstechen und wie folgt in R weiterhäkeln:
1. R: 15 fM, 1 Lm und wenden [15]
2.–36. R: 15 fM ihM häkeln, 1 Lm und wenden. [15]
Nun das Häkelstück mittig falten und die Enden mit 36 Km zusammenhäkeln. Stich dazu je in das hintere M-Glied der letzten R und in die Lm-Kette des Anfangs ein, um diese miteinander zu verbinden (Bild 1–3).

1

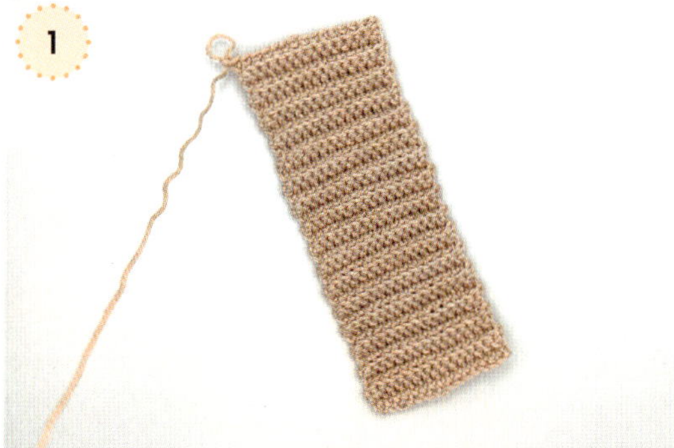

2

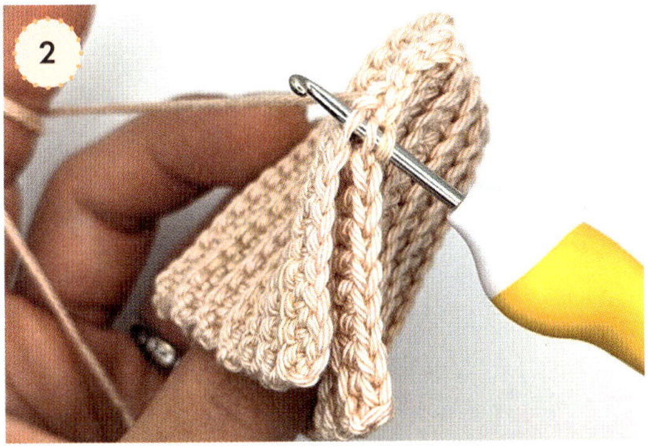

3

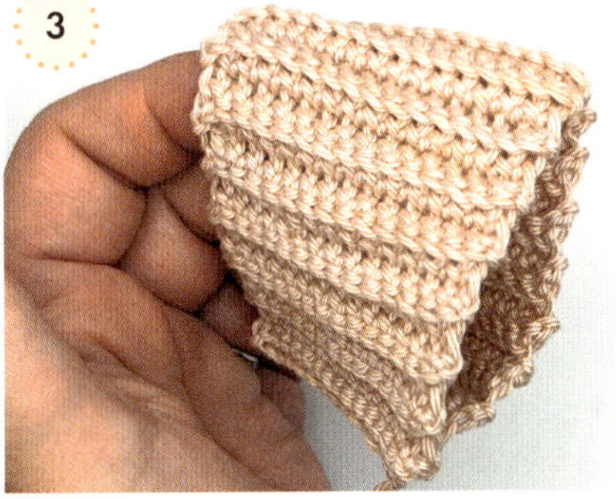

Den Faden lang abschneiden und anschließend durch die äußeren M-Glieder einer der Öffnungen fädeln (Bild 4). An dem Faden ziehen, um die Öffnung zu schließen. Sollte am Ende noch ein kleines Loch übrig bleiben, dieses mit ein paar Stichen zunähen (Bild 5–6). Den Faden abschneiden und vernähen.

4

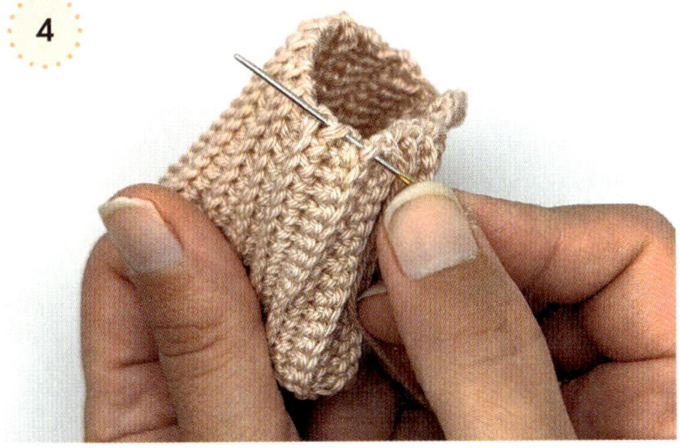

5

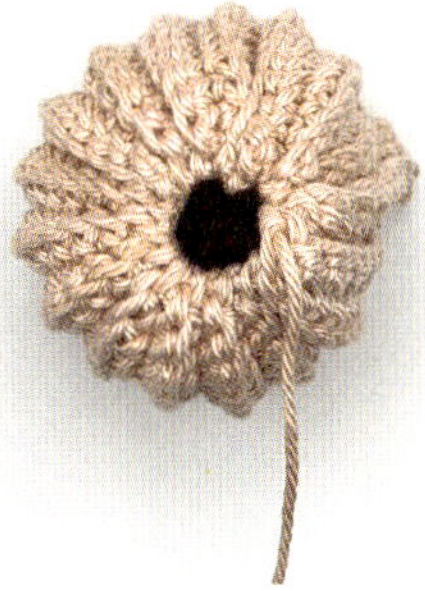

6

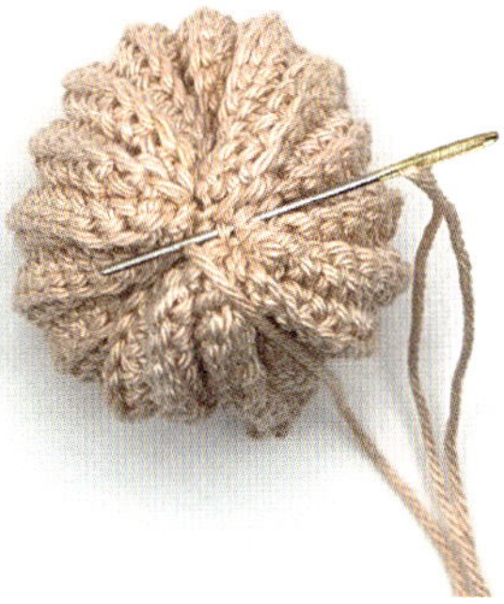

Mützenrand (in Altrosa)

Häkle in Spiral-Rd.
Den Faden am Rand der Mütze aufnehmen (Bild 7).

7

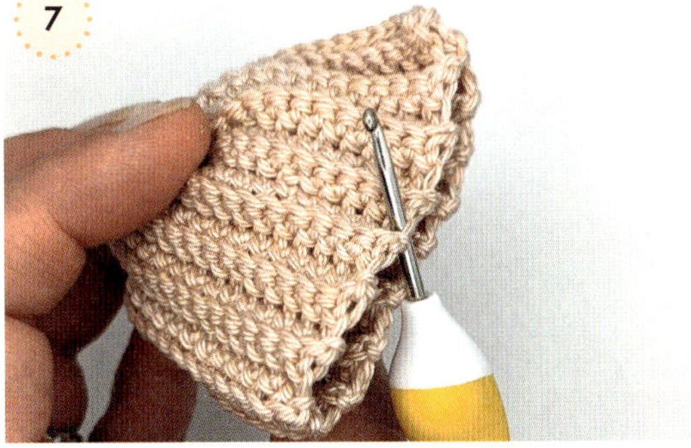

Wie folgt weiterhäkeln:
1.–6. Rd: 36 fM häkeln.
Den Faden abschneiden und vernähen.

Bommel (in Crème)

Häkle in Spiral-Rd. Den Bommel fortlaufend mit Füllwatte ausstopfen.
1. Rd: 6 fM in einen Fadenring häkeln. [6]
2. Rd: 6 x 1 M zun. [12]
3. Rd: *1 fM, 1 M zun*, von * bis * noch 5 x wdh. [18]
4.–6. Rd: 18 fM häkeln.
7. Rd: *1 fM, 1 M abn*, von * bis * noch 5 x wdh. [12]
8. Rd: 6 x 1 M abn. [6]
Den Faden lang abschneiden, durch alle vorderen M-Glieder fädeln, festzuziehen und den Bommel auf der Mütze festnähen (Bild 8–9). Die Mütze auf den Kopf des Pinguins ziehen und den Rand umschlagen.

8

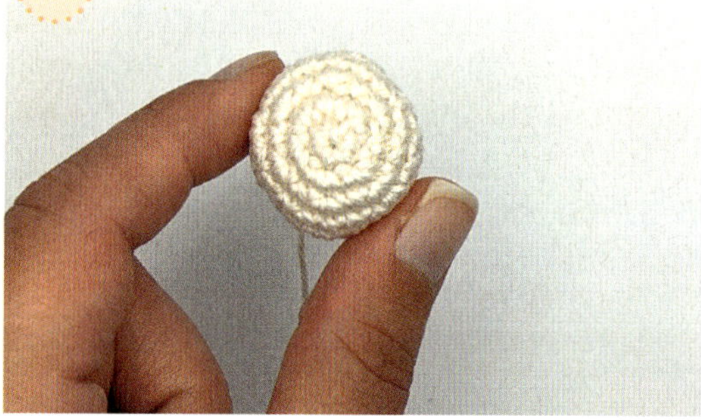

9

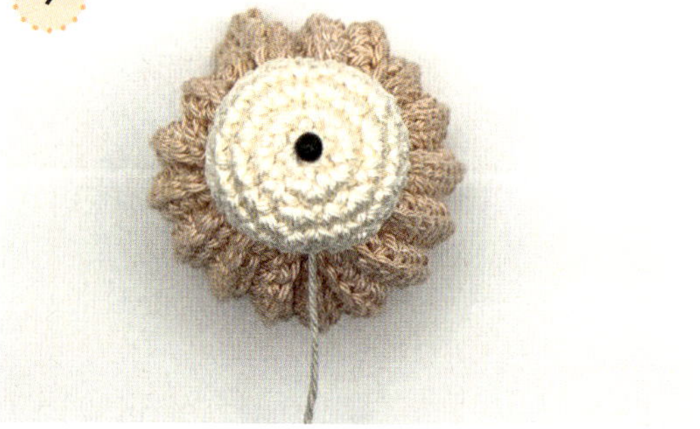

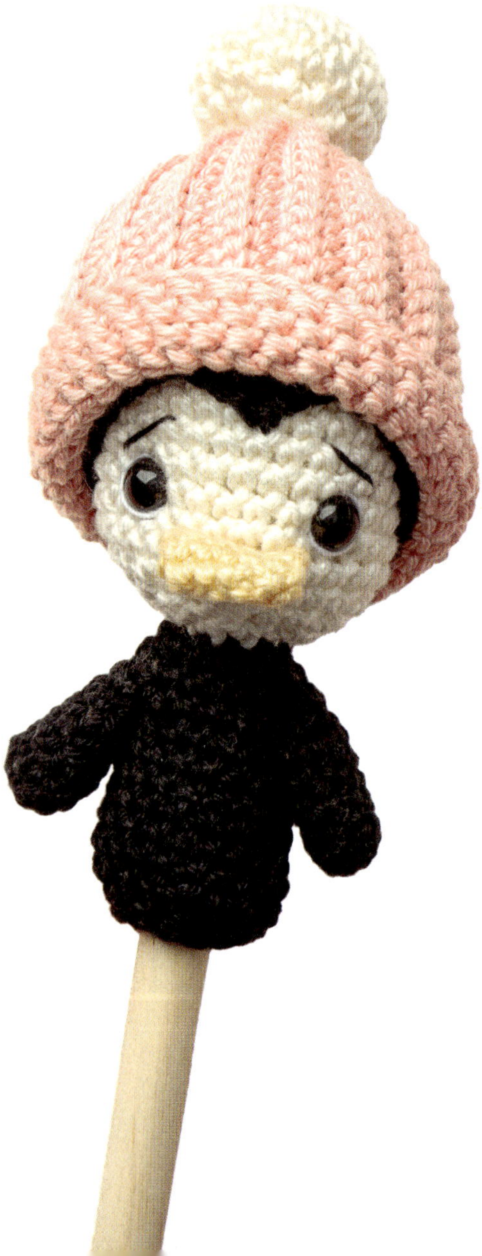

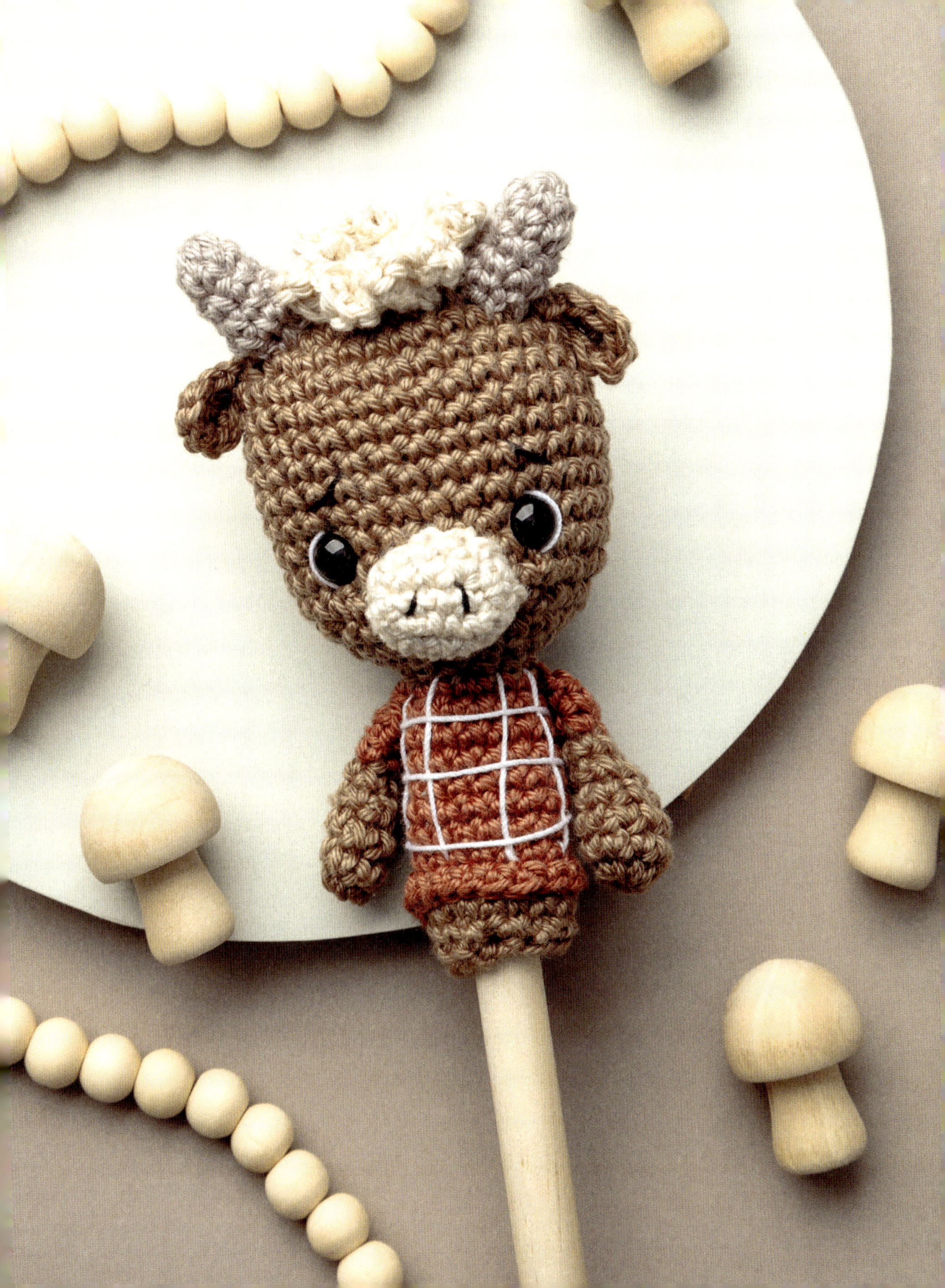

Skippo, der sanfte

Stier

★★★

Größe: 11 cm

Material

- Scheepjes Catona (100 % Baumwolle, LL 125 m/50 g) in
  - Hazelnut (Fb 503), 12 g
  - English Tea (Fb 404), 5 g
  - Antique Mauve (Fb 257), 5 g
  - Brick Red (Fb 504), 5 g
- 2 Sicherheitsaugen Ø 7 mm
- Häkelnadel 2,5 mm
- Filetgarn in Schwarz und Weiß
- Füllwatte
- Stopfnadel zum Vernähen
- Stecknadeln zum Fixieren
- Maschenmarkierer

Kopf (in Hazelnut)

Häkle in Spiral-Rd. Den Kopf fortlaufend mit Füllwatte ausstopfen.

1. Rd: 6 fM in einen Fadenring häkeln. [6]
2. Rd: 6 x 1 M zun. [12]
3. Rd: *1 fM, 1 M zun*, von * bis * noch 5 x wdh. [18]
4. Rd: *2 fM, 1 M zun*, von * bis * noch 5 x wdh. [24]
5. Rd: *3 fM, 1 M zun*, von * bis * noch 5 x wdh. [30]
6.–15. Rd: 30 fM häkeln.
16. Rd: *3 fM, 1 M abn*, von * bis * noch 5 x wdh. [24]
Die Augen zwischen Rd 13 und 14 mit 6 fM Abstand befestigen.
17. Rd: *2 fM, 1 M abn*, von * bis * noch 5 x wdh. [18]
18. Rd: *1 fM, 1 M abn*, von * bis * noch 5 x wdh. [12]
19. Rd: 12 fM ihM häkeln.
20. Rd: 6 x 1 M abn. [6]
Faden abschneiden, durch alle vorderen M-Glieder fädeln, festzuziehen und vernähen.

Schnauze (in English Tea)

Häkle in Spiral-Rd. Die Schnauze fortlaufend mit Füllwatte ausstopfen.
5 Lm anschlagen, in die 2. Lm von der Nd aus einstechen und wie folgt um die Lm-Kette herumhäkeln:
1. Rd: 3 fM, 3 fM in 1 M, 2 fM, 1 M zun. [10]

2. Rd: *1 M zun, 4 fM*, von * bis * noch 1 x wdh. [12]
3. Rd: 12 fM häkeln.
Abketten, den Faden lang abschneiden und die Schnauze zwischen den Augen festnähen.

Ohren (2x in Hazelnut)

Häkle in Spiral-Rd.
1. Rd: 6 fM in einen Fadenring häkeln. [6]
2. Rd: 2 x 1 M zun, 4 fM. [8]
Den Faden lang abschneiden, das Ohr falten und die gegenüberliegenden Kanten mit zwei Stichen zusammennähen (Bild 1–2). Die Ohren zwischen Rd 5 und 6 seitlich am Kopf festnähen (Bild 3).

1

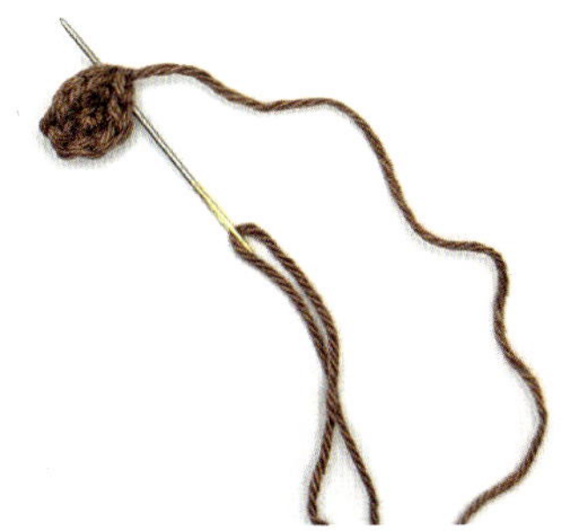

2

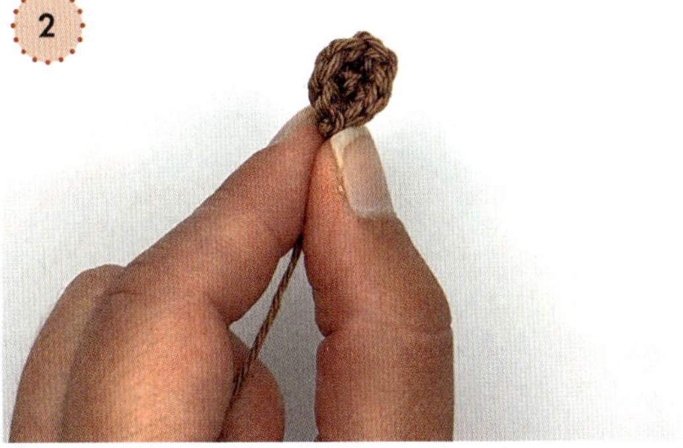

3

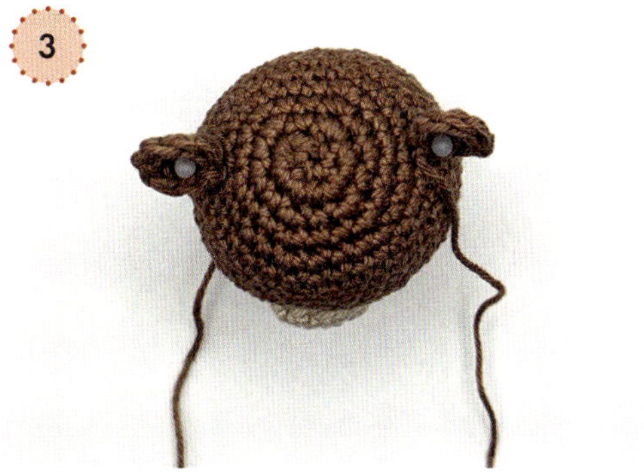

Hörner (2x in Antique Mauve)

Häkle in Spiral-Rd. Die Hörner fortlaufend mit Füllwatte ausstopfen.
1. Rd: 6 fM in einen Fadenring häkeln. [6]
2.–3. Rd: 6 fM häkeln.
4. Rd: *2 fM, 1 M zun*, von * bis * noch 1 x wdh. [8]
5. Rd: 8 fM häkeln.
Abketten, den Faden lang abschneiden und die Hörner direkt vor den Ohren festnähen.

Locken (in English Tea)

Häkle in R. Schlage 4 Lm an, stich in die 2. Lm von der Nd aus ein und häkle wie folgt:
1. R: 3 x 1 M zun. [6]
Die erste R anschließend, ohne abzuketten, noch 7 x wiederholen, um zum Schluss auf 8 Strähnen zu kommen (Bild 4).

4

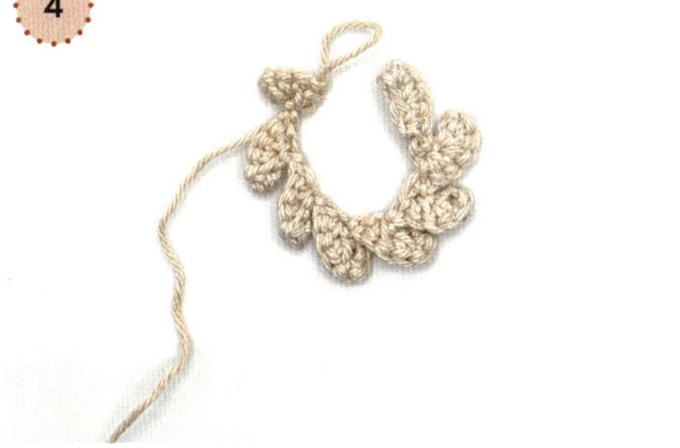

In die erste Strähne einstechen und 1 Km häkeln, um den Ring zu schließen (Bild 5).

5

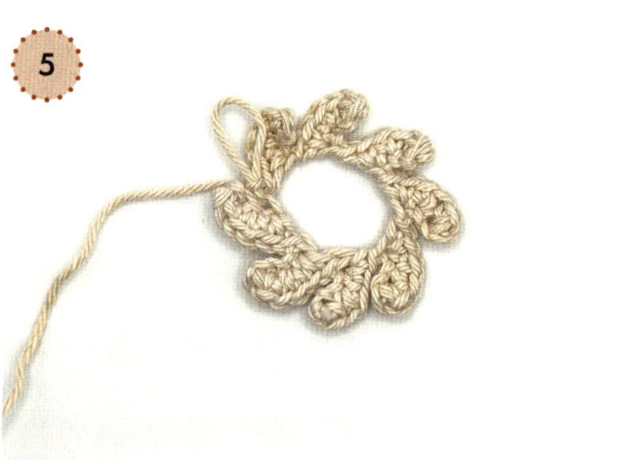

Den Faden lang abschneiden, durch die vorderen M-Glieder der Öffnung fädeln, festzuziehen (Bild 6–7) und die Locken zwischen den Hörnern festnähen (Bild 8).

6

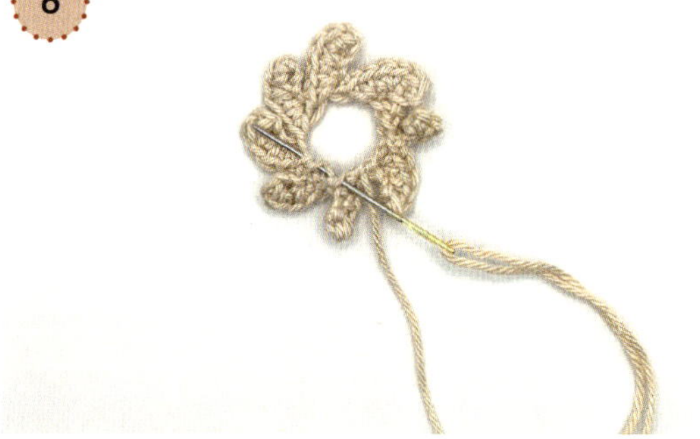

7

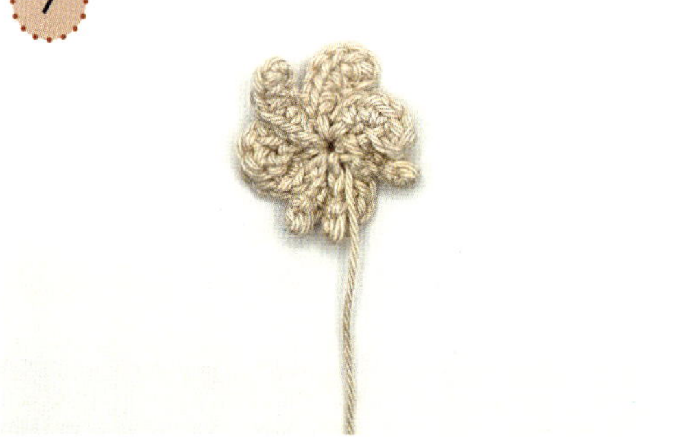

8

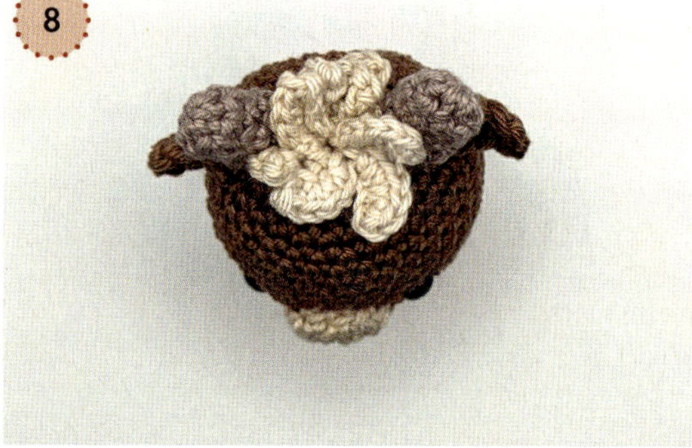

Gesicht fertigstellen

Das Augenweiß mit weißem Filetgarn direkt neben den Augen aufsticken. Die Augenbrauen mit schwarzem Filetgarn 1 Rd über den Augen über 2 fM breit und 1 Rd hoch sticken. Die Nasenlöcher über 1 Rd hoch und mit 2 fM Abstand dazwischen in Schwarz über Rd 1 der Schnauze sticken.

Fingerhut/Körper (in Hazelnut und Brick Red)

Hinweis: Eine bebilderte Anleitung zum Anhäkeln des Körpers findest du auf Seite 28 (Dino).
Häkle in Spiral-Rd. Den Körper nicht mit Füllwatte ausstopfen. Beginne in Hazelnut.
Den Faden mittig am Hinterkopf ivM der Rd 19 des Kopfs aufnehmen. Stich dazu von oben nach unten ein, die Hörner zeigen zu dir hin. Anschließend wie folgt weiterhäkeln:
1. Rd: 12 fM häkeln. [12]
Fb-Wechsel zu Brick Red.
2. Rd: *1 fM, 1 M zun*, von * bis * noch 5 x wdh. [18]
3.–9. Rd: 18 fM häkeln.
Fb-Wechsel zu Hazelnut.
10. Rd: 18 fM ihM häkeln.
11. Rd: 18 fM häkeln.
12. Rd: *1 fM, 1 M abn*, von * bis * noch 5 x wdh. [12]
Abketten, den Faden abschneiden und vernähen.

Shirt fertigstellen

Den Faden ihM der Rd 10 des Körpers in Brick Red aufnehmen. Dazu von oben nach unten einstechen und rundherum fM häkeln. Den Faden abschneiden und vernähen. Anschließend mit weißem Filetgarn das Karomuster auf das Shirt aufsticken. Dazu zuerst die Längsstreifen mit je 2 fM Abstand zwischen den Streifen fertigstellen. Danach die Querstreifen ebenfalls mit 2 fM Abstand dazwischen sticken (Bild 9–10).

9

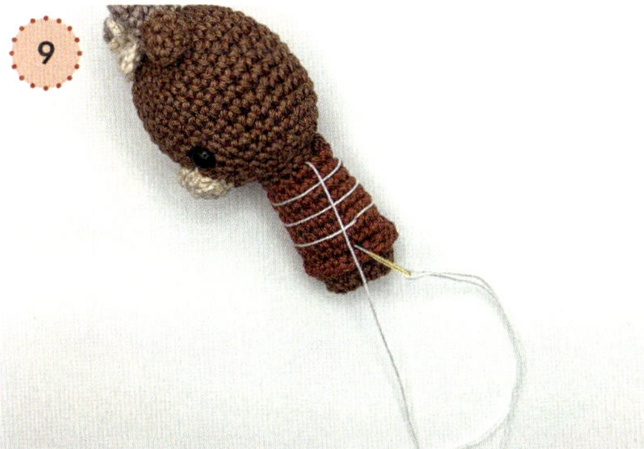

10

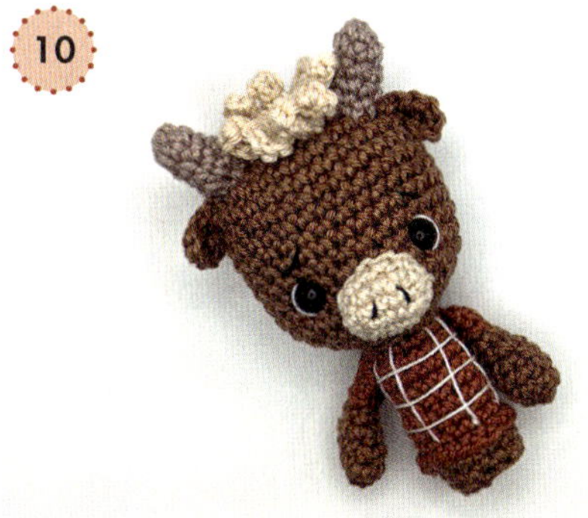

Arme (2x in Hazelnut und Brick Red)

Häkle in Spiral-Rd. Die Arme nicht mit Füllwatte ausstopfen. Beginne in Hazelnut.

1. Rd: 8 fM in einen Fadenring häkeln. [8]
2.–3. Rd: 8 fM häkeln.
4. Rd: *2 fM, 1 M abn*, von * bis * noch 1 x wdh. [6]
5. Rd: 6 fM häkeln.
Fb-Wechsel zu Brick Red.
6.–7. Rd: 6 fM häkeln.
Das Ende falten und mit 3 fM zusammenhäkeln. Den Faden lang abschneiden und die Arme 1 Rd unter dem Kopf seitlich am Körper festnähen.

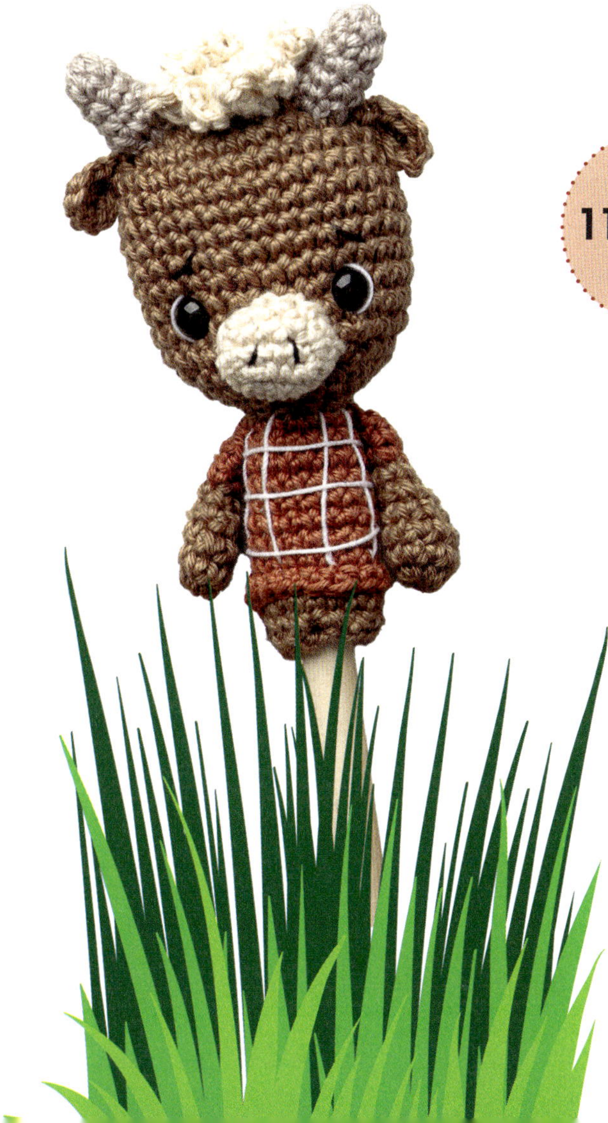

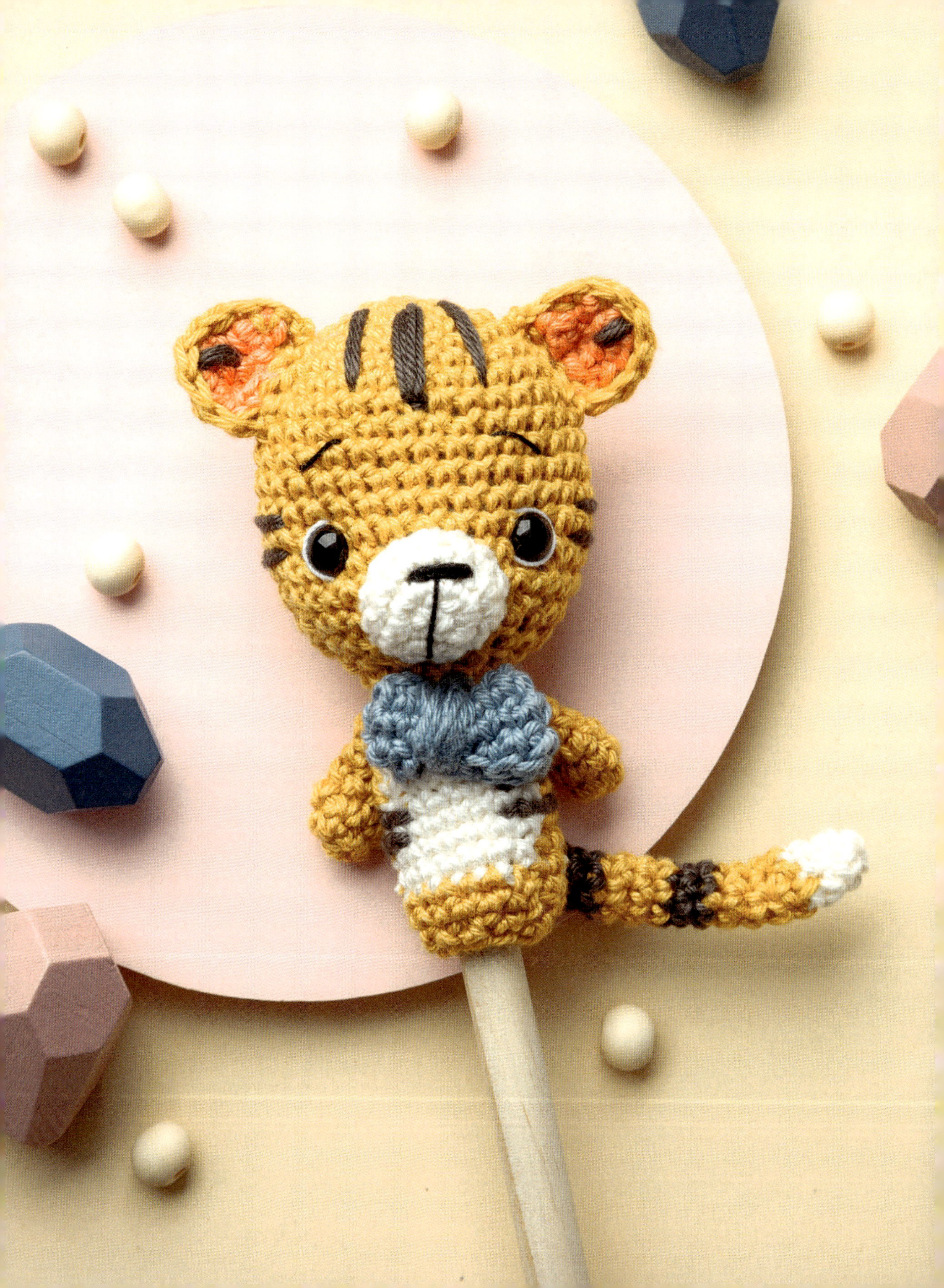

Timmy, der heitere

Tiger

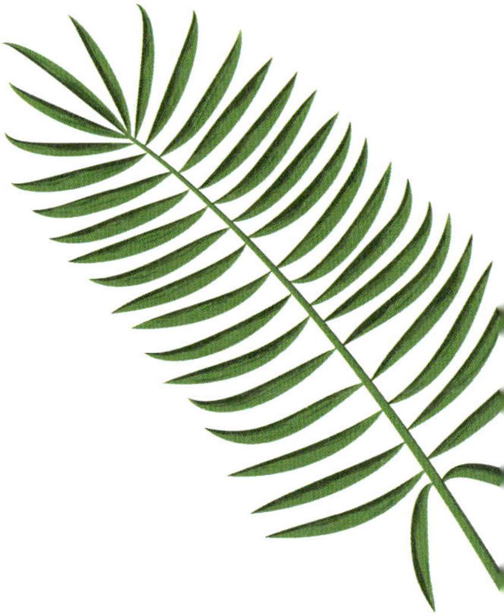

Größe: 11cm

Material

- Schachenmayr Catania (100 % Baumwolle, LL 125 m/50 g) in
  - Gold (Fb 249), 16 g
  - Crème (Fb 130), 3 g
  - Denim (Fb 421), ein Rest
  - Zartbitter (Fb 415), ein Rest
  - Scampi (Fb 427), ein Rest
- 2 Sicherheitsaugen Ø 7 mm
- Häkelnadel 2,5 mm
- Filetgarn in Schwarz und Weiß
- Füllwatte
- Stopfnadel zum Vernähen
- Stecknadeln zum Fixieren
- Maschenmarkierer

Kopf (in Gold)

Häkle in Spiral-Rd. Den Kopf fortlaufend mit Füllwatte ausstopfen.

1. Rd: 6 fM in einen Fadenring häkeln. [6]
2. Rd: 6 x 1 M zun. [12]
3. Rd: *1 fM, 1 M zun*, von * bis * noch 5 x wdh. [18]
4. Rd: *2 fM, 1 M zun*, von * bis * noch 5 x wdh. [24]
5. Rd: *3 fM, 1 M zun*, von * bis * noch 5 x wdh. [30]
6.–15. Rd: 30 fM häkeln.
16. Rd: *3 fM, 1 M abn*, von * bis * noch 5 x wdh. [24]
Die Augen zwischen Rd 13 und 14 mit 6 fM Abstand befestigen.
17. Rd: *2 fM, 1 M abn*, von * bis * noch 5 x wdh. [18]
18. Rd: *1 fM, 1 M abn*, von * bis * noch 5 x wdh. [12]
19. Rd: 12 fM ihM häkeln.
Markiere die 6. fM der Rd 19 mit einem Maschenmarkierer.
20. Rd: 6 x 1 M abn. [6]
Faden abschneiden, durch alle vorderen M-Glieder fädeln, festzuziehen und vernähen.

Schnauze (in Crème)

Häkle in Spiral-Rd. Die Schnauze nur leicht mit Füllwatte ausstopfen.
1. Rd: 6 fM in einen Fadenring häkeln. [6]
2. Rd: 6 x 1 M zun. [12]
3.–4. Rd: 12 fM häkeln.
Abketten, den Faden lang abschneiden und die Schnauze zwischen den Augen festnähen.

Ohren (2x in Scampi und Gold)

Häkle in Spiral-Rd. Beginne in Scampi. Die Ohren nicht mit Füllwatte ausstopfen.
1. Rd: 2 fM, 3 hStb, 2 fM in einen Fadenring häkeln. [7]
2. Rd: 2 fM, 1 hStb, 3 hStb in 1 M, 1 hStb, 2 fM. [9]
Abketten, den Faden abschneiden und vernähen. Ein zweites Ohr in Gold häkeln, jedoch nicht abketten. Beide Teile mit der Rückseite aufeinanderlegen, durch beide Schichten stechen (Bild 1) und wie folgt weiterhäkeln:

1

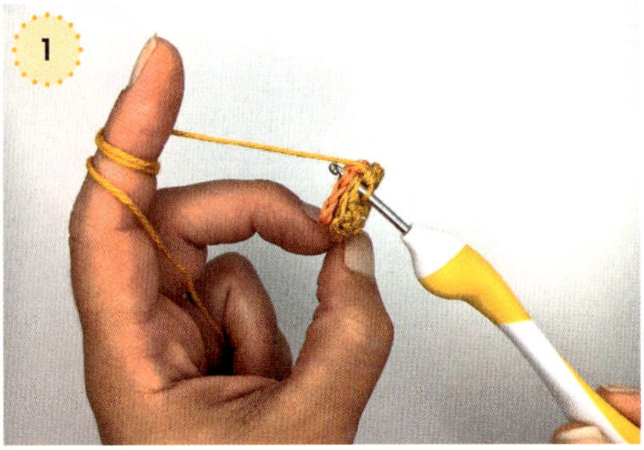

3. Rd: 2 fM, 2 hStb, 1 hStb zun, 2 hStb, 2 fM. [10]
Abketten, den Faden lang abschneiden und ein zweites Ohr häkeln (Bild 2). Die Ohrspitze in Zartbitter mithilfe des Rückstichs über 1 fM Länge besticken. Dazu ca. 3 x einstechen (Bild 3 + 4). Die Ohren über Rd 5–8 am Kopf festnähen.

2

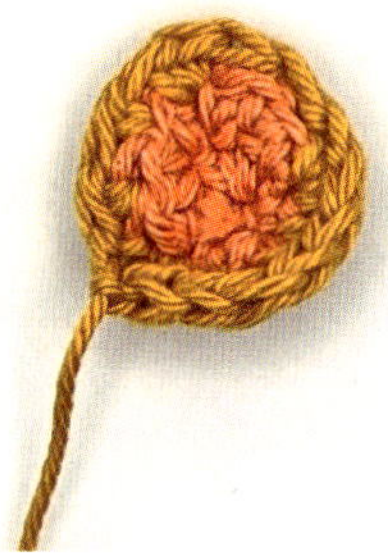

3

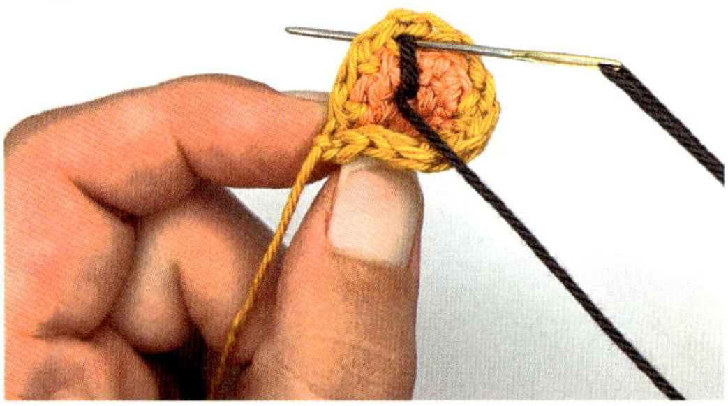

4

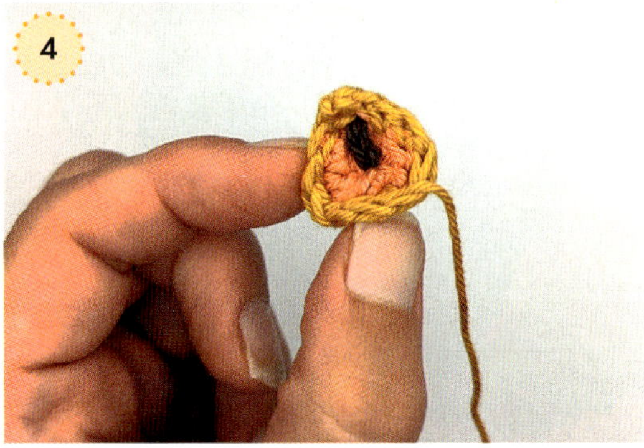

Gesicht fertigstellen

Das Augenweiß mit weißem Filetgarn direkt neben den Augen aufsticken. Die Augenbrauen mit schwarzem Filetgarn 2 Rd über den Augen über 2 fM breit und 1 Rd hoch sticken. Die Streifen im Gesicht mithilfe des Rückstichs in Zartbitter sticken. Die oberen Streifen werden 4 Rd über den Augen über je 5 und 4 fM Länge angebracht, stich dazu ca. 5 x ein. Die seitlichen Streifen wer-

den 1 M neben den Augen über 4 fM Länge gestickt, stich dazu ca. 2 x ein. Der Abstand zwischen den einzelnen Streifen beträgt oben 2 fM und bei den seitlichen Streifen jeweils 1 fM (Bild 5–8).
Die Nase mit schwarzem Filetgarn zwischen Rd 2 und 3 der Schnauze über 4 fM breit aufsticken. Stich dazu ca. 5 x ein. Darunter noch 5 fM nach unten stechen, um die Schnauze aufzusticken.

5

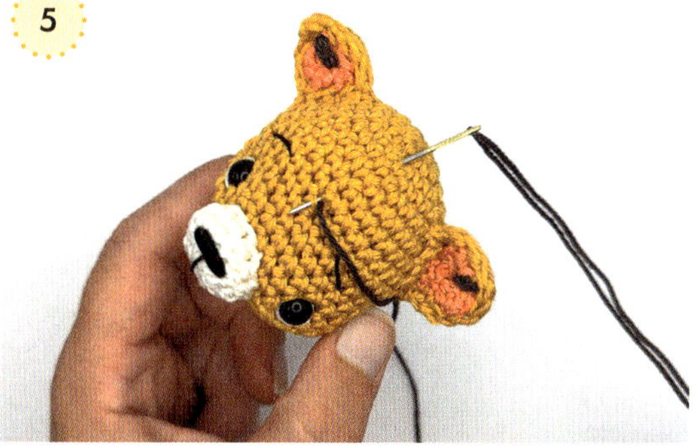

6

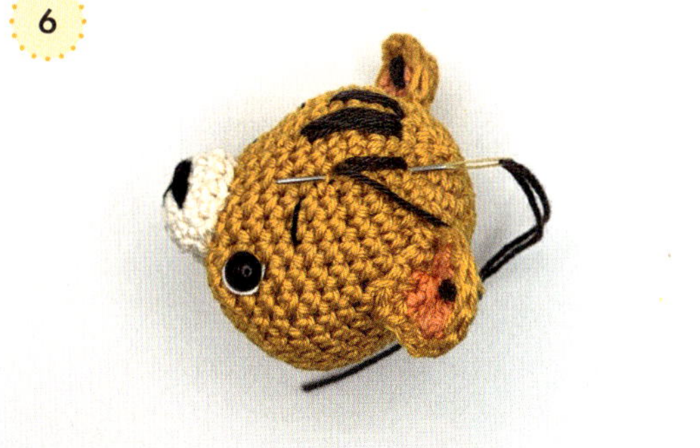

7

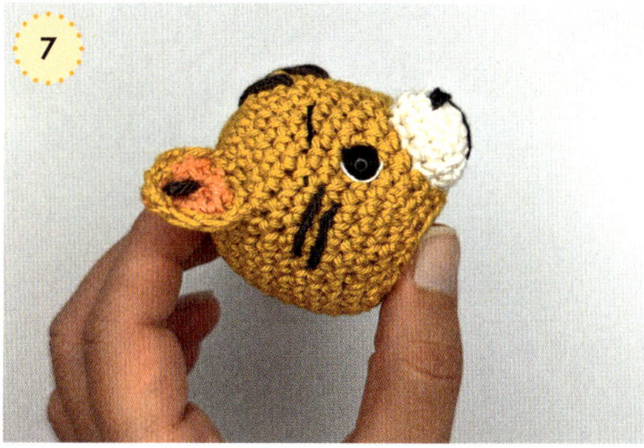

8

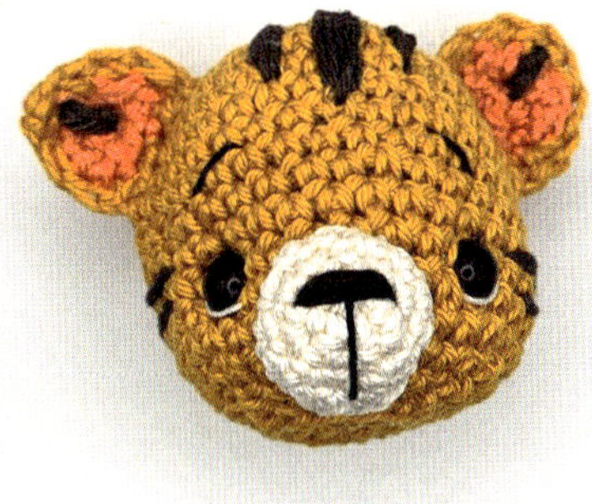

Fingerhut/Körper (in Gold und Crème)

Häkle in Spiral-Rd. Den Körper nicht mit Füllwatte ausstopfen. Beginne in Gold.
Den Faden ivM in der markierten der Rd 19 des Kopfs aufnehmen. Stich dazu von oben nach unten ein, die Ohren zeigen zu dir hin. Der Rd-Anfang sollte hinten rechts liegen (Bild 9).

9

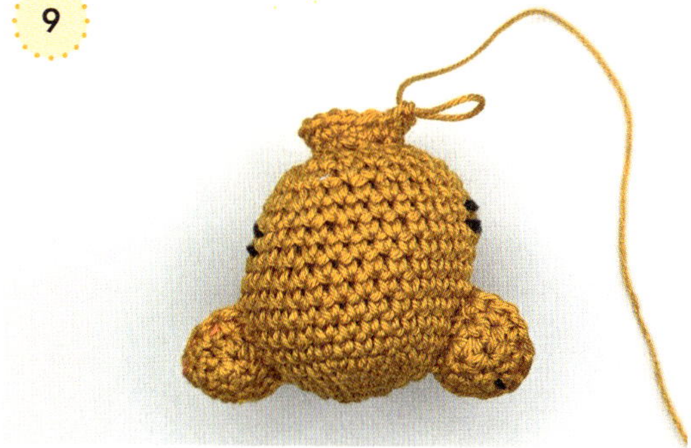

Anschließend wie folgt weiterhäkeln:
1. Rd: 12 fM häkeln. [12]
2. Rd: *1 fM, 1 M zun*, von * bis * noch 5 x wdh. [18]
Es folgen die Fb-Wechsel für den Bauch.
3.–9. Rd: 6 fM in Gold, 8 fM in Crème, 4 fM in Gold. [18]
Ab folgender Rd wird nur noch in Gold weitergehäkelt.
10.–11. Rd: 18 fM häkeln.
12. Rd: *1 fM, 1 M abn*, von * bis * noch 5 x wdh. [12]
Abketten, den Faden abschneiden und vernähen.

Arme (2x in Gold)

Häkle in Spiral-Rd. Die Arme nicht mit Füllwatte ausstopfen.
1. Rd: 8 fM in einen Fadenring häkeln. [8]
2.–3. Rd: 8 fM häkeln.
4. Rd: 2 fM, 2 x 1 M abn, 2 fM [6]
5. Rd: 6 fM häkeln.
Das Ende falten und mit 3 fM zusammenhäkeln. Die Faltkante sollte dabei seitlich zu den Abnahmen aus Rd 4 liegen, ggf. noch bis zu diesem Punkt weiterhäkeln. Den Faden lang abschneiden und die Arme 1 Rd unter dem Kopf seitlich am Körper festnähen.

Fliege (in Denim)

Schlage 12 Lm an, stich in die 1. Lm ein und schließe die Lm-Kette so zu einem Ring, wie folgt weiterhäkeln:
1.–3. Rd: 12 fM häkeln.
Den Faden lang abschneiden und um die Mitte des Häkelstücks wickeln, mit ein paar Stichen fixieren (Bild 10–11).

10

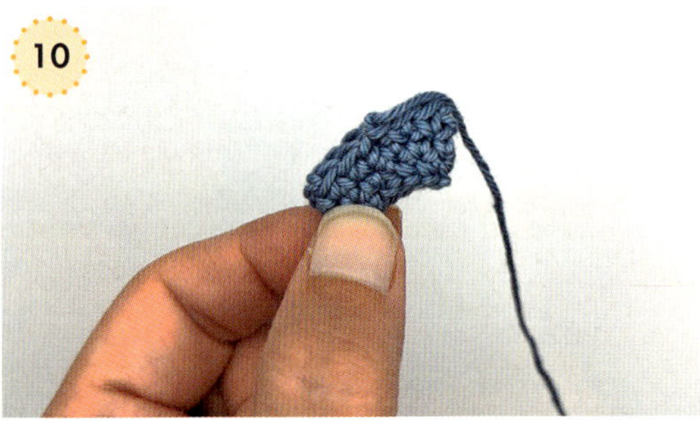

11

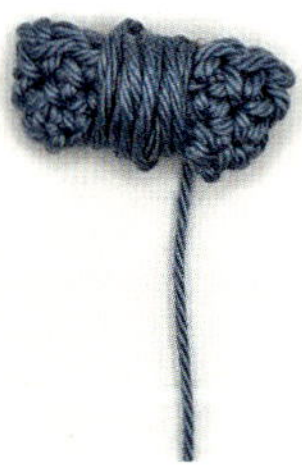

Die Fliege am Hals festnähen. Dann je zwei Streifen in Zartbitter seitlich am Körper über 4 fM Länge aufsticken (Bild 12–13).

12

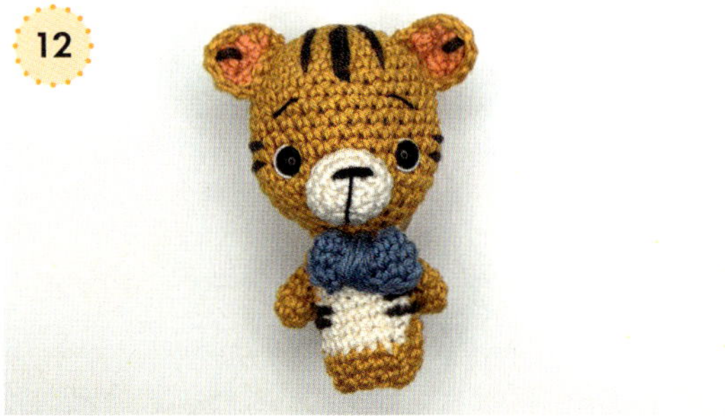

13

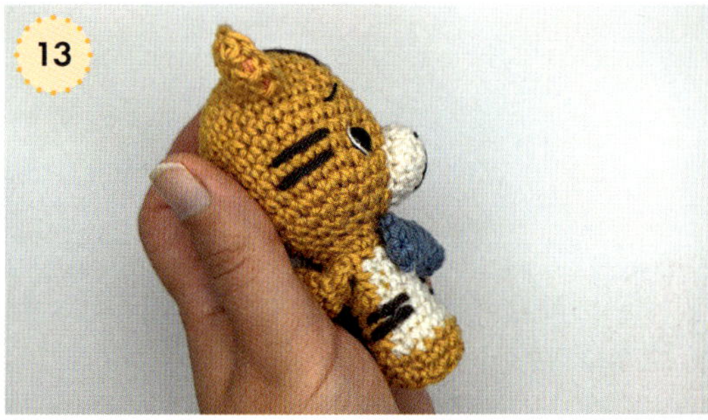

Schwanz (in Crème, Gold und Zartbitter)

Häkle in Spiral-Rd. Den Schwanz nicht mit Füllwatte ausstopfen. Beginne in Crème.
1. Rd: 6 fM in einen Fadenring häkeln. [6]
2.–3. Rd: 6 fM häkeln.
Fb-Wechsel zu Gold.
4.–7. Rd: 6 fM häkeln.
Fb-Wechsel zu Zartbitter.
8.–9. Rd: 6 fM häkeln.
Fb-Wechsel zu Gold.
10.–12. Rd: 6 fM häkeln.
Fb-Wechsel zu Zartbitter
13.–14. Rd: 6 fM häkeln.
Fb-Wechsel zu Gold.
15.–17. Rd: 6 fM häkeln.
Das Ende falten und mit 3 fM zusammenhäkeln. Den Faden lang abschneiden und den Schwanz schräg am Rücken festnähen.

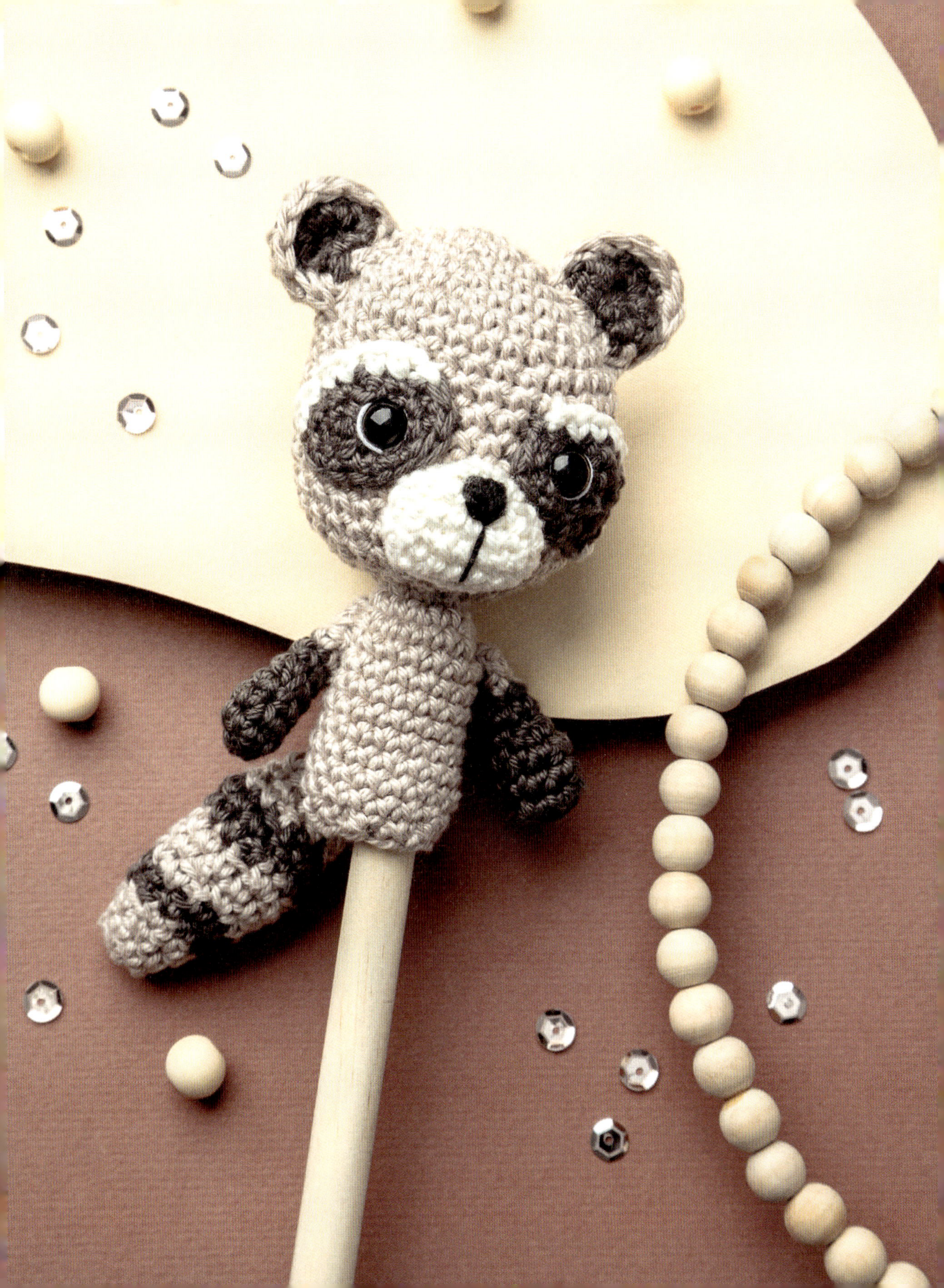

Willy, der witzige Waschbär

★★★

Größe: 11 cm

Material

- Schachenmayr Catania (100 % Baumwolle, LL 125 m/50 g) in
  - Bast (Fb 257), 14 g
  - Zartbitter (Fb 415), 5 g
  - Crème (Fb 130), 5 g
- 2 Sicherheitsaugen Ø 7 mm
- Häkelnadel 2,5 mm
- Filetgarn in Schwarz und Weiß
- Füllwatte
- Stopfnadel zum Vernähen
- Stecknadeln zum Fixieren
- Maschenmarkierer

Augenpatches (2x in Zartbitter und Old Lace)

Beginne in Spiral-Rd. Später wird in R weitergehäkelt. Beginne in Zartbitter.

Hinweis: Zum späteren Annähen der dunklen Seite einen langen Anfangsfaden hängen lassen.

1. Rd: 6 fM in einen Fadenring häkeln. [6]

Weiter in R.

2.–5. R: 3 fM, 1 Lm und wenden.

Häkle zum Abschluss noch 14 fM rund um das Häkelstück. Dazu 3 fM an der Unterseite, je 4 fM in den R-Enden und 3 fM oberhalb von Rd 1 häkeln. Anschließend Fb-Wechsel zu Old Lace und noch 7 fM weiterhäkeln, ohne die Arbeit zu wenden. Den Faden lang abschneiden. Die Augen feststecken, aber noch nicht verschließen. Die Augenpatches zur Seite legen. (Bild 1–5)

1

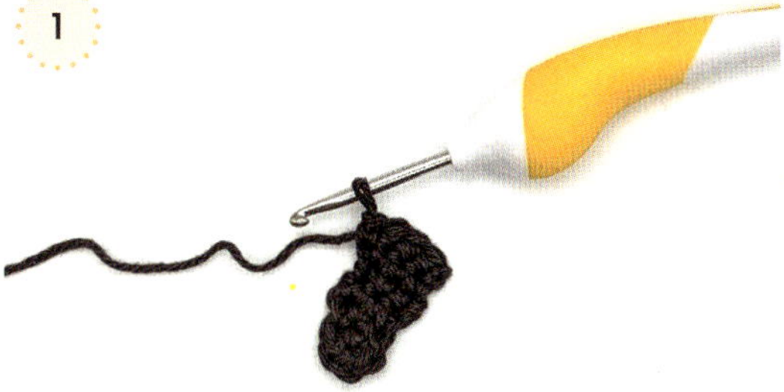

2

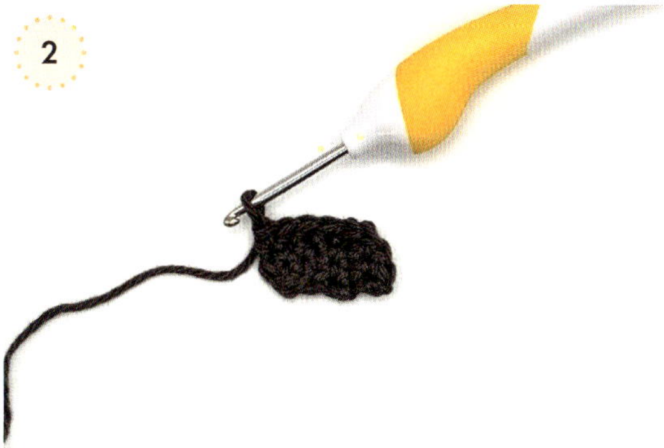

3

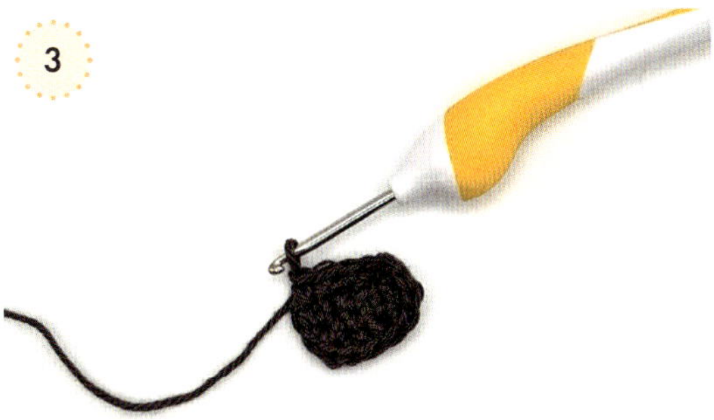

4

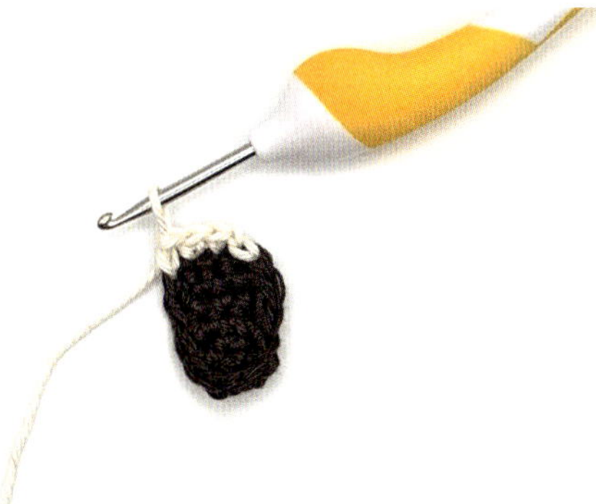

5

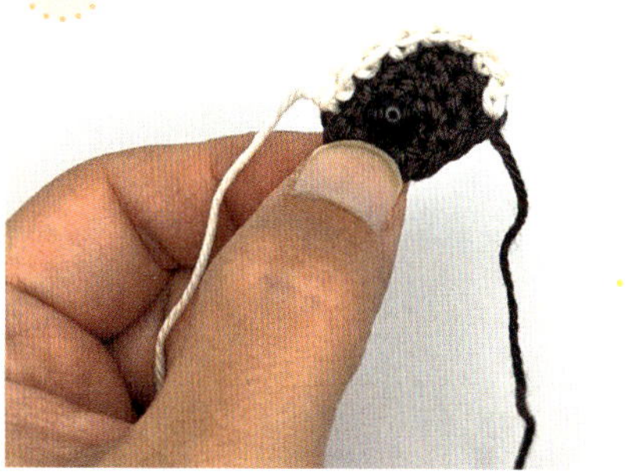

Kopf (in Bast)

Häkle in Spiral-Rd. Den Kopf fortlaufend mit Füllwatte ausstopfen.

1. Rd: 6 fM in einen Fadenring häkeln. [6]
2. Rd: 6 x 1 M zun. [12]
3. Rd: *1 fM, 1 M zun*, von * bis * noch 5 x wdh. [18]
4. Rd: *2 fM, 1 M zun*, von * bis * noch 5 x wdh. [24]
5. Rd: *3 fM, 1 M zun*, von * bis * noch 5 x wdh. [30]

6.–16. Rd: 30 fM häkeln. [30]

Die Augen zwischen Rd 12 und 13 mit 3 fM Abstand befestigen, jedoch noch nicht festnähen (Bild 6).

6

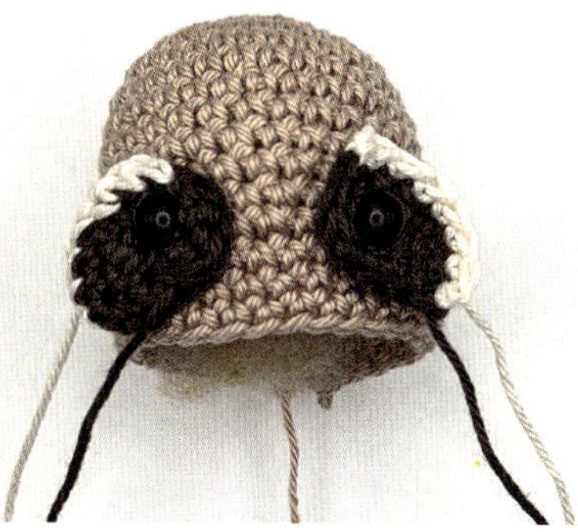

17. Rd: *3 fM, 1 M abn*, von * bis * noch 5 x wdh. [24]
18. Rd: *2 fM, 1 M abn*, von * bis * noch 5 x wdh. [18]
19. Rd: *1 fM, 1 M abn*, von * bis * noch 5 x wdh. [12]
20. Rd: 12 fM ihM häkeln.
21. Rd: 6 x 1 M abn. [6]

Faden abschneiden, durch alle vorderen M-Glieder fädeln, festzuziehen und vernähen. Anschließend die Augenpatches festnähen.

Schnauze (in Crème)

7 Lm anschlagen, in die 2. Lm von der Nd aus einstechen und wie folgt um die Lm-Kette herumhäkeln:
1. Rd: 5 fM, 3 fM in 1 M, 4 fM, 1 M zun [14].
2.–3. Rd: 14 fM häkeln. [14]
Abketten, den Faden lang abschneiden und die Schnauze zwischen den Augen festnähen.

Gesicht fertigstellen

Das Augenweiß mit weißem Filetgarn direkt neben den Augen aufsticken. Die Nase mit schwarzem Filetgarn über Rd 2 der Schnauze mit 2 fM Breite oben und 1 fM Breite unten aufsticken. Darunter 3 fM nach unten sticken, um die Schnauze fertigzustellen.

Ohren (2x in Zartbitter und Bast)

Häkle in Spiral-Rd. Beginne in Zartbitter.
1. Rd: 2 fM, 3 hStb, 2 fM in einen Fadenring häkeln. [7]
2. Rd: 2 fM, 1 hStb, 3 hStb in 1 M, 1 hStb, 2 fM. [9]
Abketten, den Faden abschneiden und vernähen. Ein zweites Ohr in Bast häkeln, jedoch nicht abketten. Beide Teile mit der Rückseite aufeinanderlegen, durch beide Schichten stechen und wie folgt weiterhäkeln:
3. Rd: 2 fM, 2 hStb, 1 hStb zun, 2 hStb, 2 fM. [10]
Abketten, den Faden lang abschneiden und die Ohren über Rd 4–8 auf dem Kopf festnähen.

Fingerhut/Körper (in Bast)

Hinweis: Eine bebilderte Anleitung zum Anhäkeln des Körpers findest du auf Seite 28 (Dino).
Häkle in Spiral-Rd. Den Körper nicht mit Füllwatte ausstopfen.
Den Faden mittig am Hinterkopf ivM der Rd 19 des Kopfs aufnehmen. Stich dazu von oben nach unten ein, die Ohren zeigen zu dir hin. Anschließend wie folgt weiterhäkeln:
1. Rd: 12 fM häkeln. [12]
2. Rd: *1 fM, 1 M zun*, von * bis * noch 5 x wdh. [18]
3.–11. Rd: 18 fM häkeln.
12. Rd: *1 fM, 1 M abn*, von * bis * noch 5 x wdh. [12]
Abketten, den Faden abschneiden und vernähen.

Schwanz (in Bast und Zartbitter)

Häkle in Spiral-Rd. Den Schwanz fortlaufend mit Füllwatte ausstopfen. Beginne in Bast.
1. Rd: 6 fM in einen Fadenring häkeln. [6]
2. Rd: 6 fM häkeln.
3. Rd: *2 fM, 1 M zun*, von * bis * noch 1 x wdh. [8]
4. Rd: *3 fM, 1 M zun*, von * bis * noch 1 x wdh. [10]
Fb-Wechsel zu Zartbitter.
5.–6. Rd: 10 fM häkeln.
Fb-Wechsel zu Bast.
7. Rd: *4 fM, 1 M zun*, von * bis * noch 1 x wdh. [12]
8. Rd: 12 fM häkeln.
9. Rd: *5 fM, 1 M zun*, von * bis * noch 1 x wdh. [14]
Fb-Wechsel zu Zartbitter.
10.–11. Rd: 14 fM häkeln.
Fb-Wechsel zu Bast.
12. Rd: *3 fM, 2 x 1 M abn*, von * bis * noch 1 x wdh. [10]
13. Rd: 10 fM häkeln.
14. Rd: *3 fM, 1 M abn*, von * bis * noch 1 x wdh. [8]
Das Ende falten und mit 4 fM zusammenhäkeln. Den Faden lang abschneiden und den Schwanz am Rücken festnähen.

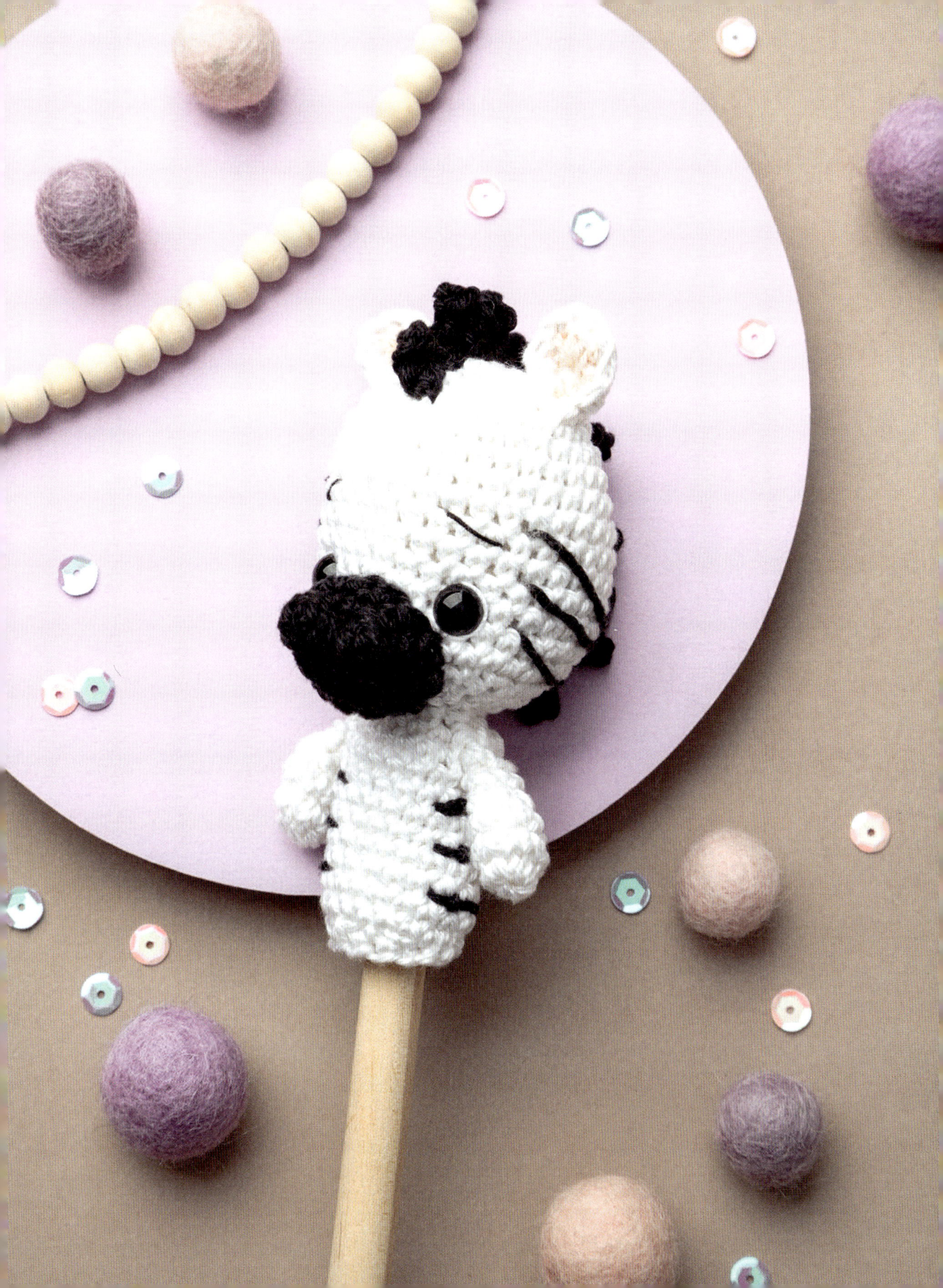

Zora, das superschlaue Zebra

★★★

Größe: 11cm

Material

- Scheepjes Catona (100 % Baumwolle, LL 125 m/50 g) in
  - Bridal White (Fb 105), 15 g
  - Jet Black (Fb 110), 8 g
  - Shell (Fb 255), ein Rest
- 2 Sicherheitsaugen Ø 7 mm
- Häkelnadel 2,5 mm
- Filetgarn in Schwarz und Weiß
- Füllwatte
- Stopfnadel zum Vernähen
- Stecknadeln zum Fixieren
- Maschenmarkierer

Kopf (in Bridal White)

Häkle in Spiral-Rd. Den Kopf fortlaufend mit Füllwatte ausstopfen.
1. Rd: 6 fM in einen Fadenring häkeln. [6]
2. Rd: 6 x 1 M zun. [12]
3. Rd: *1 fM, 1 M zun*, von * bis * noch 5 x wdh. [18]
4. Rd: *2 fM, 1 M zun*, von * bis * noch 5 x wdh. [24]
5. Rd: *3 fM, 1 M zun*, von * bis * noch 5 x wdh. [30]
6.–15. Rd: 30 fM häkeln.
16. Rd: *3 fM, 1 M abn*, von * bis * noch 5 x wdh. [24]
Die Augen zwischen Rd 13 und 14 mit 6 fM Abstand befestigen.
17. Rd: *2 fM, 1 M abn*, von * bis * noch 5 x wdh. [18]
18. Rd: *1 fM, 1 M abn*, von * bis * noch 5 x wdh. [12]
19. Rd: 12 fM ihM häkeln.
20. Rd: 6 x 1 M abn. [6]
Faden abschneiden, durch alle vorderen M-Glieder fädeln, festzuziehen und vernähen.

Schnauze (in Jet Black)

Häkle in Spiral-Rd. Die Schnauze fortlaufend mit Füllwatte ausstopfen.
5 Lm anschlagen, in die 2. Lm von der Nd aus einstechen und wie folgt um die Lm-Kette herumhäkeln:
1. Rd: 3 fM, 3 fM in 1 M, 2 fM, 1 M zun. [10]

2. Rd: *1 M zun, 1 fM, 1 N aus 3 Stb, 2 fM*, von * bis * noch 1 x wdh. [12]
3. Rd: *1 M zun, 5 fM*, von * bis * noch 1 x wdh. [14]
4. Rd: 14 fM häkeln.
Den Faden lang abschneiden und die Schnauze zwischen den Augen festnähen. Die Noppen aus Rd 2 liegen dabei oben.

Ohren (2x in Shell und Bridal White)

Häkle in Spiral-Rd. Beginne in Shell.
1. Rd: 8 fM in einen Fadenring häkeln. [8]
Den Faden abschneiden und vernähen. Einen identisch zweiten Teil in Bridal White häkeln, jedoch nicht abketten. Beide Teile mit der Rückseite aufeinanderlegen, durch beide Schichten stechen und wie folgt weiterhäkeln:
2. Rd: *3 fM, 1 M zun*, von * bis * noch 1 x wdh. [10]
Das Ende falten und zwei der gegenüberliegenden M mit einer fM verbinden. Den Faden lang abschneiden und die Ohren zwischen Rd 3 und 4 ca. 8 Rd über den Augen festnähen.

Fingerhut/Körper (in Bridal White)

Hinweis: Eine bebilderte Anleitung zum Anhäkeln des Körpers findest du auf Seite 28 (Dino).
Häkle in Spiral-Rd. Den Körper nicht mit Füllwatte ausstopfen.
Den Faden mittig am Hinterkopf ivM der Rd 19 des Kopfs aufnehmen. Stich dazu von oben nach unten ein, die Ohren zeigen zu dir hin. Anschließend wie folgt weiterhäkeln:
1. Rd: 12 fM häkeln. [12]
2. Rd: *1 fM, 1 M zun*, von * bis * noch 5 x wdh. [18]
3.–11. Rd: 18 fM häkeln.
12. Rd: *1 fM, 1 M abn*, von * bis * noch 5 x wdh. [12]
Abketten, den Faden abschneiden und vernähen.

Gesicht fertigstellen

Das Augenweiß mit weißem Filetgarn direkt neben den Augen aufsticken. Die Augenbrauen mit schwarzem Filetgarn 2 Rd über den Augen über 1 Rd hoch und 2 fM breit sticken. Je drei Streifen in Jet Black seitlich an den Wangen, über 2 Rd Höhe und 6 fM Länge aufsticken. Der Abstand zwischen den Streifen beträgt ca. 1 Rd. Ebenso je drei Streifen links und rechts am Körper aufsticken.

Mähne (in Jet Black)

25 Lm anschlagen, in die 2. Lm von der Nd aus einstechen und wie folgt entlang der Lm-Kette häkeln:
1. R: *1 fM, 3 Lm, in die 2. Lm von der Nd aus einstechen und 2 fM entlang der Lm-Kette häkeln*, von * bis * wdh, bis alle Lm behäkelt sind. (Bild 1–4).

1

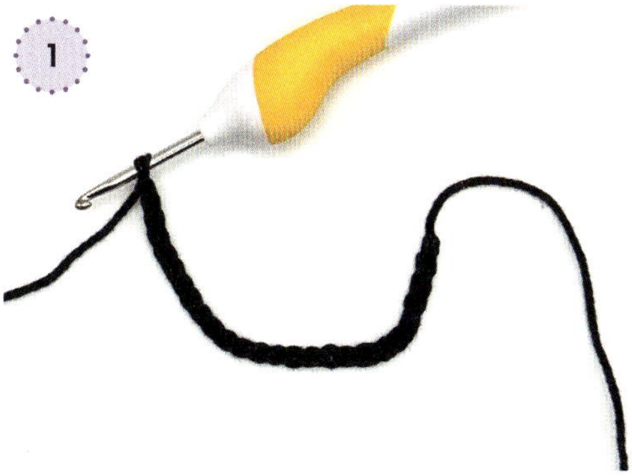

2

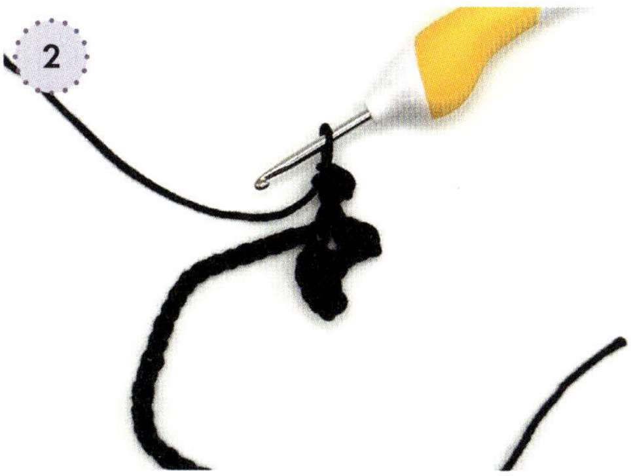

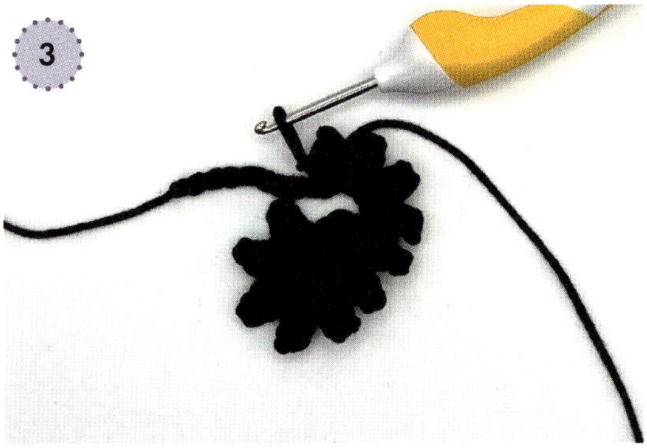

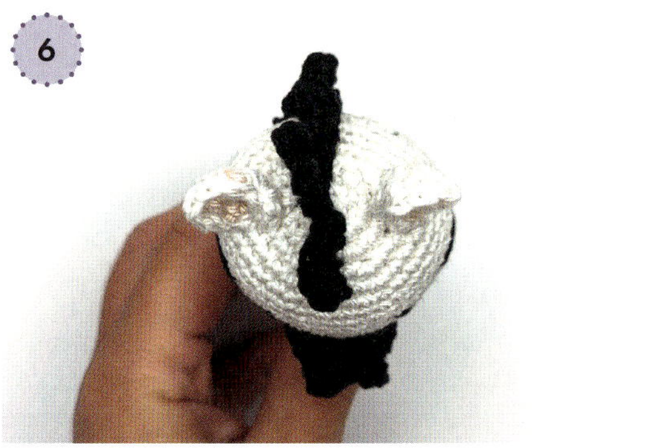

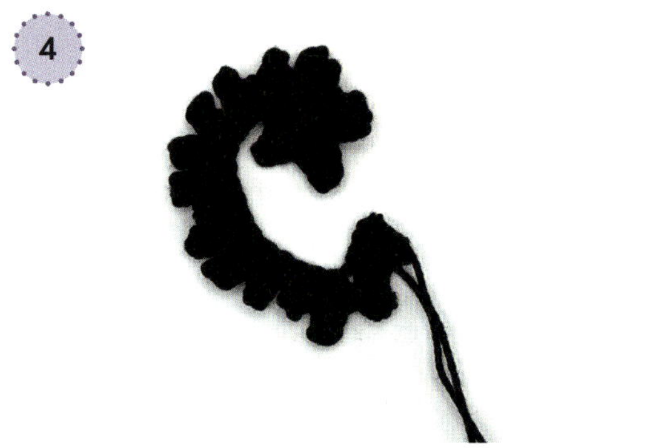

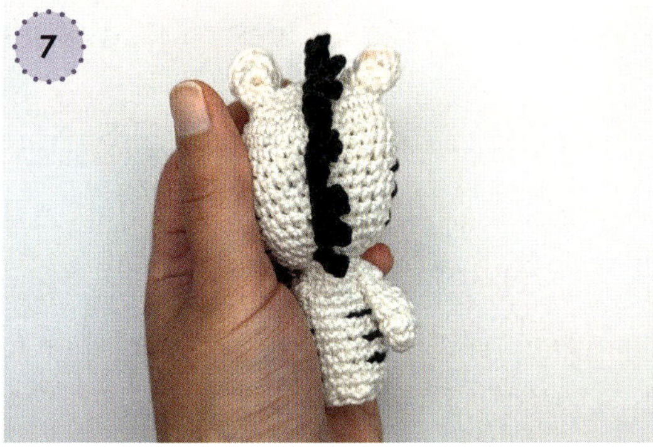

Den Faden lang abschneiden und die Mähne zwischen den Ohren über den Hinterkopf verlaufend festnähen (Bild 5–7).

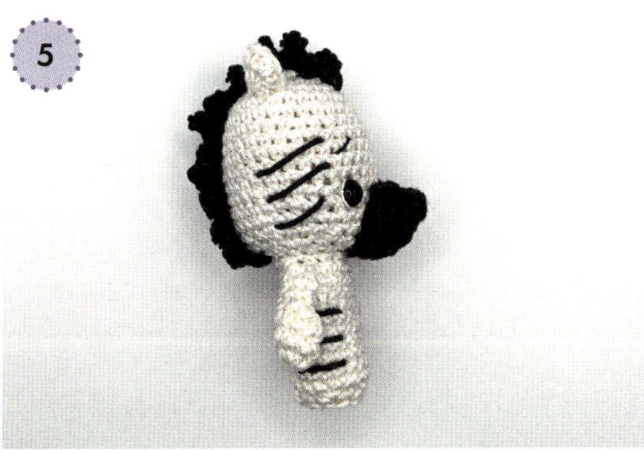

Arme (2x in Bridal White)

Häkle in Spiral-Rd. Die Arme nicht mit Füllwatte ausstopfen.
1. Rd: 8 fM in einen Fadenring häkeln. [8]
2.–3. Rd: 8 fM häkeln.
4. Rd: 2 fM, 2 x 1 M abn, 2 fM. [6]
5. Rd: 6 fM häkeln.
Das Ende falten und mit 3 fM zusammenhäkeln. Die Faltkante sollte seitlich zu den Abn aus Rd 4 liegen, ggf. bis zu diesem Punkt weiterhäkeln. Den Faden lang abschneiden und die Arme 1 Rd unter dem Kopf festnähen. In Jet Black je drei Streifen seitlich am Körper über 3 fM Breite aufsticken.

Über die Autorin

Linda Urbanneck stammt aus einer Familie voller Kreativität, doch den Hang zur Häkelnadel entdeckte sie erst 2019, als sie zum ersten Mal ein Video zu einem Amigurumi sah. Nach und nach brachte sie sich das Häkeln selbst bei. Zunächst als Hobby, später sollte sich diese Leidenschaft mehr und mehr in eine berufliche Richtung entwickeln. Im Jahr 2020 folgte die erste eigene Anleitung, kurze Zeit später noch einige mehr. Linda gründete ihr erstes eigenes Label unter dem Namen Haekellobby. Das Leben jenseits der Häkelnadel verbringt Linda im Saarland. Dort lebt sie gemeinsam mit ihrem Mann und ihren drei Söhnen. Einblicke in ihr Leben gibt Linda täglich in ihrem Instagram-Account @haekellobby, wo sie kreativen Menschen einen Blick in ihr Leben als Designerin und Autorin erlaubt.

Danksagung

Welch eine Freude war es für euch, dieses Buch zu erschaffen! Daher in erster Linie ein großes Dankeschön an jeden Einzelnen von euch, der oder die sich für die Amigurumi-Fingerpuppen entschieden hat. Ich freue mich, dass ich meine Ideen mit euch teilen durfte und die Welt der Amigurumi-Fingerpuppen zu euch gefunden hat. Danke!

Ein besonderer Dank geht an mein Tester-Team, das mir nach wie vor zur Seite steht und mich bisher bei jedem Buchprojekt mit seinen ganz persönlichen Ressourcen unterstützt hat. Danke Nele, Alexandra und Tine! Ich kann es nicht oft genug sagen: Ihr seid spitze! Ebenso sehr danke ich meiner Familie, die mir immer wieder das Gefühl bestätigt, auf dem richtigen Weg zu sein. Außerdem möchte ich den Kolleg*innen der Münchner Verlagsgruppe danken, die es mir immer wieder möglich machen, meine Kreativität in vollem Umfang ausschöpfen zu können. Danke für die tolle Zusammenarbeit!

Zu guter Letzt natürlich einen ganz besonderen Dank an die Sponsoren dieses Buchs, ohne die das Projekt nicht möglich gewesen wäre. Danke an Schachenmayr und Scheepjes für die immer wiederkehrende Unterstützung!

Bibliografische Information der Deutschen Nationalbibliothek
Die Deutsche Nationalbibliothek verzeichnet diese Publikation in der Deutschen Nationalbibliografie. Detaillierte bibliografische Daten sind im Internet über https://dnb.de abrufbar.

Für Fragen und Anregungen
info@m-vg.de

1. Auflage 2024

Türkenstraße 89
80799 München
Tel.: 089 651285-0

Lektorat: Inga Borges, Münster
Umschlaggestaltung: Maria Verdorfer
Umschlagabbildung und Aufmacherfotos: SHOT Stills – Katja Schubert, München
Stepfotos: Linda Urbanneck
Layout und Satz: Bernadett Linseisen (schere.style.papier), München
Druck: Firmengruppe APPL, aprinta Druck, Wemding
Printed in Germany

ISBN Print 978-3-7474-0611-3
ISBN E-Book (PDF) 978-3-96121-123-4
ISBN E-Book (EPUB, Mobi) 978-3-96121-124-1